KB210364

자비와 공空

자비와 공空

- 아날라요 스님의 초기불교 명상 수업 -

·

아날라요 지음 | 이성동·윤희조 옮김

이 책은 아날라요(Anālayo) 스님의
Compassion and Emptiness: In Early Buddhist Meditation
(Windhorse Publications, 2015)의 완역본입니다.

민족사

○ 17대 까르마빠 성하의 서문 ○

아날라요 스님의 저서에 서문을 쓸 기회를 갖게 되어 기쁩니다. 아날라요 스님은 사람들이 초기불교 명상을 잘 이해할 수 있도록 하였을 뿐만 아니라 여러 차원에 걸쳐 가교 역할을 하고 있습니다.

우선, 이 책은 경전을 엄밀하게 고증한 결과물로서 학계뿐만 아니라 불교 수행자들에게도 그 가치를 인정받고 있습니다. 불교의 사상과 수행에 대해 알고자 하고, 그것으로부터 무언가를 배우고자 하는 사람들 사이에서 이 책은 중요한 역할을 하고 있습니다. 나는 이런 가교 역할이 가치 있는 일이라고 믿습니다. 경전에 대한 학문적 연구는 그것을 실제 삶의 현장에 적용하는 수행을 통해서 그 내용이 더욱 풍부해집니다. 아날라요 스님은 불교 수행에 정진하는 승려이자 역사적·비평적 연구 방법을 탐구하는 교수로서 이 두 영역 사이에 다리를 놓을 수 있는 좋은 위치에 있습니다. 스님의 이런 관점은 경전에 대한 개별적 이해를 심화시킵니다.

다음으로, 나는 하나의 불교 전통에서 불교를 공부하는 사람들이 다른 불교 전통에서 보존된 경전을 잘 숙고하라는 권고를 받아야 한다고 생각합니다. 우리는 종종 언어의 장벽을 받아들여 다른 언어로 현존하는 경전을 간과하곤 합니다. 이 책은 빨리어, 산스끄리뜨어, 한문, 티베트어로 쓰인 경전 사이에 다리를 놓고 있습니다. 이 책을 통해서 우리는 연민을 함양하고, 공을 이해하는 데 얼마나 폭넓게 관심사를 공유할 수 있는가를 배울 수 있습니다. 또한 경전의 서로 다른 맥락에서 오는 미묘한 뉘앙스의 차이를 숙고할 수 있습니다.

마지막으로, 이 책은 연민과 공이라는 두 가지 주제를 하나의 작업틀 안에서 묶어 내고, 그 둘의 상호보완적 가치를 잘 드러내고 있습니다. 대승불교에서 말할 수 있는 바와 같이, 명상 체험과 철학적 이해라는 두 날개가 잘 조화를 이루어 진정으로 비상할 수 있도록 아날라요 스님은 우리에게 확신을 줍니다.

17대 까르마빠 오겐 틴레 도르제(Ogyen Trinley Dorje)

인도 보드가야

2014년 11월 18일

이 책의 번역은 공동 작업으로 이루어졌습니다. 한 명은 정신과 의사로서 불교와 뇌과학에 관련된 책을 여러 권 번역하였고, 한 명은 불교학자로서 불교심리학과 불교상담에 대한 논문과 책을 많이 발표하였습니다. 둘은 불교라는 공통분모를 가지고 교류하면서 아날라요 (Anālayo) 스님의 책을 공동 번역하는 뜻깊은 일에 함께 참여하게 되었습니다. 공동 번역을 통해 이 책이 갖고 있는 장점을 최대한 살릴 수 있으리라고 기대하였습니다.

아날라요 스님은 훌륭한 책을 여러 권 저술하신 분으로서 교학과 수행을 겸비하고 있습니다. 스님의 불교에 관한 저술 경력을 보면 놀라울 따름입니다. 불교를 공부하는 입장에서 보면 스님의 부지런함, 성실함 그리고 공부에 대한 열정은 우리 스스로를 경책하는 마음을 불러일으킵니다. 스님은 남방불교를 공부하시는데, 빨리어 경전뿐만 아니라 한문, 산스끄리뜨어, 티베트어 경전도 함께 다루고 있습니다.

우리나라에서도 초기불교를 연구하면서 빨리어 경전과 한문 경전을 함께 다루는 전통이 있습니다. 그런데 최근 들어 빨리어 경전이 중심이 되고 있습니다. 이런 현실에서 스님의 방법론은 많은 시사점을 줍니다. 또한 남방 전통과 북방 전통을 함께 다루고 있다는 점에서 본서는 우리의 현실에 시사하는 바가 크고, 앞으로 우리가 나아가야 할 연구방향을 보여 주고 있다고 생각합니다. 아날라요 스님의 박사학위 논문이 국내에 번역되어 있는데, 그 책은 빨리어 경전을 텍스트로 하고 있습니다. 스님의 박사학위 논문 이후의 연구 방법론은 본서에서 확인할 수 있습니다.

본서가 다루고 있는 주제 또한 공역자들의 관심사였습니다. 서구 심리학은 카밧진이 '마음챙김(sati, 알아차림)'을 도입한 이래 30년 동안 마음챙김에 기반한 수많은 프로그램을 개발하였고, 현재는 그 관심분야가 '자비'로 옮겨가고 있는 중입니다. 마음챙김을 하고 난 이후에 무엇을 할 것인가에 대한 대답을 붓다의 자비에서 찾고 있는 것입니다. 그리하여 자비라는 주제에 대한 연구가 이제 막 활성화되고 있습니다.

공역자 중 윤희조는 자비와 관련된 논문을 2년 전에 쓴 적이 있지만, 서구에서 자비는 새롭게 등장하는 주제입니다. 자기 존중감 즉, 자존감이 기존의 패러다임이라면, '자기 자비'는 새로운 패러다임이 될 것으로 보입니다. 이러한 자비라는 주제는 초기불교에서부터 다뤄지긴 하지만 대승불교에서 더욱 발전하게 됩니다. 공(空)도 마찬가지입니다. 공은 초기불교에서 처음 등장하는 주제이지만 대승불교의 핵심 개념입니다.

자비(연민)와 공은 서로 떼려야 뗄 수 없는 관계에 있으므로, 둘을 함께 다루는 것이 바람직하다고 생각합니다. 공과 자비의 상태는 아마도 같은 상태일 것입니다. 아날라요 스님께서 본서에서 다루고 있는 이 두 가지 주제는 초기불교에서 출발하여, 대승불교에서 더욱 활발하게 논의되는 개념으로서 오늘날의 사회에도 많은 시사점을 던져 줍니다.

본서는 저자와 주제라는 두 가지 측면에서 신뢰와 흥미를 불러일으키고 있습니다. 특히 서구 심리학의 맥락에서 자기 자비에 관심이 있는 연구자들에게는 자비의 불교적 맥락을 제대로 보여 주는 책이 될 것이고, 불교의 맥락에서는 스님의 새로운 연구방법론을 접하게 되는 계기가 될 것으로 기대합니다. 마음챙김에 관한 서구 심리학의 연구를 보면서 불교에 기반한 개념화 작업이 빠진 채, 심리학자들의 개념화 작업에 기대어 마음챙김을 연구하는 현실이 항상 안타깝게 느껴졌습니다. 본서를 통해서 자비에 대한 심리학적 연구가 불교에 기반한 개념에서 출발하기를 새삼 기대해 봅니다.

여러모로 항상 바쁜 가운데서도 책이 나오기까지 애써 주신 민족사 윤창화 사장님, 그리고 사기순 주간님, 최윤영 편집자님께 깊은 감사와 존중의 뜻을 전합니다.

2018년 11월
역자 이성동 · 윤희조

자비와 공 ○

약어표
—

AN = Aṅguttara-nikāya, 『앙굿따라 니까야』

D = Derge ed., 데르게판 티베트대장경

DĀ = Dīrgha-āgama(T 1), 『장아함경』

Dhp = Dhammapada, 『법구경』

DN = Dīgha-nikāya, 『디가 니까야』

EĀ = Ekottarika-āgama(T 26), 『증일아함경』

Jt = Itivuttaka, 『이띠붓따까』

Jā = Jātaka, 『자따까』

MĀ = Madhyama-āgama(T 125), 『중아함경』

MN = Majjhima-nikāya, 『맛지마 니까야』

Mp = Manorathapūraṇī

Paṭis = Paṭisambhidāmagga, 『빠띠삼비다막가』

Pj I = Paramatthajotikā

Ps = Papañcasūdanī

Ps-pṭ = Papañcasūdanī-purāṇaṭīkā

Q = Peking ed., 북경판 티베트대장경

SĀ = Saṃyukta-āgama(T 99), 『잡아함경』

SĀ² = Saṃyukta-āgama(T 100), 『별역잡아함경』

SHT = Sanskrithandschriften aus den Turfanfunden

Sn = Suttanipāta, 『숫따니빠따』

SN = Saṃyutta-nikāya, 『상윳따 니까야』

T = Taishō ed.(CBETA), 『대정신수대장경』

Th = Theragāthā, 『테라가타』

Ud = Udāna, 『우다나』

Vibh = Vibhaṅga, 『위방가』

Vin = Vinayapiṭaka, 『율장』

Vism = Visuddhimagga, 『청정도론』

차례

자비와 공 ○

II _ 연민의 맥락

III _ 연민의 성숙

Ⅶ_실제적 가르침

Ⅷ_경전 번역

○ 서론 ○

　이 책에서 나는 연민과 공의 명상 수행에 대한 탐구를 시도하고
자 합니다. 탐구 방법은 초기 설법 가운데 이런 주제와 연관된 구
절들을 조사하고 해석하는 것입니다. 『염처경 연구(Perspective on
Satipaṭṭhāna)』[1]라는 제목의 이전 책과 유사하게, 이번에는 주로 빨리어
경전에 버금가는 한문으로 현존하는 경전을 통해서, 또한 때로는 산
스끄리뜨어와 티베트어 경전과의 비교 연구를 통해서 수행의 문제에
대해 접근하고자 합니다. 나의 연구 결과는 학문적인 방법론에 기반
을 두고 있지만, 전체적으로 이 책은 수행자들을 위한 것이기도 하고,
명상 수행과 연관된 것들이 이 탐구에 영향을 미치기도 합니다.[2]

1　Anālayo 2013c.
2　동일한 이유로 나는 개별 논문에서 다음 주제들에 대해 더 상세하게 논의하
　고 있다. 나는 대상으로서 개개인들의 *사무량심*의 함양에 대한 주석서의 가
　르침이 어떻게 진화해 왔는지에 대해서 다루었다(Anālayo 2015b). 그리고 *사무
　량심*과 깨달음 사이의 관계에 대한 여러 학자들의 견해를 살펴보았다(Anālayo
　2015a). 또한 소승(*hīnayāna*)이라는 용어 사용의 문제점을 논의했다(Anālayo
　2014d).

1장에서 연민의 성격에 대해서 탐구할 것입니다. 그런 다음 2장에서 표준적인 사무량심(brahmavihāra)의 틀 안에서 연민이 어떤 맥락에 놓여 있는지를 살펴볼 것입니다. 3장에서는 연민을 성숙시킴으로써 기대되는 결과에 대해서 공부할 것입니다. 그 다음 세 장은 공(空)을 탐구하는 데 주력할 것입니다. 이것은 주로 「공에 대한 작은 경(Cūlasuññata-sutta)」과 이에 대응하는 경전에서 언급한, 명상에 의해서 점진적으로 공으로 나아가는 것에 기반을 둔 것입니다. 7장에서는 명상 수행을 하면서 연민에서 공으로 나아갈 수 있는 실제적인 지침을 제시할 것입니다. 8장에서는 「업에서 생긴 몸 경(Karajakāya-sutta)」, 「공에 대한 작은 경」, 「공에 대한 큰 경(Mahāsuññata-sutta)」에 대응하는 『중아함경』의 번역을 제공할 것입니다. 이 세 경전은 나의 연구에서 핵심적으로 중요합니다.

실제 수행에서 살아 있는 느낌을 생생하게 유지하기 위해서, 경전 구절들이 명상의 빛과 연관성을 가질 수 있도록 최대한 노력하였습니다. 몇몇 경우에는 학문적 연구 또는 명상의 스승들을 인용하기도 하였습니다.[3] 이런 스승들의 가르침을 인용한 이유는 내가 논의하는 것과 직접적인 연관이 있거나 내가 말하는 것이 옳다는 것을 증명하기 위한 것이 아닙니다. 단지 나 자신이 수행을 하면서 인용한 스승들의 가르침이 도움이 되었고, 이런 스승들 문하에서 직접 수행을 하지 않았다면 그들의 가르침이 갖는 맥락과 함의를 완전히 검증할 수 없다는 사실을 보여 주기 위한 것입니다. 앞으로 내가 제시하게 될 수행

---

3   벌비(Burbea 2014)는 내가 고려하기에는 너무 늦게 발표되었다.

양식은 수행의 여러 접근 방식 중 하나에 불과합니다. 초기경전을 이해하거나 언급하는 데 알맞은 유일한 방식이라고 암묵적으로 주장하는 것도 아닙니다. 나는 독자들이 자신만의 접근 방식을 찾도록 격려하는 여러 가능한 통로 중의 하나를 제시하고자 할 뿐입니다.

한역 및 다른 언어의 경전을 번역하면서[4], 나는 빨리어 경전과 비교하여 어느 경전이 상대적으로 더 가치가 있는지에 대한 판단을 전혀 하지 않았습니다. 대신 독자들이 다양하게 번역된 경전들을 보면서 이 경전들이 놓인 상황에 대한 직감적인 인상을 얻을 수 있기를 바랍니다. 한역 아함경에 간직된 풍부함은 대체적으로 일반인들에게 알려져 있지 않습니다. 그 이유는 한역 아함경에 대한 번역본이 없기 때문입니다. 그래서 나의 논의와 관련이 있는 한역 아함경의 일부 경전을 선택하여 번역을 시도하였습니다. 이 모든 번역은 내가 한 것입니다. 그래서 때로는 특정 구절에 대한 나의 이해가 기존의 번역과는 다르기도 합니다. 빨리어 경전에 대한 표준적인 영어 번역은 각주에 넣어 두었습니다. 이렇게 하는 목적은 개별적인 경전을 선택적으로 보는 것을 넘어서서 각 경전들 사이에 존재하는 차이점을 제공하여, 다양한 언어의 경전들을 비교 검토해 볼 수 있도록 하기 위한 것입니다.

역사적인 붓다가 말한 것을 절대적인 확신을 갖고서 재구성하는 것은 학문적인 관점에서 보면 불가능한 일입니다. 그러나 현재 우리가

---

4   여기 있는 나의 번역 전반은 한역 경전의 CBETA 판본에 기반을 두고 있다. 때로는 CBETA 팀이 제안한 다양한 판본 또는 교정본을 따르기로 하였다. 현재 이 책은 일반 독자들을 위한 것이기 때문에, 나의 번역에서는 그런 경우를 표시하지 않았지만, 경전 텍스트에서 내가 수정한 것은 분명하게 표시해 두었다.

자비와 공 ○

확보하고 있는 원천 자료들의 한계 내에서 초기경전들을 다양하게 비교·검토하게 되면 붓다 가르침의 원음을 비교적 가깝게 들을 수 있을 것입니다. 그리하여 이것은 연민과 공에 대한 불교 초기 단계로 들어갈 수 있는 창이 됩니다. 불교의 이런 초기 단계가 다양한 불교 학파와 전통들의 공통적인 출발점이라는 것을 생각하면, 나의 연구가 모든 불교 전통의 계승자들에게 흥미로우리라는 희망을 가져봅니다. 이런 공통 기반을 제시하기 위해서, 나는 여러 학파의 경전에 간직된 자료들을 주요 기반으로 탐구하고자 노력하였습니다. 드물게 이런 연구 방식에서 이탈할 때도 있지만, 이때에는 인용된 경전 구절이 하나의 불교 전통에만 간직된 것이라고 언급하여 독자들에게 환기해 두었습니다.

발췌한 경전 구절들을 번역하면서, 나는 성별을 반영한 용어들은 피하려고 노력하였습니다. 왜냐하면 나의 연구는 남성 수행자들만을 위한 것이 아니라는 점을 강조하고 싶었기 때문입니다.[5] 실제 경전에서는 종종 비구들을 대상으로 설법이 진행됩니다. 나는 이 책의 끝에 주요 세 경전을 전부 번역하면서 경전 원래의 형식을 고수하였습니다. 그 이유는 나의 영어 번역 능력의 범위 내에서 원전에 충실한 번역을 독자들이 볼 수 있게 하기 위해서입니다. 그러나 본문에 나오는 번역 발췌문에서는 '남성 승려를 뜻하는 비구(monk)'라는 용어 대신 '사람(one)'이라는 단어로 대체하였습니다. 왜냐하면 명상에 대한 가르침은

---

5   초기경전에서 비구(bhikkhu)라는 용어는 사실 성별을 반영한 것이다. 더 자세한 것은 콜레트와 아날라요(Collett and Anālayo 2014)를 참조할 수 있다.

어떤 독자들에게도, 예를 들면 승려이든 재가자이든, 남성이든 여성이든 상관없이 누구에게나 동일하게 적용된다는 것을 확신하고 있기 때문입니다.

이 책과 다른 곳에서 한역 경전을 영어로 번역하면서 상호 비교를 쉽게 하기 위해 빨리어 용어를 사용하였지만, 한역의 원 자료에서 사용된 언어에 더 비중을 두겠다는 의도는 아닙니다. '다르마(Dharma)'나 '니르바나(Nirvāṇa)'와 같은 용어들은 예외입니다. 왜냐하면 이런 용어들은 이미 서구 출판물에서 흔하게 사용되고 있기 때문입니다.

I_연민의 함양

이번 장에서 나는 연민을 함양하는 여러 다양한 측면들을
조사할 것입니다. 그리고 연민을 적극적으로 표현하는 것
에서 시작하여 명상 수행으로 나아갈 것입니다.

1. 연민의 특징

초기경전에는 '연민'이라는 용어에 대해 간결하게 정의해 놓고 있지 않습니다. 연민을 정교하게 정의하는 작업은 주로 후기 문헌에서 볼 수 있습니다. 그러므로 초기불교에서 특정한 용어가 갖는 의미를 파악하기 위해서는 종종 다소의 해석이 필요합니다. 이럴 때 특히 도움이 되는 것은 비유입니다. 연민의 특징을 이해하는 데 도움을 주는 비유는 『앙굿따라 니까야』와 이에 대응하는 『중아함경』에 있습니다. 이 가르침에서는 분노를 극복하는 방법들에 대해 언급하고 있습니다. 여기에서 비유는 불선한 것에 빠져 있는 누군가를 향하여 연민의 감정을 불러일으키는 하나의 상황을 묘사하고 있습니다. 다음은 『중아함경』에 있는 비유를 번역한 것입니다.

비유하면 마치 어떤 사람이 먼 길을 가는 도중에 병을 얻어 지극히 고달프고 몹시 시달리지만, 혼자 길동무도 없고 마을로 되돌

자비와 공 ○

아가기는 멀고 앞마을에는 아직 이르지 못한 것과 같다. 만일 어떤 사람이 와서 한쪽에 서서 이 사람이 먼 길을 가다가 도중에 병이 들어 지극히 고달프고 몹시 시달리지만, 혼자 몸으로 길동무도 없고 마을로 되돌아가기는 멀고 앞마을에는 아직 이르지 못한 것을 보고, [생각하기를][1] "이 사람도 만일 시자가 있다면, 들판을 지나 마을로 데리고 가서 좋은 약과 좋은 음식을 먹고, 좋은 간병인을 둘 수 있을 것이다. 이와 같이 하면 이 사람의 병은 틀림없이 나을 것이다"라고 한다. 그는 이 병자를 지극히 가엾게 여기고 불쌍하게 생각하는 마음이 있는 것이다.[2]

이 비유는 연민의 핵심적인 요소가 다른 사람이 괴로움(suffering)과 고통(affliction)에서 빠져나오는 데 관심을 기울이는 것임을 보여 주고 있습니다. 이것은 그렇게 놀라운 일은 아니지만, 이 비유를 통해 지적하고 싶은 미묘하지만 중요한 점은, 연민이라는 것이 실제적인 괴로움을 보는 행동에만 한정되어 있지 않다는 것입니다. 오히려 연민은 다른 사람이 그 고통에서 자유롭게 되는 것과 연관되어 있습니다. 비유가 진행되는 것을 보면 이 점은 아주 명확합니다. 병든 사람이 보살핌을 받는 것을 보거나 실제로 이 병든 사람을 보살피는 것은 옆에 있

---

1 한역 원문에서는 그 사람이 정말로 여행자를 도와준 것처럼 읽을 수 있지만, 내가 보기에 그 구절은 행위가 아니라 머릿속에서 생각하는 바를 기술한 것으로 보인다.

2 MĀ 25 at T Ⅰ 454b18-b25 (translated Bingenheimer et al. 2013: 169); AN 5.162 at AN Ⅲ 189,8 (translated Bodhi 2012: 776).

는 그 사람을 "지극히 가엾게 여기고 불쌍하게 생각하는 마음"에 해당되는 것입니다.

다른 사람이 괴로움을 받고 있음을 인식하는 것과, 그 사람이 괴로움에서 자유롭게 되기를 바라는 것을 명확하게 구분하는 것이 중요합니다. 실제적인 괴로움에 마음을 두는 것은 괴로움[dukkha]을 성찰하는 것입니다. 이런 성찰은 연민을 명상하면서 함양하는 기반이 됩니다. 그러나 연민 그 자체를 기르는 것은 다른 사람이 괴로움에서 자유롭게 되기를 소망하는 것으로 표현됩니다. 이렇게 하여 마음은 괴로움에서 자유로워지는 것을 하나의 목적으로 삼게 됩니다. 이런 목적은 결과적으로 슬픔을 낳는 것이 아니라, 오히려 긍정적인 마음, 때로는 희열에 가득 찬 마음을 이루게 됩니다.

이것이 핵심입니다. 왜냐하면 명상을 통해서 연민을 기르는 것은 긍정적인 마음이나 희열에 가득 찬 마음에서 이루어질 때에만 보다 깊은 집중으로 들어가기 때문입니다. 실제적인 관점에서 이것이 의미하는 바는 연민을 함양하기 위해서는 슬픔을 피해야 한다는 것입니다. 이것은 쉬운 일이 아닙니다. 왜냐하면 연민을 일으키는 것은 자연스럽게 슬픔에 젖게 만들기 때문입니다. 그러므로 다른 사람의 고통에 자신이 어떻게 반응하는지를 자세히 살펴보는 것이 중요합니다. 이상적인 것은 다른 사람의 아픔과 괴로움에 진정으로 반응하는 마음의 문을 여는 것에서 출발하여, 그 사람이 고통과 괴로움에서 자유롭게 되기를 바라는 소망으로 가득 찬 긍정적인 마음으로 나아가는 것입니다. 이렇게 이해하면 연민은 다른 사람이 괴로움을 겪는 만큼 동정심을 표현하는 것이 아니라는 것을 의미합니다. 이렇게 되면 후기 불교 전통에서 연민의 "가까운 적"으로 간주된 것의 포로가 되어 버립니다. 『청정도론(Visuddhimagga)』에 의하면 잔인함은 연민과는 아주 반대된다는 의미에서 연민의 "먼 적"입니다. 반면 세간적인 슬픔은 연민의 "가까운 적"입니다.[3] 말할 것도 없이 이 두 종류의 적은 모두 피하는 것이 최상입니다.

초기 설법에서는 연민의 가까운 적과 먼 적을 명시적으로 구분하지는 않습니다. 그러나 초기 설법에서 연민은 다른 사람이 해를 입는 것과는 아주 반대되는 것(연민의 먼 적에 해당되는 것)이라고 언급하고 있습니다. 잔인함은 명상으로 연민을 함양하는 것과는 대조를 이룬다는 명시적인 표현은 「라훌라를 교계한 긴 경(Mahārāhulovāda-sutta)」과 이에 대응하는 『증일아함경(Ekottarika-āgama)』에서 찾아볼 수 있습니다.[4] 또한 출리(出離, nissaraṇa)의 여섯 가지 요소의 묶음 중 하나로 나타나고 있습니다. 이 요소들은 「십상경(十上經, Dasuttara-sutta)」과 이에 대응하는 아함경 경전에 열거되어 있습니다. 나는 이와 연관되는 부분들을 산스끄리뜨 경전에서 아래와 같이 번역하겠습니다.

"연민을 통한 마음의 해탈을 닦고 많이 수행하는데도 잔인함이 그의 마음을 사로잡고 있다"고 해 보자. 이런 경우는 이와 같이 말해야 한다. "그와 같이 말하지 마시오. 왜냐하면 연민을 통해서 마음의 해탈을 닦고 많이 수행한 이의 마음에 잔인함이 그의 마음을

---

3   Vism 319,13 (translated Ñāṇamoli 1956/ 1991: 311).
4   MN 62 at MN I 424,28 (translated Ñāṇamoli 1995: 530) = EĀ 17.1 at T Ⅱ 581c19.

사로잡고 있는 것은 불가능하기 때문이다. 그것은 불가능하다. 이 것은 잔인함에서 벗어나는 것 즉 연민을 통한 마음의 해탈이다."[5]

이 경전 구절은 진정으로 연민을 계발한 사람은 더 이상 잔인함에 결코 압도당하지 않고, 수행하는 동안만 그래서도 안 된다는 것을 명백하게 보여 주고 있습니다. 잔인함을 완전히 제거하기 힘들다고 해도, 명상으로 연민을 함양하는 것은 분명히 한 사람의 성격에 영향을 미치고 잔인함에 완전히 압도당하지 않도록 해 줍니다. 일단 이것이 확립되면 광범위한 불선한 행동이 일어날 여지는 결코 없습니다. 이렇게 하여 연민을 함양하는 것은 윤리적으로 중요한 영향을 끼치고, 해탈을 향한 진전에 실질적인 기여를 하게 됩니다. 해탈에 대한 주제는 이후에 다시 다룰 예정입니다.[6]

2. 연민과 윤리성

윤리적 행동은 연민과 직접적인 연관성을 갖습니다.

---

5 Mittal 1957: 78; DN 34 at DN Ⅲ 280,27. 연관된 구절은 생략되어 있지만 전체 텍스트는 다음에서 찾을 수 있다. DN 33 at DN Ⅲ 248,16 (translated Walshe 1987: 500); DĀ 10 at T Ⅰ 54b6 (이 부분도 생략되어 있다. cf. T Ⅰ 54b3). 첫 번째 문장은 이러한 방식으로 하면 붓다의 의미를 잘못 표현한다는 것을 가리킨다. 이러한 문장은 유사한 구절에서는 발견되지 않는다. T 13 at T Ⅰ 236a9. 빨리 문헌에서 출리의 여섯 가지 요소는 다음에서 보인다. AN 6.13 at AN Ⅲ 290,20 (translated Bodhi 2012: 867).
6 아날라요(Anālayo 2015a)와 본서 3장 4절을 참조할 수 있다.

사실 윤리적 행동은 연민의 표현입니다. 이것은 「업에서 생긴 몸 경 (Karajakāya-sutta)」에 대응하는 경전에 나오는 불선한 몸의 행동들 가운데 첫 번째에서 아주 자세하고 명백하게 언급됩니다. 이 경전은 연민에 대한 나의 연구에서 계속 반복하여 언급할 예정입니다. 바로 그 경전 구절에서 살아 있는 존재를 죽이는 사람은 연민이 없다고 지적하고 있습니다. 『중아함경』에 의하면, 그런 사람은 "살아 있는 존재에게 상처 입히기를 원하고 연민이 없습니다."[7]

바꾸어 말하면 이것은 살아 있는 존재를 죽이지 않는 사람은 연민에 가득 차서 행동한다는 것을 의미합니다. 여러 종류의 불선한 행동을 하지 않는다는 것은 어느 정도 연민의 마음이 내포되어 있다는 것을 말합니다. 예를 들면 도둑질을 하지 않는 것은 확실히 연민에 가득 찬 행동이라고 간주할 수 있습니다. 다른 사람에게 해를 끼치는 성적 행동을 하지 않는 것도 마찬가지입니다. 이렇게 다른 사람에게 해를 끼치지 않는 신체 행동은 다른 사람이 고통에서 자유롭게 되기를 바라는 소망과 연민의 표현이라고 볼 수 있습니다.

연민과 언어활동의 관계는 「아바야 왕자 경(Abhayarājakumāra-sutta)」에서 더욱 자세하게 언급됩니다.[8] 이 경전은 붓다가 사용한 언어

---

7   MĀ 15 at T I 437c3 (본서 8장의 번역을 참조할 수 있다. 이와 유사한 구절이 데르게 판과 북경판 티베트 경전에 보인다. D 4094 ju 236b5, Q 5595 tu 270a8) 구체적인 기술이 『앙굿따라 니까야』(AN 10.208, 각주 45 참조)에서 보이지 않지만, 연민을 살아 있는 존재를 죽이지 않는 것으로 기술하는 것은 『앙굿따라 니까야』의 바로 앞의 대화에서 볼 수 있다; AN 10.206 at AN V 295,6 (translated Bodhi 2012: 1535, 217번). 또한 생략된 형태가 반복되고 있다; AN 10.207 at AN V 298,26.

8   불행히도 이 경과 유사한 부분이 산스끄리뜨 「아바야 왕자 경(Abhayarājakumāra

의 유형들을 세 가지 기준으로 나누어 언급합니다.[9] 언어가 진실한가? 언어가 유익한가? 언어가 다른 사람들에게 수긍할 만한가? 「아바야 왕자 경」에서 붓다는 진실이 아니거나 유익하지 않은 언어를 사용하지 않는다고 분명히 말하고 있습니다. 그러나 진실하고 유익한 언어의 경우에도 붓다는 때때로 다른 사람에게 즐겁지 않은 것을 말하기도 하였습니다. 이런 경우에도 붓다의 발언은 연민에서 나온 것이라고 경전은 분명히 밝히고 있습니다.

그런데 수행자의 관점에서 보면, 연민을 말로 표현하는 것이 타인에게 즐겁고 친절한 것만 말하는 것을 의미하지는 않습니다. 물론, 타인에게 상처 주는 것을 피하는 노력은 항상 해야 합니다. 그러나 때로는 진실하고 유익한 것이라면 즐겁지 않은 것을 말할 필요도 있습니다. 다시 말해, 한 사람의 언어활동에 영향을 미치는 연민에 가득 찬 행위는 단지 현재 순간의 조화만을 고려하는 것이 아닙니다. 대신 연민은 장·단기적인 영향의 측면에서 그 상황을 평가합니다. 그것을 말하는 것이 당장 유쾌한 일은 아닐지라도, 다른 이가 불행을 초래하는 상황에서 빠져나오도록 돕고자 하는 동기에서 일어난 연민은 필요한 상황에서는 그런 말도 할 용기를 요합니다. 이렇게 언어활동은 연민에 가득 찬 마음에 꼭 맞는 표현이 될 수 있습니다.

-sutta)」과 한역 경전에는 존재하지 않는다. 다음의 단편에서는 이 경의 시작 부분만 남아 있다; Hoernle fragment Or. 15009/ 100, Hirabayashi 2009: 167. 『대지도론』의 다음 구절에서 인용하고 있는 대화는 이 경의 첫 부분을 기록하고 있지만, 우리가 관심을 가지는 부분 바로 앞에서 끝나고 있다; 『대지도론(大智度論, Mahāprajñāpāramitopadeśa)』, T 1509 at T XXV 321b15-b25.

9   MN 58 at MN I 395,8 (translated Ñāṇamoli 1995: 500).

3. 연민과 사성제

이런 몇 개의 경전 구절에서 이미 연민과 신체적 행동 및 언어적 행동 사이에 존재하는 밀접한 연관성이 드러나고 있습니다. 그럼에도 불구하고 초기경전에서 붓다 또는 아라한들이 자선 행위를 하였다는 기록은 없습니다. 이것은 주목할 만한 일입니다. 대신 붓다의 재가 제자인 아나타삔디까(Anāthapiṇḍika)는 초기경전에서 모범적인 사례로 등장합니다. 그의 자선 활동은 붓다가 처음 만날 때부터 명성이 자자하였습니다.[10] 이것이 의미하는 바는 아나타삔디까의 자선 활동은 불교로 개종한 결과가 아니라는 것입니다. 오히려 그의 자선 활동은 이전에 헌신한 그 무엇의 결과입니다.

붓다 자신은 깨달음을 성취하기 전, 자신의 여러 전생들 중 한 삶에서 자선 활동을 한 것으로 기록되어 있습니다. 『자따까(Jātaka)』의 이야기에 따르면, 아니 엄격히 말해 빨리 주석 문헌들에 의하면, 고따마 붓다가 되기로 정해져 있었던 보살은 궁핍한 자와 임신한 여성들

---

10 MĀ 28 at T I 460c10 (translated Bingenheimer et al. 2013: 198) = SĀ 592 at T II 158b12; SĀ2 186 at T II 441a18. 이 경에서 아나타삔디까는 붓다를 처음 만났을 때 자신의 원래 이름이 수닷따(Sudatta)라는 것을 밝혔다고 한다. 그는 자선 활동을 통해서 곤궁한 자를 먹이는 자, 즉 아나타삔디까라고 불렸다. 이는 붓다의 재가신자가 되기 이전부터 아나타삔디까는 인류애적 활동으로 이미 유명했다는 것을 말한다. 붓다와의 첫 만남에 관한 이야기에 차이는 있지만, 빨리 율장에서도 이 이야기가 이어지는 것으로 볼 때 그때 이미 아나타삔디까로 불렸던 것이 분명해 보인다; SN 10.8 at SN I 212,10 (translated Bodhi 2000: 312), Vin II 156,19 (translated Horner 1952/ 1975: 219), Vin II 157,20.

을 위한 장소를 지었다고 합니다.[11] 그가 깨달음을 성취한 다음에 그런 활동을 한 기록은 없습니다. 대신 붓다가 취한 연민의 형태는 다르마를 지속적으로 가르치는 것이었습니다.[12]

「성스러운 구함의 경(Ariyapariyesanā-sutta)」과 이에 대응하는 『중아함경』에 의하면 붓다는 자신이 발견한 해탈의 길을 가장 먼저 예전에 자신을 가르쳤던 두 스승과 함께 나누고자 합니다. 그 스승들이 모두 죽었다는 것을 알고 붓다는 대신 이전의 다섯 동료들에게 가르침을 펴기로 결심하였습니다.[13] 이런 붓다의 연민에 가득 찬 가르침은 사성제를 설법하는 것으로 시작하였습니다.

주목해 보아야 하는 점은 처음 설법을 펴고자 하는 붓다의 연민에 찬 마음은 감사의 감정으로 나타났다는 점입니다. 붓다의 이전 첫 두 스승이 권면한 수행과 이전의 동료들과 함께 한 고행이 깨달음에 이르게 하지는 못하였지만, 이것들은 붓다가 걸어간 수행의 길의 일부가 되었습니다. 진리를 추구하는 붓다 자신을 도와준 사람들에 대해 감사하는 마음의 빚을 명백하게 인식하고는, 해탈에 이르는 길을 설법하고자 한 붓다의 연민에 찬 마음이 비로소 처음으로 그들을 향하였던 것입니다.

---

11 Jā 546 at Jā VI 333,5 (translated Cowell and Rouse 1907: 158).

12 보디 스님(Bodhi 2013: 24)에 의하면 전통적인 관점에서 "사회사업은 확실히 칭찬 받을 만하다. 사회 사업의 유익 가운데 가장 귀중한 유익은 다르마를 가르치는 것이다." 어떤 베풂보다 법을 베푸는 것, 즉 법시(法施)가 뛰어나다는 것은 기르나르(Girnār), 다울리(Dhaulī), 자우가드(Jaugaḍ)에 있는 아쇼카 왕의 9번째 칙령에도 기록되어 있다. cf. Woolner 1924/ 1993: 19.

13 MN 26 at MN I 170,25 (translated Ñāṇamoli 1995: 263); MĀ 204 at T I 777b4 (translated Anālayo 2012c: 32).

자비와 공 ○

붓다는 이전에 들어보지 못한 것을 이전의 다섯 동료들에게 전달하는 것이 목표였기 때문에,[14] 새로운 표현 방식을 동원해야만 했고, 이것은 고대 인도에서 잘 알려진 철학적 또는 종교적 개념과는 다소 동떨어진 것이 될 수밖에 없었습니다. 이런 상황에서 붓다는 의학적 진단이라는 관점의 영감을 받아 자신의 깨달음을 표현하는 틀을 구축하였습니다. 붓다 시대에 그런 틀을 실제로 고대 인도의 의학에서 사용하였는지에 대한 확실한 증거는 없지만, 몇몇 설법에서 사성제를 의학적 진단과 비교하고 있습니다.[15] 이것을 보면 당시 실제로 그런 틀이 존재하고 있었을 가능성이 높습니다. 불교에서 응용하고 있는 틀에서 사용하고 있는 것은 다음과 같습니다.

질병: 괴로움(dukkha)

병인: 갈망

건강: 열반(Nirvāṇa)

치료: 팔정도

이렇게 붓다는 연민을 바탕으로 최고의 의사로서 행동하였습니다.

---

14 「초전법륜경(Dhammacakkappavattana-sutta)」과 한역 경전의 비교 연구는 다음을 참조할 수 있다; Anālayo 2012a, Anālayo 2013a.

15 SĀ 389 at T II 105a24 (translated in Anālayo 2011c: 23f), SĀ2 254 at T II 462c9, T 219 at T IV 802a16; Abhidharmakośopāyikā-ṭīkā, D 4094 nyu 1b1 or Q 5595 thu 32b6; 『범문구사론소(梵文俱舍論疏, Abhidharmakośavyākhya)』, Wogihara 1936: 514,27; Arthaviniścaya sūtra, Samtani 1971: 159,6; Uighur fragments, Kudara and Zieme 1995: 47-52; 좀 더 자세한 논의는 아날라요(Anālayo 2011c)를 참조할 수 있다.

성스러운 팔정도라는 의학적 치료법을 통해서 완전한 정신적 건강으로 인도하였던 것입니다.

초기불교 사상의 이런 실용적인 틀의 중심적인 모습은 「코끼리 발자국 비유의 긴 경(Mahāhatthipadopama-sutta)」과 이에 대응하는 『중아함경』에서도 나옵니다. 이들 경에 따르면 사성제와 선한 마음의 관계는 코끼리의 발자국과 다른 동물들의 발자국의 관계에 비견됩니다.[16] 코끼리 발자국의 큰 크기와 이에 더하여 코끼리의 무게에 따른 그 발자국의 깊이로 인해서 코끼리의 발자국은 다른 모든 동물의 발자국을 감싸 안을 수 있습니다. 이와 마찬가지로 사성제는 모든 선한 마음을 감싸 안을 수 있습니다. 이것을 보면 사성제가 초기불교 사상에서 핵심적 중요성을 차지하고 있다는 것은 명백합니다.

사성제는 붓다의 연민의 표현일 뿐 아니라, 그 자체로도 연민과 직접적인 연관성을 갖습니다. 이런 관계는 『앙굿따라 니까야』와 이에 대응하는 『중아함경』에서 드러나 있습니다. 이 설법에서는 '통찰적 지혜'와 '광활한 지혜'를 구분합니다. 『중아함경』에서 이런 두 종류의 지혜에 대해 다음과 같이 정의하고 있습니다.

비구들이여, 만일 비구가 괴로움[苦]에 대해 듣고 다시 지혜로써 괴로움을 사실 그대로 바르게 본다면, 괴로움의 발생[苦集]과 괴

16　MN 28 at MN I 184,26 (translated Ñāṇamoli 1995: 278) = MĀ 30 at T I 464b23 (translated Bingenheimer et al. 2013: 219). 냐나뽀니까 스님(Ñāṇaponika 1966/1981: 2)에 의하면 이 비유는 "사성제가 모든 유익한 것 즉, 참으로 알고 따를 가치가 있는 모든 것을 포함한다"는 것을 보여 준다.

로움의 소멸[苦滅]과 괴로움의 소멸에 이르는 길[苦滅道]에 대해 듣고, 다시 지혜로써 괴로움의 소멸에 이르는 길에 대하여 사실 그대로 바르게 본다면, 비구들이여, 이와 같이 많이 들은 비구는 밝게 지혜에 이른다. 여래는 이와 같이 많이 들은 비구는 밝게 [통찰적] 지혜에 이른다고 시설한다.

만일 비구가 자기 자신을 해칠 생각을 하지 않고 남을 해칠 생각을 하지 않으며 또한 자기와 남을 모두 해칠 생각을 하지 않고, 비구가 다만 자기를 이롭게 하고 남을 이롭게 하며, 또한 많은 사람을 이롭게 하기를 생각하며, 세상을 불쌍히 여겨 하늘과 사람을 위해 이치와 이로움을 구하고, 안온함과 즐거움을 구한다면, 비구들이여, 이처럼 영리한 비구는 슬기롭고 민첩하고 [광활한] 지혜가 크다. 여래는 총명한 비구를 이처럼 시설한다.[17]

그러므로 통찰적 지혜는 사성제를 파고들어서 꿰뚫는 것이라고 한다면, 광활한 지혜는 연민을 바탕으로 자신과 다른 사람들을 유익하게 하는 데서 드러납니다. 이것은 지혜의 상보적인 두 측면으로, 연민과 사성제가 밀접하게 연관되어 있다는 것을 명확하게 지적하고 있습니다. 이런 지혜는 통찰적이고 광활하기 마련입니다.

이렇게 연민의 활동은 사성제가 제공한 이상적인 전망에 바탕을 두어야만 합니다. 결과적으로 드러나게 마련인 연민은 다른 사람의 실제

---

17   MĀ 172 at T I 709b22 to b25, 709c5 to c9; AN 4.186 at AN II 178,27
      (translated Bodhi 2012: 555).

적인 아픔과 고통을 보고(첫 번째 진리), 그뿐만 아니라 그런 괴로움을 낳는 상황(두 번째 진리), 그리고 거기에서 빠져나올 수 있는 상황(네 번째 진리)을 보게 됩니다. 연민을 움직이는 힘은 아픔과 고통에서 다른 사람들이 자유롭게 되는 것(세 번째 진리)을 바라는 소망입니다. 말하자면 사성제의 지혜와 결합하게 됨으로써 연민은 철저하게 불교적이게 되는 것입니다.

4. 연민과 가르침

붓다는 연민으로 사성제를 가르쳤습니다. 초기 설법에서 붓다가 연민을 적극적으로 드러내는 방식은 주로 다르마(Dharma)의 가르침을 통해서입니다. 연민과 가르침의 연관성은 아주 밀접하고 잘 확립되어 있어서, 가르침을 요청하는 것은 항상 "연민에 가득 찬 마음에서"라는 구절이 기준점이 되고 있습니다. 그런 맥락에서 사용된 용어가 아누깜빠(anukampā)인데 초기경전에서는 종종 연민이 능동적으로 작동하는 것을 표현하는 단어로 사용됩니다. 반면 까루나(karuṇā)는 연민의 명상 수행과 연관된 맥락에서 주로 선택되는 용어입니다.[18] 실제적인 관점에서는 두 용어 모두 연민에 대한 초기불

---

18 두 단어를 완전하게 분리할 수는 없지만, 때때로 까루나(karuṇā)는 연민의 행위를 대표하는 반면, 아누깜빠(anukampā)는 분명히 명상의 맥락에서 나타날 수 있다. 까루나에 대해서 언급하는 한 예를 『숫따니빠따』 426게송(translated Norman 1992: 45)에서 볼 수 있다. 아누깜빠는 명상 수행과 관련해서 나오지

교 개념의 상보적인 측면을 대표하고 있습니다.

가르침을 구하는 자뿐만 아니라 가르침을 베푸는 자 모두 그 가르침을 연민의 한 표현으로 받아들이고 있습니다. 붓다가 제자들에게 베푼 가르침은 종종 정감 어린 말씀, 즉 스승이 연민 어린 마음에서 제자들에게 해야만 하는 것을 하였노라는 식으로 끝을 맺고 있습니다.[19] 이런 식으로 붓다가 일단 연민에 가득 찬 스승으로서 자신의 책무를 다하면, 그 다음 순서로 제자들은 붓다의 가르침을 실천으로 옮겼습니다.

마라의 도전에 직면하여 붓다가 강조한 것은 자신이 가르침을 베푸는 것은 어떤 형태의 속박과도 연관됨이 없이 단지 연민의 표현이라는 것입니다.[20] 순수한 연민에서 비롯된 가르침이 어떠한가에 대해서는 또 다른 설법에서도 나타납니다. 설법을 듣는 사람들로 하여금 자신들을 위해서 공물을 바치고자 하는 소망을 불러일으키도록 설법을 해서는 안 됩니다.[21] 오히려 적합한 가르침은 다른 사람들에게 유익한 것을 하고 싶다는 소망으로 채워지게 하는 것입니다.

않는다는 아론슨의 전제(Aronson 1980/ 1986: 16)와는 반대로, 명상 수행과 관련된 예를 『이띠붓따까』와 『앙굿따라 니까야』에서 찾을 수 있다. 이곳에서 자애의 무한한 확산을 언급하는 것은 모든 존재에 대한 아누깜빠의 태도로 이끈다. 여기서는 분명히 아누깜빠는 멧따의 확산을 가리키는 것이고, 명상 수행을 기술하는 한 부분으로 기능한다. It 1.27 at It 21,10 (translated Ireland 1991: 20), AN 8.1 at AN IV 151,1 (translated Bodhi 2012: 1112).

19 그 한 예를 다음에서 볼 수 있다. MN 19 at MN 118,20 (translated Ñāṇamoli 1995: 210) = MĀ 102 at T I 590a18.

20 SN 4.14 at SN I 111,19 (translated Bodhi 2000: 204) = SĀ 1097 at T II 288c8.

21 SN 16.3 at SN II 199,14 (translated Bodhi 2000: 665) = SĀ 1136 at T II 300a8; SĀ² 111 at T II 414b27; T 121 at T II 544c28.

붓다 자신이 펼친 설법뿐만 아니라 붓다 제자들의 가르침 또한 연민에서 나온 것이라는 사실을 다른 사람들도 보았습니다. 그리하여 한 그룹의 비구들이 사리뿟따에게 설법을 요청하면서 사리뿟따가 연민에 가득 찬 마음에서 설법해 주기를 청하였던 것입니다.[22] 같은 일이 병든 재가자를 방문하여 가르침을 주고자 하였을 때에도 일어났습니다.[23] 이런 식으로 붓다가 연민으로 가르쳤던 것처럼 제자도 동일하게 행하였던 것입니다.

초기경전에서 붓다의 제자들이 연민에 가득 차서 행동해야 한다는 기대는 다른 경전 구절에서도 반향을 일으키고 있습니다. 그 구절을 살펴보면 사리뿟따가 다른 비구들을 잘 지도하는 책임을 다하지 못하여, 충분한 연민으로써 암묵적으로 행하지 못했다고 비난을 받고 있습니다. 붓다가 새로 구족계를 받았지만 시끄럽게 굴고 제대로 질서 잡히지 않은 비구들을 해산시킨 다음에도 사리뿟따는 이런 비구들을 잘 지도하는 것이 자신의 책임이라는 것을 깨닫지 못하였습니다. 그 대신 사리뿟따는 그 비구들을 지도하지 않고 내버려 두었습니다. 비구들을 보살피지 못한 결과 사리뿟따는 붓다의 엄한 비난에 직면하지 않을 수 없었습니다.[24] 이것은 붓다의 가르침에 따라서 다른 사람들을 잘 지도하고 다른 사람들을 책임지는 것이 얼마나 중요한지를

---

22 SN 22.85 at SN III 110,25 (translated Bodhi 2000: 932) = SĀ 104 at T II 31a4 (translated Anālayo 2014f: 12).

23 SN 55.26 at SN V 380,28 (translated Bodhi 2000: 1816) = MĀ 28 at T I 458c16 (translated Bingenheimer et al. 2013: 189).

24 MN 67 at MN I 459,18 (translated Ñāṇamoli 1995: 562) = EĀ 45.2 at T II 771b6.

잘 보여 주고 있습니다. 지도 또는 도움이 필요한 사람들이 있는 상황에서 그 책임을 다하는 것이 연민을 함양하는 아주 실제적인 방법입니다. 이것은 다른 사람들을 도와주고 충고하는 일에 열성을 다해 노력하는 데서 실제로 드러날 수 있습니다.

이렇게 책임을 져야 할 필요성에 대해 또 다른 경전에서 언급하고 있습니다. 사리뿟따는 계속해서 자신을 공박하는 다른 비구로 인하여 마음이 짜증스러웠습니다. 이에 아난다는 끼어드는 대신 침묵을 지키는 편이 더 낫다고 생각하였습니다. 이렇게 행동한 결과 아난다는 붓다에게 연민이 없다고 공개적으로 질책을 들었습니다.[25] 이 경전 구절은 책임을 지고 자비로운 마음으로 반응하는 것이 중요하다는 것을 확인시켜 줍니다. 이런 중요함은 초기경전의 정신과 일치합니다. 이것이 얼마나 중요한가 하는 점은, 붓다의 뛰어난 두 제자인 사리뿟따와 아난다가 붓다가 기대한 높은 수준의 연민과 다른 사람에 대한 관심에 미치지 못하였다고 공개적으로 비판을 받고 있다는 점에서 두드러지게 알 수 있습니다.

가르침을 통해서 다른 사람에게 유익함을 주는 것의 중요성은 『앙굿따라 니까야』와 이에 대응하는 『중아함경』의 설법에서 다시 나옵니다. 이 경전을 보면 어떤 브라만이 스스로 출가하여 자신에게만 유익하면 된다는 견해를 갖고 있었습니다. 이에 답하여 붓다는 출가하여 해탈에 이른 사람은 그 자유에 이른 길을 다른 사람에게 보여 주는

---

25 AN 5.166 at AN III 194,22 (translated Bodhi 2012: 779); MĀ 22 at T I 450a21 (translated Bingenheimer et al. 2013: 148).

것을 통하여 많은 사람에게 유익함을 줄 것이라고 말하였습니다. 『중아함경』에서는 붓다의 언급을 다음과 같이 기록하고 있습니다.

> 그는 남을 위하여 '나는 스스로 이러한 도와 이러한 자취를 행하고, 이 도와 이 자취를 행한 뒤에는 모든 누(漏)가 이미 다하고 누가 없게 되었고 심해탈(心解脫)과 혜해탈(慧解脫)을 이루었다. 스스로 알고 스스로 깨닫고, 스스로 증득하였고, 생은 이미 다하였고 범행은 이미 섰으며, 해야 할 일은 이미 마쳤고, 다시는 후세의 몸을 받지 않는다는 것을 참으로 알았다. 만일 너희들도 또한 다 같이 와서 스스로 이러한 도와 이러한 자취를 행하여 이 도와 이 자취를 행하기를 마친다면, 모든 누(漏)는 이미 다하여 누가 없게 되고, 심해탈(心解脫)과 혜해탈(慧解脫)을 이루고, 스스로 알고 스스로 깨닫고, 스스로 증득할 것이다. 그래서 생은 이미 다하였고 범행은 이미 섰으며, 해야 할 일은 이미 마쳤고, 다시는 후세의 몸을 받지 않는다는 사실을 알게 될 것이다'라고 말한다.[26]

붓다의 이런 말에 직면한 브라만은 자신의 이전 평가가 잘못되었다는 것을 인정하였습니다. 스스로를 다스리는 출가로 나아감으로써 정말로 많은 사람에게 유익함을 줄 수 있습니다. 그 브라만이 이전에 갖

---

[26] MĀ 143 at T I 650c17-c25. 이 경에서 해탈한 이후에 남을 가르치는 사람을 은둔자 또는 브라만이라고 하는 반면, 이에 대응되는 『앙굿따라 니까야』에서는 열반을 성취하고 그 길을 보여 주는 사람을 여래(Tathāgata)라고 구체적으로 지칭한다; AN 3.60 at AN I 168,24 (translated Bodhi 2012: 262).

자비와 공 ○

고 있었던 견해는 사실 이해할 만합니다. 왜냐하면 출가를 한다는 것은 사회적 의무와 관계에서 물러난다는 것을 의미하기 때문입니다. 이것은 다른 사람에 대한 연민에서도 물러난다는 인상을 쉽게 줄 수 있습니다. 그러나 결코 그렇지 않습니다.

이와 똑같은 원리가 출가뿐만 아니라 집중 수행을 위해 단기간 떨어져 있을 때에도 마찬가지로 적용됩니다. 얼핏 처음 보기에는 연민의 결여라고 보일 수 있는 것이 실제로는 연민 어린 활동의 강력한 원천이 될 수 있습니다. 물론 이때의 수행은 다른 사람에게 유익함을 주고자 하는 소망에서 이루어지게 됩니다.

5. 연민과 안거

안거로 이어지는 물러남에 대해서 또 하나 주목해야 할 점은, 연민에서 나온 가르침이 언어적 가르침에 제한될 필요는 없다는 것입니다. 가르침은 모범적인 예가 됨으로써 이루어질 수도 있습니다. 이런 식으로 심지어 붓다의 정기적인 안거도 연민과 직접 연관되어 있습니다. 「두려움과 공포에 대한 경(Bhayabherava-sutta)」에 의하면 붓다가 정기적으로 안거에 들어가는 두 가지 이유 중 하나는 "다음 세대를 위한 연민"입니다.[27] 이에 대응하는 『증일아함경』에서는 붓다가 한적한 장소에서 안거하는 것은 "셀 수 없을 정도로 [수많

---

27 MN 4 at MN I 23,35 (translated Ñāṇamoli 1995: 107).

은] 살아 있는 존재들을 구제하기 위한 것"이라고 설명하고 있습니다.[28] 여기에서 강조하고 주목해야 되는 점은 붓다의 안거는 우리가 따라야 할 전범이라는 것입니다. 이런 식으로 그의 안거는 자신을 위한 것이 아니라 연민 어린 마음에서 일어난 것입니다.

이것은 붓다뿐만 아니라 그의 제자들도 따라야만 하는 전범으로 기능할 수 있습니다. 초기경전들은 마하까삿빠(마하가섭)가 또한 유사하게 다음 세대들을 위한 연민의 마음으로 금욕 수행을 하고 있다는 것을 분명하게 보여 주고 있습니다.[29] 마하까삿빠는 다음 세대에게 영감을 주는 모범적인 예가 되고 있는 것입니다. 「고싱가살라 긴 경(Mahāgosiṅga-sutta)」과 이에 대응하는 경전에서 마하까삿빠는 애써 금욕 수행 또는 수행의 다른 측면들과 그런 수행을 다른 사람들도 할 것을 명령하는 것을 결합시키고 있습니다.[30] 이렇게 하여 다른 사람들이 자신의 전범을 따르도록 격려하게 됩니다.

여러 경전들에 광범위하게 기록된 유명한 가르침에 따르면 붓다는 자신의 첫 번째 아라한 제자들이 마을에 다니면서 다른 사람들을 가르치게 했다고 합니다.[31] 붓다는 언어를 통해서 가르침을 베푸는 것

---

28 EĀ 31.1 at T II 666c25 (translated Anālayo 2011b: 219).

29 SN 16.5 at SN II 203,5 (translated Bodhi 2000: 667) = SĀ 1141 at T II 301c17; SĀ2 116 at T II 416b19. 아론슨(Aronson 1980/ 1986: 11)은 "붓다처럼 마하까삿빠는 다른 사람들도 자기처럼 유익함을 얻기를 바라면서 유익한 행위를 하였다"고 말하고 있다.

30 MN 32 at MN I 214,2 (translated Ñāṇamoli 1995: 309); MĀ 184 at T I 727c2; EĀ 37.2 at T II 711a7; T 154 (§ 16) at T III 81b16. 이 경들의 미세한 차이에 대한 연구는 아날라요(Anālayo 2011a: 212)를 참조할 수 있다.

31 SN 4.5 at SN I 105,24 (translated Bodhi 2000: 198); SĀ 1096 at T II 288b3;

도 중요하지만 이렇게 전법으로 가르침을 베풀어야 한다고 보았던 것입니다. 두 방법을 통해서 모두 다른 사람들에 대한 연민 어린 관심을 드러낼 수 있었던 것입니다.

요약하자면 초기불교의 관점에서 보면 연민을 함양하는 것이 명상안거 수행을 하는 것과 갈등을 일으키는 것은 아닙니다. 명상 수행을 하는 동기가 다른 사람에게 유익함을 주고자 하는 열망으로 가득 찬 것이라면, 정기적으로 안거 수행에 몰입하는 것은 연민을 함양하는 통합적 과정의 일부임이 확실합니다. 사실 어느 정도 이것은 적절한 연민 활동의 필수 요소라고 할 수도 있습니다. 마음을 바쳐서 훈련하는 것은 다른 사람과 교류할 때 인내심과 연민을 가지면서 교류할 수 있게 해 주는 적절한 기반입니다. 마음이 번뇌로부터 정화되면 될수록 연민 어린 마음으로 더욱 잘 반응하고, 그리하여 진정으로 다른 사람에게 유익함을 더 많이 줄 수 있습니다.

이것의 배후에서 기반을 이루는 원리가 「버리고 없애는 삶의 경 (Sallekha-sutta)」과 이에 대응하는 경전에서 비유로 잘 표현되어 있습니다. 『중아함경』에서는 다음과 같이 기록되어 있습니다.

만일 스스로 제어하지 못하면서 남이 제어하지 못하는 것을 제어

Dharmaguptaka Vinaya, T 1428 at T XXII 793a7; Mahāvastu, Senart 1897: 415,8; Mahīśāsaka Vinaya, T 1421 at T XXII 108a7; Mūlasarvāstivāda Vinaya, T 1450 at T XXIV 130a20; Sarvāstivāda Vinaya, T 1440 at T XXIII 511a12; Theravāda Vinaya, Vin I 21,1. 곰브리치(Gombrich 1988: 19)는 "모든 존재들의 행복에 대해서 관심을 가졌다는 것을 보여 주는 이 명령은 상가(Saṅgha)의 존재의 토대가 된다"고 말한다.

하려 한다면 끝내 그렇게 할 수 없고, 스스로 빠져 허우적거리면서
남이 빠져 허우적대는 것을 건져 주려 한다면 끝내 그렇게 할 수
없다. 스스로 반열반에 들지 못하면서 남이 반열반에 들지 못하는
것을 반열반에 들게 하려고 한다면 끝내 그렇게 할 수 없다. 주나
여, 만일 스스로 제어하면서 남이 제어하지 못하는 것을 제어하려
고 한다면 반드시 그렇게 될 것이고, 스스로 빠져 허우적거리지 않
으면서 남이 빠져 허우적대는 것을 건져 주려 한다면 반드시 그렇
게 할 수 있다. 스스로 반열반에 들고서 남이 반열반에 들지 못하
는 것을 반열반에 들게 하려고 한다면 반드시 그렇게 할 수 있다.[32]

「버리고 없애는 삶의 경」과 이에 대응하는 경전의 비유는 '자신의
마음을 적절하게 계발하여 연민에 가득 찬 활동의 기반이 되어야 한
다'는 점에 초점을 명확하게 두고 있습니다.[33] 자기 계발을 위한 기반
을 형성할 필요성은 「우다나품(Udānavarga)」에서 뿐만 아니라 『법구경
(Dharmapada)』의 서로 다른 두 개의 짧은 구절에서도 볼 수 있습니다.
여기서는 산스끄리뜨 「우다나품」에서 관련 있는 구절을 번역해 보겠
습니다.

---

32 MĀ 91 at T I 574b2 to b8; EĀ 47.9 at T II 784a20. 두 경은 물에 빠져 허우적
    대는 것을 건져 주는 예에서 이 원리를 보여 주고 있다. 『맛지마 니까야』의 비
    유에서는 좀 더 구체적으로 진흙에 빠져 가라앉는 예를 들고 있다; MN 8 at
    MN I 45,3 (translated Ñāṇamoli 1995: 130).
33 마하시(Mahāsi: 1981/ 2006: 34)는 이 비유에 대해서 "자신을 계발하고 번뇌의
    불을 끈 자만이 다른 사람이 마음을 계발하고 번뇌를 끊을 수 있도록 도울 수
    있을 것이다"라고 언급하고 있다.

먼저 자신을 세워야 한다.

적절한 방식으로

그리고 타인에게 조언하라.³⁴

이 구절은 직설적인 반면, 내가 번역하고자 선택한 다음의 두 번째 구절은 얼핏 처음 보기에는 다소 애매합니다.

자신의 유익을 포기해서는 안 된다.

수많은 다른 사람의 유익을 위한다고 할지라도.³⁵

여기에서 표현된 원리는 『앙굿따라 니까야』와 이에 대응하는 한역 경전의 설법에 있는 구절을 반복하고 있습니다. 경전에서는 네 가지 유형의 사람으로 구분하고 있습니다. 자신에게 유익한 사람, 다른 사람에게 유익한 사람, 자신과 다른 사람 모두에게 유익하지 않은 사람, 자신과 다른 사람 모두에게 유익한 사람입니다. 다소 놀랍게도 자신에게 유익한 사람을 다른 사람에게 유익한 사람보다 위에 놓고 있습니다. 이런 점은 위에서 언급한 두 번째 구절에서 강조해서 상기하고 있습니다. 이 주제를 더 깊이 탐구해 갈 수 있는 기반으로 나는 『앙굿

---

34 23.7게송, Bernhard 1965: 292; Dhp 158게송 (translated Norman 1997/ 2004: 24); the Patna Dharmapada 317게송, Cone 1989: 187; 『간다리 다르마빠다 (Gāndhārī Dharmapada)』 227게송, Brough 1962/ 2001: 155.

35 23.10게송, Bernhard 1965: 294; Dhp 166게송 (translated Norman 1997/ 2004: 25); the Patna Dharmapada 325게송, Cone 1989: 189; the Gāndhārī Dharmapada 265게송, Brough 1962/ 2001: 160.

따라 니까야』에 해당되는 한역 경전을 번역해 보겠습니다. 이 경전에서 이런 네 가지 유형을 언급하고 있습니다.

부처님께서 비구들에게 말씀하셨다.
"네 종류의 사람이 있다. 자기의 몸은 보호하되 남의 몸은 보호하지 않는 사람, 남의 몸은 보호하되 자신의 몸은 보호하지 않는 사람, 자신의 몸도 보호하지 않고 남의 몸도 보호하지 않는 사람, 자신의 몸도 보호하고 또한 남의 몸도 보호하는 사람이 있다.

자기도 보호하지 않고 남도 보호하지 않는 사람은 가장 하천한 사람이요, 남을 보호하고 자기를 보호하지 않는 사람은 그보다 훌륭한 사람이다.

이보다는 자기를 보호하되 남을 보호하지 않는 사람이 훌륭하고, 이보다는 자기도 보호하고 남도 보호하는 사람이 훌륭하다. 만일 그와 같은 사람이라면 가장 훌륭하다."[36]

---

36 T 150A. 9 at T II 877a26-b2. 이 맥락은 해리슨(Harrison 1997)과 비교하라; AN 4.95 at A II 95,15 (translated Bodhi 2012: 476). 『앙굿따라 니까야』에서는 두 가지 비유를 들고 있다. 첫 번째는 자신에게도 타인에게도 유익을 주지 않는 사람을 가운데에 똥이 묻어 있고 양끝은 불에 타 버린 화장용 장작에 비유하고 있다. 이 비유의 의미는 아무 짝에도 쓸모가 없다는 의미다. 두 번째는 자신과 타인 모두에게 유익한 사람을 기(ghee) 버터[醍醐]에 비유하고 있다. 고대 인도에서는 기 버터를 우유에서 만들어지는 최상품으로 여겼다.
*역주: 원문에는 다음과 같이 나온다. "비구들이여, 예를 들어 화장터에서 사용된 나무토막이 있어 양끝은 불타고 중간은 악취가 난다면 마을에서도 그것을 장작으로 사용하지 않을 것이고 숲에서도 장작으로 사용하지 않을 것이다. 비구들이여, 자신의 이익을 위해서도 남의 이익을 위해서도 닦지 않는 사람은 그와 같다고 나는 말한다. … 비구들이여, 이 가운데 자신의 이익과 남의 이익 둘 다를 위해서 닦는 사람은 네 사람 가운데 으뜸이고 가장 뛰어나고 가장 훌

자비와 공 ○

『앙굿따라 니까야』의 바로 다음 설법에서는 자신만을 위해 수행하는 것은 다른 사람들은 그렇게 하도록 격려하지 않고 자신의 정화만을 위하는 것이라고 설명하고 있습니다.[37] 다른 사람의 안녕(welfare)만을 위해서 수행하는 것은 자신이 아니라 다른 사람의 정화를 위해서 격려한다는 것을 의미합니다. 이것은 「우다나품」의 다소 혼란스러운 언급, 즉 다른 사람을 위해서 자신의 안녕을 포기해서는 안 된다는 것을 설명해 주고 있습니다. 이것은 또한 자신에게 유익한 것이 다른 사람을 유익하게 하는 것보다 더 우월하다는 똑같이 놀라운 언급을 설명해 주고 있습니다. 이런 언급들은 해탈을 향해 가는 길을 계발한다는 관점에서 이루어진 것입니다. 이런 관점에서 다른 사람에게 권유할 수 있는 것을 자신에게 먼저 확립하는 것을 무시해서는 안 된다는 점은 참으로 중요합니다.[38] 이렇게 하여 언어적 가르침은 자신의 수행에 기반을 두게 될 것이고 모범적인 예에 의한 가르침으로 보완될 것입니다.

그리하여 초기불교의 연민은 다른 사람에 대한 관심과 자신의 정화 사이에 조심스럽게 균형을 유지하는 것이 필요합니다. 통상적인 비유는 두 명의 곡예사가 서로 함께 조화를 이루면서 하는 것과 같습니

류하고 가장 높고 가장 탁월하다. 비구들이여, 예를 들면 소로부터 우유가 있고 우유로부터 응유가 되고 응유로부터 생 버터가 되니, 생 버터로부터 정제된 버터가 되고 정제된 버터로부터 최상의 버터(제호, 醍醐)가 만들어지나니, 그것을 으뜸이라 부르는 것과 같다.

37 AN 4.96 at AN II 96,11 (translated Bodhi 2012: 477).
38 슈미트하우젠(Schmithausen 2004: 151)은 "다른 사람을 독려하지 않고 단지 스스로 좋은 행위를 하는 사람들은, 다른 사람들에게 추천하는 것을 행하지 않고 단지 좋은 조언을 해 주는 사람들보다 뛰어나다고 생각한다는 것은 분명하다"고 말한다.

다.[39] 성공적인 곡예를 하기 위해서는 자신이 균형을 잘 잡아서 그것이 다른 곡예사를 도울 수 있는 기반이 되어야 합니다.

이와 마찬가지로 안거에 들어가서 집중적으로 수행하는 것은 자신의 내적 균형을 보다 잘 유지할 수 있게 해 주고, 또한 다른 사람들을 더 잘 보살필 수 있도록 해 줍니다. 안거 수행은 연민의 활동으로 전환됩니다. 이런 전환은 자신의 유익함과 다른 사람의 유익함을 위한 깨달음을 추구하는 자신의 열망이 가지고 있는 변화의 힘을 통해서 일어납니다.

명상으로 연민을 함양하는 것과 가르침과 안거를 통한 연민의 활동은 서로를 강화시켜 줍니다. 둘 모두 자신과 다른 사람이 함께 유익한 연민의 역동적인 순환의 통합적인 부분들입니다.[40]

6. 명상에서 연민

연민 어린 태도를 가지고 능동적으로 대처해야 하는 상황의 기반은 명상으로 연민을 함양하는 것이고, 실생활에서 연민에 가득 차서 살아가는 것은 다시 마음에 연민의 성향을 강화시켜 줍니

---

39 SN 47.19 at SN V 168,18 (translated Bodhi 2000: 1648) = SĀ 619 at T II 173b7 (translated Anālayo 2013c: 244f); cf. the Bhaiṣajyavastu of the Mūlasarvāstivāda Vinaya, T 1448 at T XXIV 32b10.

40 젠킨스(Jenkins 1999: 27)는 "자기 계발이 타인을 유익하게 하고 타인을 유익하게 하는 것은 자기 계발을 돕는다"는 '연민의 순환'을 적절하게 이야기하고 있다.

다. 한 사람의 활동에서 명상이 연민에 끼치는 영향은 「업에서 생긴 몸 경(Karajakāya-sutta)」과 이에 대응하는 경전에 잘 나타나 있습니다. 그것을 언급하고 있는 『중아함경』의 구절은 다음과 같습니다.

> "만일 어린 남자아이와 여자아이가 세상에 태어나자마자 능히 비심해탈(悲心解脫)을 행한다면,[41] 그래도 그가 뒷날 그 몸과 말과 뜻으로 다시 선하지 않은 업을 짓겠는가?"
> 비구들이 대답하였다. "아닙니다. 세존이시여."[42]

이 구절은 '마음의 해탈'의 하나로서 연민을 함양하는 잠재적인 힘 또는 또 다른 성스러운 거처인 사무량심(四無量心)을 두드러지게 보여 주고 있습니다. 이런 함양은 행동하고, 말하고, 생각하는 방식을 변화시켜 줍니다. 이렇게 연민을 함양하는 것은 해탈에 이르는 길로 나아가게끔 실질적인 기여를 할 수 있습니다. 그러나 이런 기여를 제대로 평가하기 위해서는 '마음의 해탈'이라는 표현, 심해탈(心解脫,

---

41 A Tibetan parallel, D 4094 *ju* 238a6 or Q 5595 *tu* 272a5 (translated Dhammadinnā 2014a: 68), AN 10.208 at AN V 300,2 (tranlated Bodhi 2012: 1542, given as number 219). 티베트 경전에서도 남자아이, 여자아이를 언급한다. 반면 『앙굿따라 니까야』에서는 단지 남자아이만 언급한다. 이후의 모든 번역은 남자, 여자를 언급하므로 한역 경전과 티베트 경전이 이 맥락에 더 적합한 것으로 보인다.

42 MĀ 15 at T I 438a15-a17 (본서 p.290 참조); 이 인용문은 사범주(四梵住, four brahmavihāras)의 첫 번째와 마지막 범주(梵住)만을 언급하고 있다. 비록 원문에서는 자애(mettā)를 언급한 이후에 생략된 형태로 주어지지만, 나는 주제와 맞추기 위해서 이 인용문에서는 연민과 관련된 구절만 인용하였다.

cetovimutti)은 여기서는 일시적인 해탈의 경험을 말한다는 것에 주목해야만 합니다. 초기불교 사상에서는 해탈을 여러 종류로 구분합니다. 어떤 것은 일시적인 것인 반면, 어떤 해탈은 깨달음의 여러 수준에서 궁극적이고 불가역적인 종류의 해탈에 도달합니다.[43] 간단히 말하자면, 연민은 궁극적인 해탈 그 자체는 아니지만 궁극적인 해탈에 기여합니다.[44]

「업에서 생긴 몸 경(Karajakāya-sutta)」에 대응하는 『중아함경』은 마음의 일시적 해탈로써 연민에 이르는 실제적인 수행에 대한 것을 다음과 같이 언급하고 있습니다.

> 많이 들은 성스러운 제자[多聞聖弟子]는 몸으로 짓는 선하지 않은 업을 버리고 몸으로 짓는 선한 업을 닦으며, 말과 뜻으로 짓는 선하지 않은 업을 버리고 말과 뜻으로 짓는 선한 업을 닦는다.[45] 저 많이 들은 성스러운 제자는 이와 같이 정진(精進)과 계(戒)와 덕(德)을 갖추어 몸으로 짓는 깨끗한 업을 성취하고, 말과 뜻으로 짓는 깨끗한 업을 성취하여 성냄을 여의고 다툼을 여의며 잠을 없앤다. 교만한 마음을 없애고 의심을 끊으며, 거만함을 버리고 생각을 바르게 하고 앎을 바르게 하고, 어리석음을 없앤다. 저들의

---

43 좀 더 상세한 논의는 아날라요(Anālayo 2012b: 289-296)를 참조할 수 있다.
44 좀 더 자세한 논의는 본서 3장 5절과 아날라요(Anālayo 2015a)를 참조할 수 있다.
45 이 부분은 『앙굿따라 니까야』(AN 10.208)에서는 소실된 것으로 보인다. 좀 더 상세한 논의는 아날라요(Anālayo 2012c: 503)와 담마딘나(Dhammadinnā 2014a: 64f.)를 참조할 수 있다.

자비와 공 ○

마음은 연민[悲]을 구족하여 한 방향[方]에 두루 차서 성취하여 노닌다. 이와 같이 두 번째 방향, 세 번째 방향, 네 번째 방향, 네 가지 중간 방향과 위 방향, 아래 방향 어느 곳이나 모두 두루하게 된다.[46] 그 마음은 연민을 구족하여 맺힘[結]이 없고 원한이 없으며, 성냄이 없고 다툼이 없다. 지극히 넓고 매우 크고, 한량없이 잘 닦아, 일체 세간에 두루 차서 성취하여 노닌다. 저들은 '나는 본래 마음이 좁고 잘 닦지도 못했으나, 지금 나는 이 마음을 한량없고 잘 닦는다'고 생각한다.[47]

이 구절은 몇 가지 언급할 만한 가치가 있습니다. 첫째로 이것은 윤리적 행위에서 연민의 명상 수행을 포함한 다른 사무량심의 근거를 명확하게 이룹니다. 이것은 윤리적 행위와 위에서 언급한 연민 사이의 밀접한 관계를 보여 주고, 그리고 동시에 초기불교 명상 이론의 일반적인 양상과 일치합니다. 그 이론에 의하면 굳건한 윤리적 기반은 마음이 성공적으로 명상을 계발하기 위한 필수적인 토대가 됩니다.

---

46 AN 10.208 at AN V 299,20; 여기에서 명상에 의한 확산에 대한 언급을 볼 수 있다. 'sabbatthatāya'를 우드워드(Woodward 1936/ 1955: 193)는 좀 더 자유롭게 "모든 종류의(for all sorts)"라고 번역한다. 보디 스님(Bodhi 2012: 1542)이 "자신에게 하듯이 모든 것에게(to all as to himself)"로 번역한 것은 'sabbatthatāya'에 대한 주석 문헌의 다른 독법을 따른 것이다. 이 구절에 대한 좀 더 자세한 논의에 의하면 "모든 방향(in every way)"이라는 의미를 담고 있는 독법을 선호한다. 자세한 논의는 아날라요(Anālayo 2015b)를 참조할 수 있다.

47 MĀ 15 at T I 438a3-a12; 여기에서도 원래 한문경전은 사범주(四梵住, four brahmavihāras)의 첫 번째와 마지막 범주(梵住)만을 언급하고 있다. 연민은 단지 생략된 형태로 언급되고 있다. 나는 주제와 맞추기 위해서 이 인용문에서도 첫 번째 범주 즉, 자애에 해당하는 구절을 연민과 관련된 구절에 적용하였다.

위에서 언급한 구절이 계속해서 보여 주는 것은, 이런 식으로 도덕적 행위를 통해 닦은 토대는 마음에 선한 반향을 야기하고 성공적인 마음 계발의 방해물인 여러 정신적 장애를 극복하게 해 준다는 것입니다.[48] 이런 장애의 제거와 마음챙김과 이해의 확립은 연민(또는 다른 사무량심)을 함양하는 명상의 토대를 이루게 됩니다.

이렇게 명상을 함양하는 것은 모든 방향으로 연민의 정신적 태도를 퍼져 나가게 합니다. 이렇게 퍼져 나가는 것이 초기경전에서 언급된 '사무량심' 수행의 표준적인 양식입니다. 물론 다양한 암송자가 다양한 언어로 전달하면서 다소 미세한 차이가 있기는 합니다. 이렇게 퍼져 나가는 현상은 까시나(kasiṇa) 수행과 다소 유사한 점이 있습니다. 까시나 수행에서는, 예를 들어 땅의 수행처럼 특정한 명상 대상이 수행자의 경험의 '전체성(totality)'을 포괄하게 됩니다.[49]

위에서 번역한 경전 구절은 이전에 협소하였던 마음이 명상을 통해서 무한하게 퍼져 나감으로써 경계가 없어졌다는 것을 언급하면서 결

---

48 『중아함경』의 15번째 경전에서 언급하고 있는 장애에 감각적 욕망이 언급되지 않는다는 사실은 중요해 보이지 않는다. 왜냐하면 앞 장에서 해로운 마음의 활동을 기술할 때 뒤에 남겨 둔 것이 탐욕과 욕심이기 때문이다. 티베트 경전에도 마찬가지다. 티베트 경전에서도 장애를 일일이 열거하지 않는다. 『앙굿따라 니까야』에서도 몸, 말, 마음으로 짓는 해로운 것을 구체적으로 말하지 않고, 여기서는 갈애로부터의 해방, 빨리어 경전에서 다섯 가지 장애의 첫 번째를 대표하는 두 용어 가운데 하나를 표현하면서 시작한다; AN 10.208 at AN V 299,17 (translated Bodhi 2012: 1542, given as number 219).

49 MN 77 at MN II 14,31 (translated Ñāṇamoli 1995: 640; 이 전체 부분이 대응하는 경전인 MĀ 207에는 나오지 않는다); 이 경에 나오는 까시나에 대한 기술을 통해서 볼 때 이러한 근본적 유사성을 주장할 수 있다. 동일한 용어가 다른 곳에서는 사무량심을 확산하는 것으로 사용되고 있다. 여기서도 사무량심이 위, 아래, 주위, 무한하게 충만되는 모습을 가리킨다.

론을 내립니다. 이런 한없음은 초기경전에서 볼 수 있는 바와 같이 사무량심(brahmavihāra)의 내적 자질입니다. 이런 마음 상태를 질적으로 표현하는 대안적인 용어가 "측량할 수 없는", "무한한"(appamāṇa, 無量) 밖에 없을 정도로 이것은 사실입니다.

고대 인도 우주론에 따라 천신이 하늘의 거처 위하라(vihāra)에서 어떻게 사는가를 생각해 본다면, 빨리어 경전에서 사무량심이라는 용어에에는 광활하고 넓은 마음 상태라는 공간적 개념이 내포되어 있다는 것을 알 수 있습니다. 「의도적 행위에 의한 태어남 경(Saṅkhārupapatti-sutta)」은 천신이 거주하는 세계에 따라서 천신들을 구분짓고 있습니다. 한 종류의 천신이 천 가지 세계를 가로지르면서 살고 있다고 하면, 다른 천신은 십만 개의 세계를 가로지르면서 살고 있다고 합니다.[50] 이런 언급에서 우리는 사무량심이라는 용어가 갖는 중심 개념은 광활한 공간을 정신적으로 가로지르는 형태라는 시사점을 얻을 수 있습니다. 완전히 계발된 경지에 도달하면, 이런 정신적인 확장은 "무한한 것"이 되어 버립니다. 이렇게 모든 방향으로 연민을 퍼뜨리는 사람은 바로 그 순간에 범천(Brahmā)의 거처(vihāra)를 반영하는 마음의 영역에 살게 되는 것입니다.[51]

---

50 MN 120 at MN Ⅲ 101,4 (translated Ñāṇamoli 1995: 960); 이 경은 대응하는 한역 경전이 존재하지 않는 것으로 보인다. 이에 대한 논의는 아날라요(Anālayo 2011a: 678f)를 참조할 수 있다. 킹(King 1980/ 1992: 56)은 사무량심과 연관해서 "무한'의 의미는 의심할 바 없이 시공간의 차원에서 거의 무한에 가까운 신들로부터 나오고 또한 모든 우주의 모든 존재에 대해서 이러한 태도를 확장함으로써 완전한 보편화라는 목표를 성취할 가능성을 가리킨다"고 설명한다.

51 이 용어 자체에 대해서 노만(Norman 1991/ 1993: 274)은 "범주(梵住, brahma-vihāra)를 얻는 방법이라고 우리가 생각할 수 있는 것은 실은 붓다가 이름 붙인

이런 퍼져 나감의 포괄적이고 스며드는 성질은 여러 경전에서 사용된 비유에서 특히 명확하게 드러납니다. 명상 수행을 소라고둥을 부는 사람의 이미지에 비유하고 있습니다. 소라고둥 소리는 네 방향 모두에서 들립니다. 여기서 『중아함경』에 나오는 비유를 보고자 합니다.

> 마치 고둥[螺]을 잘 부는 어떤 사람이, 만일 아직껏 그 소리를 듣지 못한 곳이 있으면, 그가 밤중에 높은 산에 올라가 힘껏 고둥을 불어 미묘한 소리를 내어 사방에 가득 차게 하는 것과 같다.[52]

경전에서는 계속해서 이와 동일하게 명상 수행자는 사방(四方)의 모든 신성한 거처로 퍼져 나간다고 언급하고 있습니다.

7. 명상에서 보는 연민의 대상

연민이 한없이 무한하게 퍼져 나간다고 하는 위의 언급에서 특히 지적할 만한 것은 연민의 대상에는 어떤 기준점이 없다는 것입니다. 어떤 사람이거나 또는 어떤 살아 있는 존재여서 꼭 어

범주이다"라고 설명한다. 수행을 잘함으로써 범주에 다시 태어나는 것뿐만 아니라, 이 방법으로 명상에 머무는 것 자체가 신의 영역이다.

52 MĀ 152 at T I 669c10-c12; MN 99 at MN II 207,22 (translated Ñāṇamoli 1995: 816). 『맛지마 니까야』의 이 경은 짧지만 정확하게 네 방향 모두에서 들리도록 소라고둥을 열심히 부는 사람을 기술하고 있다.

자비와 공 ○

떤 것이라고 특별히 명시적으로 언급하는 것이 없습니다. 이런 점은 서로 다른 암송 전통으로 전해진 초기경전에서 공통적인 것입니다. 이런 수행, 즉 무한히 퍼져 나가는 수행에 대해 언급해 놓고 있는 다른 구절을 이번에는 「옷에 대한 비유경(Vatthūpama-sutta)」과 이에 대응하는 『증일아함경』에서 살펴보겠습니다.

> 그는 연민이 가득한 마음으로 한 방향을 두루 가득 채우면서 스스로 기뻐하고, 두 번째 방향도, 세 번째 방향도, 네 번째 방향도 또한 그렇게 하고, 네 가지 중간 방향과 위·아래에 대해서도 그렇게 한다. 주위, 모든 곳, 모든 것들에 대해서도 그렇게 한다. 무량하고, 무한하고, 헤아릴 수 없고, 적의가 없고, 악의가 없는 유유자적한 마음으로, 이 연민이 가득한 마음으로 그는 즐겁고 기쁘고 마음은 바르게 된다.[53]

앞에서 번역한 구절과 비교해 보면 이번 구절은 약간 차이를 보입니다. 특히 주목하고 싶은 것은 마음이 바르게 가게 된 결과로서 마음이 즐겁고, 기쁘고 희열을 얻게 된다는 기준입니다. 기쁨과 희열이라는 기준은 위에서 언급한 지점을 확신하게 해 줍니다. 명상으로 연민을 함양하는 것은 마음이 슬픔에 빠지는 것을 피하기 위해 필요한 것입니다. 괴로움과 고통에 빠진 사람들에 대해서 정신적으로 동정을 표하는 대신, 연민의 마음으로 우두커니 서서 다른 사람들이 괴로움

---

53 EĀ 13.5 at T II 574a11-a15; MN 7 at MN I 38,24 (translated Ñāṇamoli 1995: 120).

과 고통에서 자유로워지기를 바라는 소망과 열망을 가지게 됩니다. 그런 소망은 슬픔과 탄식에서 자유로워질 수 있고 또한 자유로워져야만 합니다.

위의 구절은 수행의 성질이 특정한 대상에서 자유로워지는 것이라는 점을 확신시켜 줍니다. 온 세계를 덮을 정도로 모든 방향으로 연민이 무한하고 한없이 퍼져 나가는 것을 표현하고 있지만 어떤 특정한 대상을 명시적으로 언급하지 않습니다. 『대비바사론(大毘婆沙論, Mahāvibhāṣa)』에서 설명하고 있는 바와 같이, 방향들의 기준점은 이 방향들에 있는 살아 있는 존재들이 되어야만 합니다.[54] 그럼에도 불구하고 초기경전의 어떤 표준적인 경전 구절에서도 이것을 어떤 식으로도 구체화하여 언급하지 않는다는 점이 의미심장합니다.

이것은 명상을 통해서 사무량심을 함양하는 『청정도론』의 수행 방식과는 대조를 이룹니다. 『청정도론』에서는 명상의 대상으로 실제적인 사람들을 명시적으로 언급하고 있습니다.[55] 『청정도론』의 기본 패턴은 누군가 다른 사람, 예를 들면, 친구, 중립적인 사람, 적과 같은 사람을 대상으로 삼습니다. 명상은 선정의 단계에 도달하여야 합니다. 개별적 사람은 선정 상태에서 그 대상이 됩니다. 그 후 그 대상이 무한히 확장되어 우주에 이를 정도로 넓어져서 무한히 퍼져 나가도록 계발시킬 준비를 하게 되는 것입니다.

초기경전에서는 이렇게 개별적인 친구 또는 적을 대상으로 삼아 접

---

54 T 1545 at T XXVII 423c7.
55 Vism 314,20 (translated Ñāṇamoli 1956/ 1991: 306); 이렇게 논의하게 된 좀 더 자세한 과정은 아날라요(Anālayo 2015b)를 참조할 수 있다.

근하는 유형은 전혀 발견되지 않습니다. 초기경전에서 사무량심 명상을 수행하는 데 표준적인 기준점은 '친구' 또는 '적'과 같은 어떤 특징적인 대상을 포함하지 않습니다. 물론 마음이 일단 이렇게 훈련이 되면 심지어 적을 향해서도 연민 어린 마음으로 반응할 수 있게 될 것입니다. 그러나 이런 목적을 가지고 수행한 명상에서 연민을 함양하는 것은 어떤 인격화된 대상에 기대지 않고 무한하게 한없이 퍼져 가는 그런 형태를 띠게 됩니다.

여러 개인적인 사람들을 수행 대상으로 삼는 접근 방법은 『구사론(俱舍論, Abhidharmakośabhāṣya)』에서도 볼 수 있습니다. 이런 형태의 수행은 마음이 오염된 상태에 있고, 그리고 무한하고 한없이 퍼져 나가는 수행을 할 수 없을 때 추천되는 방식입니다.[56]

대상 없이 연민 명상을 하는 방식은 산티데바의 『입보리행론(入菩提行論, Bodhicaryāvatāra)』에 대한 『세소(細疏, pañjikā)』와 아상가의 『보살지(菩薩地, Bodhisattvabhūmi)』에서도 볼 수 있습니다.[57] 두 경전에서 볼 수 있는 이런 수행은 살아 있는 존재를 대상으로 하는 기초적인 접근

---

56 Pradhan 1967: 454,6.

57 『입보리행론세소(入菩提行論細疏, Bodhicaryāvatārapañjikā)』(Tripathi 1988: 234,29 (§ 9.76)는 연민을 계발하는 세 가지 방법을 구분한다. 첫 번째는 살아 있는 존재를 대상으로 하고, 두 번째는 다르마를 대상으로 하고, 세 번째가 가장 뛰어난데, 대상이 없이 한다. 『대승집보살학론(大乘集菩薩學論, Śikṣāsamuccaya)』에서는 친구에게도 이 패턴이 적용된다; Śikṣāsamuccaya, Bendall 1902/ 1970: 212,12 (translated Bendall and Rouse 1922/ 1990: 204). 『보살지(菩薩地, Bodhisattvabhūmi)』는 네 가지 무량심에 대해서 유사하게 이야기하고 있다; Bodhisattvabhūmi, Wogihara 1930/ 1936: 241,17. 더 자세한 논의는 젠킨스(Jenkins 1999: 188-227)와 슈미트하우젠(Schmithausen 2000: 447f.)을 참조할 수 있다.

법과 비교해 보면 더 진전된 단계라고 할 수 있습니다.

경전에서 볼 수 있는 이런 수행법은 사람을 명상 수행의 대상으로 사용하는 것을 맥락에 따라서 보는 것에 도움이 됩니다. 그렇게 개인들을 사용하는 것은 확실히 명상 수행의 초기 단계에서 적절한 위치를 차지할 수 있습니다. 또한 어떤 사람의 마음이 오염되어 있을 때 수행을 확립하는 유용한 수단을 제공하는 데 도움이 됩니다. 그러나 결국 수행은 무한하고 한이 없는 확산의 형태를 띠어야 합니다. 그러나 특별한 이유가 있을 때는 특정한 사람에게 연민을 직접 보내는 소망을 가질 수 있습니다.[58]

8. 요약

초기불교 사상에서 연민의 활동은 다른 사람들이 번뇌에서 벗어나 자유에 도달할 수 있도록 도와주는 하나의 방법으로, 다르마를 가르치는 데서 찾을 수 있습니다. 이런 가르침은 언어적 지침에 국한되지 않을 뿐만 아니라, 자신의 윤리적 행위와 명상적인

---

58 특정한 사람을 명상 수행의 대상으로 사용하는 방법은 연민을 가지고 대하기 어려운 특별한 사람을 마주할 수 있는 능력을 실험할 수 있다. 이러한 테스트와 관련해서는 일상생활에서 타인을 만날 때 자연스럽게 그러한 경우가 충분하게 드러날 것이다. 그러므로 실제 명상에서는 그러한 대면하기 어려운 사람을 피하지 않는다는 것을 보장하기 위한 특별한 명상을 할 필요는 없다. 게다가 명상에서 적을 마주친다고 느낄지라도, 실제로 그러한 상황이 일어날 때만 그 능력이 참으로 실험대에 오르게 된다.

삶의 방식을 통해서 다른 사람에게 전범을 보여 주는 형태를 띨 수도 있습니다. 윤리적 행위와 명상적 삶의 방식은 다른 사람들을 도와줄 수 있는 토대를 형성하고, 동시에 연민 그 자체의 표현이 될 수도 있습니다.

괴로움[둑카, dukkha]이라는 현상에 직면하여, 초기불교에서 연민에 가득 찬 행위는 다른 사람들이 번뇌로부터 자유로워지기를 원하는 능동적인 소망으로 나타났습니다. 이런 행위는 이상적으로 사성제의 틀 안에서 자리를 잡고 있는 것입니다. 실제적인 측면에서 이것이 의미하는 바는 둑카를 야기하는 상황을 보고 거기에서 빠져나와서 괴로움에서 자유롭게 되는 목표와 그 목표가 실현될 수 있는 실제적인 길에 대한 이해를 결합하는 것입니다.

명상 수행으로서 연민은 그 연민의 대상으로 특정한 사람에 의존하는 것이 아니라 모든 방향으로 무한하고 한없이 퍼져 나가는 형태를 취합니다. 이후 점진적인 명상의 발전을 위한 유용한 도구로 개별적인 사람을 수행의 대상으로 도입하였습니다. 이것은 결국 무한하고 한없이 퍼져 나가는 것과 이에 따른 마음의 일시적인 해탈로 반드시 끝이 나야 합니다.

II _ 연민의 맥락

이번 장에서 나는 연민이 다른 사무량심과 갖는 관계와 그 위치를 살펴보면서 연민의 맥락을 파악할 것입니다. 연민 즉 까루나(karuṇā)는 초기경전에서 네 가지의 무량심, 즉 사무량심 중에서 두 번째로 나타나고 있습니다. 이런 위치는 의미심장합니다. 그리고 연민을 적절하게 이해하기 위해서는 연민과 다른 무량심들 사이의 관계를 정밀하게 조사해야 합니다. 이렇게 함으로써 많은 유익함을 얻을 수 있습니다. 나머지 세 가지 무량심은 초기불교 사상에서 전체적인 맥락을 형성하고 있고, 그 맥락 안에서 연민의 함양이 일어나게 됩니다. 이후에 나는 이런 세 가지 무량심들 하나하나를 순서대로 자세히 살펴볼 예정입니다.

1. 자애

　　　네 가지 무량심의 첫 번째는 자애(mettā)입니다. 흔히 영어로 'loving-kindness'라고 번역합니다만 나는 'benevolence'라는 번역을 선호합니다.[1] 이 용어의 어원적 뿌리는 'mitra', 즉 '친구'라는 뜻입니다. 기본적으로 친밀하다는 느낌과 우정의 태도라는 뜻을 전하고 있습니다. 그뿐만 아니라 상호 유익함과 지원이라는 뜻도 함께 담고 있습니다.[2]

초기경전에서 자애는 어머니가 자신의 아이에게 품는 사랑의 감정과는 다른 듯이 보입니다. 이런 자애의 의미는 예를 들면 『청정도

1　내가 선호하는 번역 대신 앞으로는 주로 빨리어 자애(mettā)를 사용할 것이다. 지금까지 너무 잘 알려져 왔으므로 독자들은 이러한 사용법에 익숙할 것이다.

2　'친구(mitra)'에 대한 자세한 논의는 곤다(Gonda 1973)를 참조할 수 있다. 콜린스(Collins 1987: 52)는 "우정이라는 용어에는 원래부터 기본적으로 상호 도움, 상호 교환의 의미가 담겨 있다. 우정은 직접적으로 상호적이고, 계약과 유사하고, 상품과 서비스를 교환할 수 있다"고 설명한다.

론』에서 취하는 입장과는 대조적입니다.³ 그런 사랑 또는 애정은 자애(mettā)라는 용어 대신 빨리어 경전에서 아뻿카(ape(k)khā), 뻬마(pema), 삐야(piya)라는 용어에서 잘 드러나 있습니다.⁴ 그러나 「자애경(Metta-sutta)」의 게송에서는 자애라는 용어가 마치 어머니의 사랑을 표현하고 있다는 인상을 쉽게 주고 있다고 말할 수 있습니다.⁵ 여기에서 그 구절을 번역해 보겠습니다.

어머니가 자기 외아들을 목숨을 걸고 지키듯이,

모든 살아 있는 것에 대해서 한량없는 자비심을 일으켜야 한다.⁶

3 『청정도론』은 자애를 어머니가 어린 자식에게 가지는 느낌으로 표현한다. 그리고 어떤 사람이 송아지에게 우유를 주는 암소에게 창을 던지는 이야기와 연관시키고 있다. 그 창은 암소가 송아지에게 느낀 '자애'의 마음 때문에 튕겨져 나왔다고 한다; Vism 321,10 (translated Ñāṇamoli 1956/ 1991: 314); Vism 313,26 (translated Ñāṇamoli 1956/ 1991: 306); Maithrimurthi 1999: 53f.

4 『숫따니빠따』 38게송과 41게송은 아뻿카(ape(k)khā), 뻬마(pema)를 어떤 이가 자기 아이들에게 느끼는 감정으로 기술한다. 『테라가타』 33게송은 삐야(piya)를 자기 외아들에 대해서 느끼는 어머니의 감정으로 기술할 때 사용한다; Sn 38 and Sn 41 (translated Norman 1992: 4f), Th 33 (translated Norman 1969: 5). 『테라가타』 33게송은 그 외아들을 향한 어머니의 훌륭함(kusala)은 모든 살아 있는 존재에 대해서 가져야 할 태도라는 것을 지적한다. 이러한 방식으로 삐야(piya)와 훌륭함(kusala)을 미세하게 구분하는 것은 어머니가 외아들에게 느끼는 정서와 어떤 사람이 다른 사람에 대해서 계발해야 하는 태도의 차이를 반영한다.

5 연민과 공에 대한 연구에서 나는 일반적으로 하나의 전통에 보존되어 있는 자료보다는 여러 전통에 보존되어 있는 자료를 기반으로 하려고 노력하고 있다. 그런데 이 경우는 예외로 할 필요가 있다. 내가 아는 한, 이 구절은 상좌부전통에서만 보존되고 있다.

6 Sn 149 (translated Norman 1992: 17). 이 게송에 대응하는 구절은 알려져 있지만, 어머니의 사랑의 모티브는 붓다의 연민을 나타내기 위해서 다음의 경에서 나타나고 있다. 이 두 경 모두 대응하는 구절이 없다; EĀ 38.11 at T II 725c9,

이 구절은 한 명밖에 없는 아들에게 어머니가 보살핌을 베푸는 것을 언급하고 있습니다. 어머니는 자신의 목숨을 걸 정도입니다. 여기서 주요한 주제는 아들에 대한 어머니의 사랑이 아닙니다. 핵심은 보호입니다. 보호를 주고받는 것은 사실 초기경전에 등장하는 자애의 개념에서 반복되는 측면입니다. 예를 들면 자애는 뱀이 무는 것에서 보호해 줄 수 있거나,[7] 또는 인간이 아닌 존재의 위험에서 보호받을 수 있다는 믿음입니다.[8]

「자애경」의 비유는 다른 사람들을 향해서 보호의 태도를 함양하는 것을 격려하는 것이지, 자신의 자녀를 향한 어머니의 감정을 본보기로 삼는 그런 사랑을 함양하라는 것이 아닙니다. 자녀에 대한 어머니의 사랑은 한계가 있는 사랑이며 쉽게 애착과 뒤섞여 버립니다. 이

EĀ 49.9 at T II 805b8. 『중아함경』에서도 어머니와 아들이 오랜 시간이 지난 이후에 다시 만나서 그들의 감정과 애틋함과 연민을 이야기한다; MĀ 70 at T I 523b7 (translated Bingenheimer et al. 2013: 497). 『중아함경』에 대응하는 『디가 니까야』에서는 이러한 언급이 없다; DN 26 at DN III 73,17 (translated Walshe 1987: 402). 다른 대응하는 경전인 『장아함경』(DĀ 6 at T I 41b4)에는 이러한 언급이 있지만, 부모가 외아들에 대해서 느끼는 감정을 이야기하지만, 자애와 연민과 연결되어 있지는 않다. 전반적으로 이 경전은 자애 또는 연민이 어머니의 사랑과 결합되는 것은 이후에 발전한 것이라는 인상을 준다.

7   AN 4.67 at AN II 72,29 (translated Bodhi 2012: 456); 이 경은 뱀에게 물리는 것을 막기 위해서 다양한 유형의 뱀에게 자애를 보낸다. 이와 유사한 게송이 산스끄리뜨에도 보존되어 있다; Hoernle 1897: 224f, de La Vallée Poussin 1911: 776f, Waldschmidt 1957: 40 and 1958: 403f. 다른 경에도 보존되어 있다; SĀ 252 at T II 61a27 and T 505 at T XIV 773b22. 자애와 연관된 보호의 기능은 슈미트하우젠(Schmithausen 1997)을 참조할 수 있다.

8   SN 20.3 at SN II 264,4 (translated Bodhi 2000: 707) = SĀ 1254 at T II 344c13; SN 20.5 at SN II 265,17 (translated Bodhi 2000: 708) = SĀ 1255 at T II 344c25; Sanskrit fragment, Hoernle 1916: 45.

런 사랑과는 대조적으로 자애는 무한하고 끝이 없으며 애착에서 자유롭습니다.[9]

초기경전에서 자애는 가장 자주 언급되는 무량심입니다. 경전에서는 여러 다양한 방법으로 그리고 다양한 맥락에서 등장합니다. 네 가지 무량심 가운데 첫 번째로 자애를 등장시켜 강조하는 이유는 이 자애가 나머지 세 가지 무량심을 함양하는 데 토대가 되는 역할을 하기 때문입니다.[10]

『대승장엄경론(大乘藏嚴經論, Mahāyānasūtrālaṅkāra)』에서는 비유의 도움을 받아서 자애의 이런 토대적 역할을 동일하게 표현하고 있습니다. 연민을 나무에 비유하고, 이와 연관 지어 자애를 이 나무의 뿌리에 영양분을 공급하는 물에 비유하고 있습니다.[11]

이런 비유는 자애가 연민의 성장에 어떻게 기여하는지를 아름답게 보여 주고 있습니다.[12] 이런 토대의 역할에서 보면 자애는 신체·언어·

---

9   오누마(Ohnuma 2012: 15)는 붓다와 연관해서 "어머니의 사랑은 오직 자신의 아이에게만 특별하지 남들에게로 확장되지 않는 반면, 붓다의 사랑은 보편적이고 모든 살아 있는 존재에게 동일한 강도로 확장된다. 한 사람과 모든 존재 또는 특별한 사랑과 보편적인 사랑은 뚜렷한 차이가 있다"고 설명한다.

10 상좌부 아비담마의 『분별론(Vibhaṅga)』은 자애가 토대가 되는 역할을 한다는 것을 명확하게 인식하였다. 이는 나머지 세 가지 무량심과는 달리 자애는 조건 또는 뿌리(hetu)로 기능한다는 것을 보여 준다; cf. Vibh 283,27 (translated Thiṭṭila 1969: 374).

11 Lévi 1907: 126,5; cf. Bhāvanākrama, Namdol 1997: 86.1 (translated Sharma 1997/ 2004: 53). 여기서도 유사하게 자애는 연민의 씨앗에 대해서 물과 같은 기능을 한다.

12 젠킨스(Jenkins 1999: 35)는 "연민(karuṇā)이 초기 텍스트에 자주 언급되지 않는 이유 가운데 하나로 자애(mettā)가 전문용어로 연민을 대신하고 다른 정서적인 특징도 자애 안에 포함되기 때문이다. 자애는 공감적인 감성을 표현하는 가

정신의 활동을 통해서 드러날 수 있습니다. 화합을 이루는 여섯 원칙이라는 맥락에서 보면, 예를 들면 이런 세 가지 원칙은 신체·언어·정신적 행위로 표현된 자애입니다.[13] 이 구절을 보면 다른 사람과의 관계에서 화합을 일으키는 자애의 중요한 역할을 확인하게 됩니다.

특히 자애는 초기경전에서 신체·언어·정신의 활동을 통해서 가장 넓은 범위에서 적용할 수 있는 유일한 무량심(無量心, brahmavihāra)으로 명시적으로 주목받습니다. 다른 사람과 가능한 모든 전체적인 관계의 범위를 다 포괄함으로써, 신체적·언어적·정신적으로 표현된 자애는 명상적 수행의 검증 기반으로 작용합니다. 진정으로 자애를 함양한 사람은 심지어 어려운 사람 또는 어려운 상황에 직면하였을 때에도 이런 자세가 확립된 상태를 유지할 수 있을 것입니다.

이런 세 가지 형태로 잘 확립된 자애는 그리하여 모든 행동과 활동에 스며들어, 연민을 포함한 나머지 무량심들이 성장하고 숙성하는 비옥한 토양을 형성하게 됩니다. 연민을 함양하는 것은 행동, 언어적 소통 방식, 그리고 가장 중요하게는 자애라는 정신적인 태도의 토대를 형성함으로써 크게 촉진될 것입니다.

이렇게 세 가지 방식으로 함양된 자애는 단순히 가르치는 것을 넘

장 근본적인 용어로 이러한 맥락에 관여한다"라고 설명한다. 나티에르(Nattier 2003: 146)에 따르면 보살도에 대한 사고가 발달하는 초기에는 우선 자애를 계발하여야 할지도 모르겠다. 점점 더 연민에 초점이 맞추어지면 자애는 중요성이 줄어들었을 것이다.

13 MN 104 at MN II 250,24 (translated Ñāṇamoli 1995: 859) = MĀ 196 at T I 755b23. 나머지 세 가지 원칙은 이익을 나누려는 마음, 윤리적 행위를 유지하려는 마음, 열반으로 이끄는 견해를 유지하려는 마음을 말한다.

어서서 자신의 연민적인 의도를 표현하는 실제적인 관점을 보다 넓게 제공합니다. 1장에서 논의된 바와 같이 초기경전에서 주로 연민을 실제로 표현하는 다르마의 가르침을 통해서 나타납니다. 이것이 연민으로 가득 찬 뛰어난 행동으로 나타나는 것은 분명한 사실입니다. 그러나 이것이 다른 사람과 연관해서 또는 보다 일상적인 활동에서 적절한 태도를 함양하는 것의 중요성을 무시하였다는 것을 의미하지는 않습니다. 이런 일상적인 활동은 메타(mettā), 즉 자애의 형태 속에서 가장 잘 드러납니다. 이것은 연민의 함양을 강화하는 데 많은 도움이 될 것입니다.

2. 일상 행동에서 자애

그런 토대가 자애에서 어떻게 형성될 수 있는가를 자세하게 보여 주는 경전은 「고싱가살라 짧은 경(Cūlagosiṅga-sutta)」과 이에 대응하는 경전입니다. 여기에서는 세 비구가 함께 조화롭게 살아가는 모습을 보여 주고 있습니다. 아래에 『중아함경』에 해당되는 경전 전체 가운데 연관되는 부분만을 번역해서 옮겨 보겠습니다. 일상의 삶과 연관된 실제적인 측면에서 어떻게 도움이 되는지를 보여 줄 것입니다.

그때 우각사라 숲에는 존자 아나율타(阿那律陀)와 존자 난제(難提)와 존자 금비라(金毘羅) 등 세 족성의 아들이 함께 머물렀다. 그 존자들의 행위는 이러하였다.

걸식하고 먼저 돌아온 자는 자리를 펴고 물을 길으며, 발 씻는 그릇을 내어 놓고, 씻은 발을 올려놓는 등상[橙], 발 닦는 수건, 물병, 대야를 준비해 놓는다. 빌어 온 밥을 다 먹을 수 있는 사람은 다 먹고, 남으면 그릇으로 덮어 둔다. 먹은 뒤에는 발우를 거두고 손과 발을 씻고, 네모난 깔개를 어깨에 메고, 방에 들어가 고요히 앉는다.

또는 걸식하고 뒤에 돌아온 자는 빌어 온 밥을 다 먹을 수 있는 사람은 다 먹고, 모자라면 앞사람이 남겨 둔 밥을 가져다 먹는다. 그래도 남으면 깨끗한 땅이나 벌레가 없는 물에 쏟는다.

그는 먹은 밥그릇을 깨끗이 씻어 닦은 뒤에는 한쪽에 치워 두고 자리를 걷고, 씻은 발을 얹는 등상을 치우고, 발 닦는 수건을 거두고, 발 씻는 그릇, 물병, 대야를 챙기고, 물을 뿌려 식당을 쓸고, 변소를 청소한 뒤에 가사와 발우를 챙겨 두고, 손과 발을 씻고, 네모난 깔개를 어깨에 메고, 방에 들어가 편안히 앉는다.

그 존자들은 해질 무렵이 되어 자리에서 먼저 일어난 자는 물병이나 대야가 비어 물이 없는 것을 보면, 곧 가지고 가서 물을 긷고, 그 물그릇이 힘에 겹지 않으면 그대로 가지고 와서 한쪽에 둔다. 만일 그 물그릇이 힘에 겨우면 곧 손으로 다른 비구를 불러 둘이서 들고 와서 한쪽에 두되 서로 말하지도 않고 서로 묻지도 않는다. 그 존자들은 닷새 만에 한 번 모여 서로 법을 말하거나 또는 성스러운 침묵을 지킨다.[14]

---

14 MÃ 185 at T I 729c3-c21. 이 경전과 유사한 『맛지마 니까야』에서는 아누룻다

이 구절들은 자애의 정신이 일상생활에 얼마나 잘 스며들어 있는지를 생생하게 보여 주고 있습니다. 이것은 이미 1장에서 언급한 주제와도 연관되어 있습니다. 즉 연민의 한 측면인 책임에 대한 필요성입니다. 여기서 비구들은 공동으로 필요한 물품들을 책임 있는 태도로 잘 보살피고 있는 것을 보여 줍니다. 이런 물품들은 자신들의 명상 수행에 필요한 이상적인 조건들입니다. 이것은 고대 인도의 승원 생활에 한정되어 있는 것이긴 해도 현대 세계에 사는 우리의 일상생활에도 쉽게 적용할 수 있습니다.

먼저 돌아온 비구가 나중에 올 비구를 위해서 필요한 모든 것을 준비해 둡니다. 마지막으로 온 비구는 모든 것이 잘 치워지고 깨끗하게 정리되어 있는 것을 봅니다. 이것은 자연 환경에 어긋나지 않는 방식으로 이루어집니다. 이런 모든 것은 자신들의 명상 수행을 위해 최적의 환경 만들기라는 아주 중요한 목적 아래 행해집니다. 명상 수행이 명백히 첫 번째 순위를 차지합니다. 무엇인가 필요한 일을 해야만 하면 말을 하지 않고 단지 신호로만 소통합니다. 그런 고요한 협조 아래 비구들은 정기적으로 다르마에 대한 토의를 하거나 함께 명상을 합니다.

존자가 붓다에게 비슷한 이야기를 하고 있다; MN 31 at MN I 207,12 (translated Ñāṇamoli 1995: 302). 또 다른 유사한 경전인 『증일아함경』에서도 비슷한 이야기를 하고 있다; EĀ 24.8 at T II 629a15. 차이점으로는 『맛지마 니까야』 31번 경은 자리를 깨끗이 한 다음에 명상을 한다는 것을 분명하게 이야기하지 않는다. 또한 존자들이 주기적으로 만날 때 법에 대해서 이야기하는 대신 침묵을 지키며 수행했다고 말하지 않는다. 그러한 차이 때문에 『중아함경』(MĀ 185)과 어느 정도는 『증일아함경』(EĀ 24.8)에서도 명상적 분위기가 강하게 풍기고 있다.

「고싱가살라 짧은 경」과 이에 대응하는 경전은 또한 그런 조화로운 공동생활의 바탕을 이루는 정신적 태도에 대해 몇 가지 암시를 주고 있습니다. 이에 대응하는 『중아함경』에서 아누룻다 존자는 자신이 아무 부족함 없이 얼마나 편하게 잘 지내고 있는지를 붓다에게 말하고 있습니다.

> 세존이시여, 저는 '내게는 좋은 이익이 있고 큰 공덕이 있다. 말하자면 나는 이미 이러한 범행자들과 함께 수행하고 있다'고 생각합니다.
>
> 세존이시여, 저는 항상 저 범행자들을 향해 자애로운 몸의 업을 행하되 남이 보거나 보지 않거나 한결같이 다름이 없으며, 자비스러운 말의 업과 자애로운 뜻의 업을 행하되 남이 보거나 보지 않거나 한결같이 다름이 없이 그렇게 합니다.
>
> 세존이시여, 저는 또 '나는 이제 내 마음을 버리고 저 현자들의 마음을 따르자'는 생각이 들면 곧 제 마음을 버리고 저 현자들의 마음을 따랐고, 아직 한 번도 어기는 마음이 없었습니다. 세존이시여, 저는 이와 같이 항상 안온하고 부족한 것도 없습니다.[15]

---

15 MĀ 185 at T I 730a6-a13. 이 단락은 곰브리치(Gombrich 1988: 114)가 지적한 점, 즉 "불교의 자애는 추상적인 개념이 아니다. 단지 명상만을 위한 주제가 아니다. 상가에서 매일 행해지고 있는 것이다"를 잘 보여 주고 있다. 엥겔메이저(Engelmajer 2003: 42)는 『맛지마 니까야』 31번 경에서 수행승이 말한 세 가지 주요 주제를 "타인에 대한 자애, 자신의 필요보다는 남의 필요를 먼저 생각하기, 행할 필요가 있는 것에 대해서 책임지기"라고 말한다. 『맛지마 니까야』 31번 경에 대한 연구로는 아리야라트네(Ariyaratne 2010)를 참조할 수 있다.

다른 두 비구도 동일한 것을 보고하고 있습니다. 붓다는 이 세 비구들은 우유와 물을 섞은 것처럼 함께 잘 지내고 있다고 결론을 내립니다.

이 경전 구절들은 몇 가지 도움이 되는 암시들을 주고 있습니다. 하나는 다른 사람들을 충분히 인정하는 기본적인 태도에 초점을 맞추고 있다는 점입니다. 이 주제는 사무량심의 하나인 더불어 기뻐함(sympathetic joy, 喜心)으로서, 뒤에서 다시 다룰 주제입니다. 세 비구들 모두 그런 도반을 갖고 있다는 것을 이득과 축복으로 간주합니다. 여기서 언급한 예에서 자신과 가까운 사람에게서 얻은 유익함을 규칙적인 수행의 대상으로 여기면서 상기할 수 있다는 것과, 의식적으로 그런 사람과 함께 할 수 있다는 즐거움까지 엿볼 수 있습니다. 다른 사람들이 자신을 위해서 베푸는 것을 너무나 쉽게 당연시하고 있습니다. 이런 경향에 맞서는 노력을 기울이는 것이 자신의 자비심을 함양하는 유익한 자질이 될 수 있습니다.

이렇게 진지한 인정에 기반을 두고 자애는 신체·언어·정신으로 표현됩니다. 이런 세 가지 측면에서 자애의 표현은 다른 사람들에게 명확하게 드러나서, 결국은 있는 그대로 다른 사람들의 눈에 띄일 것이라는 데 한정되지 않습니다. 그 대신 그것들은 숨은 형식으로 "눈에 보이지 않게" 일어날 수 있습니다. 자애의 내적인 힘은 대중의 인정을 위해 떠들썩한 소리를 필요로 하지 않습니다. 자애에 깊이 잠겨 있는 마음에 뿌리를 두게 되면 자애의 외적인 표현은 어떤 것이라고 해도 그 자체로 충분한 것이지 누군가의 주목을 필요로 하지 않는 것입니다.

또 다른 의미 있는 암시는 자애에 기반을 둔 행동은 다른 사람이 원하는 것을 기꺼이 따르는 행동을 수반하게 된다는 사실입니다. 다른 사람이 원하는 것과 기꺼이 함께 하고자 하는 의도를 배우게 됩니다. 여기서 이런 의도는 세 비구에 의해 수행되고 있습니다. 이 경전의 핵심은 강한 성격을 가진 사람의 리더십에 단순히 굴종하는 것이 아니라, 원하는 모든 것을 얻을 수 있다는 것에 개인의 행복을 고정시키지 않는 태도입니다. 마음이 평안해지고 부족한 것이 없다는 것은 자신이 원하는 방식으로 모든 것이 되기를 원하는 마음을 내려놓는 것을 통해서 이루어집니다.

3. 공격성에 직면하여

「고싱가살라 짧은 경」과 이에 대응하는 경전에서 볼 수 있는 자애의 정신적 태도는 일상생활에서 이렇게 효과적인 도구로 표현되고 있습니다. 이런 태도는 공격적으로 행동하는 어떤 사람과 마주쳤을 때에도 또한 도움이 됩니다. 이것에 대한 생생한 실례는 특히 「톱의 비유 경(Kakacūpama-sutta)」과 이에 대응하는 『중아함경』에서 볼 수 있습니다. 『중아함경』의 해당 구절을 살펴보겠습니다.

너희들은 마땅히 남이 주먹으로 치거나 돌을 던지고, 막대기로 때리거나 또는 칼로 벨 때에도 마음이 변하여 바뀌지 않고, 입으로 나쁜 말을 하지 않으며, 그 때린 사람을 향해 자애로움과 연민하는 마음을 일으키는 것을 배워야 한다.

자비와 공 ○

너희들은 마땅히 어떤 도적이 와서 예리한 톱이나 칼로써 너희들의 몸을 마디마디 자를 때에도 마음이 변하여 바뀌지 않고, 입으로 나쁜 말을 하지 않으며, 그 자르는 사람에게 자애로움과 연민하는 마음을 일으키는 것을 배워야 한다.

그래서 마음은 자애로움과 함께하여 한 방향에 두루 차서 성취하여 노닐고, 이렇게 두 번째 방향, 세 번째 방향, 네 번째 방향과 네 가지 중간 방향과 상하 일체에 두루하고, 마음은 자애로움과 함께하여 맺힘이 없고 원망이 없으며, 성냄이 없고 다툼이 없이, 지극히 넓고 매우 크며 한량없는 선행을 닦아, 일체 세간에 두루하여 성취하여 노닌다.

이와 같이 연민과 함께 기뻐함과 평정함[捨]에 있어서도 또한 그러하다.[16]

이 비유가 아주 극단적으로 톱의 경우를 예로 들고 있는 것은 있는 그대로 하나의 실례로서 이해할 수 있습니다. 그 목적은 자애의 가능성과 폭을 보여 주는 것입니다. 톱의 비유는 다른 사람이 자신을 조각조각 절단하게끔 허용한다거나 또는 이런 식으로 스스로에게 해를 입혀야 한다는 것을 의미하는 것이 아닙니다. 이런 소름끼치는 상황을

---

16 MĀ 193 at T I 746a8-a10, a15-a21. 이와 유사한 경전인 『맛지마 니까야』 21번째 경전은 주먹으로 치거나 막대로 때리거나 하는 경우를 들지는 않지만, 나쁜 말을 하는 것을 언급한 방금 전 두 가지 버전의 주제로부터 톱의 비유로 나아간다; MN 21 at MN I 129,15 (translated Ñāṇamoli 1995: 223). 『맛지마 니까야』 21번째 경전은 자애가 무한하게 확산된다는 것이 다른 무량심과 연결되지 않는다는 것이 또 다른 차이점이다.

피할 방법이 있다면 자신을 위해서나 이런 끔찍한 행동으로 업을 쌓게 되는 노상강도를 위해서도 꼭 피해야만 합니다.

이런 비유에 이어 「톱의 비유 경」과 이에 대응하는 『중아함경』에서 사실 붓다는 비구들에게 다음과 같이 묻고 있습니다. 즉 상황에 직면하여 이런 비유를 마음에 간직하고 있음에도 불구하고 자신들이 참기 어려워, 불선한 언어를 마음에 떠올렸는지를 묻고 있습니다. 톱의 비유는 어떤 특정한 목적을 위해 사용하는 극단적인 실례라는 것을 보여 주고 있습니다. 말하자면 비교적 덜 끔찍한 여러 다른 상황에서 인내와 관용을 격려하기 위한 것입니다.

4. 마음의 아름다움

자신의 마음에서 분노와 공격성이 일어날 때뿐만 아니라 다른 사람의 행동에 영향을 미치게 될 때에도 자애는 필요한 해독제입니다. 자애와 반대되는 나쁜 의도의 차이점은 「십상경(十上經, Dasuttara-sutta)」과 이에 대응하는 경전에서 출리(出離, nissaraṇa)의 여섯 요소를 열거하는 맥락에서 잘 나타나 있습니다. 이것은 이미 1장에서 다루었습니다. 거기에서는 산스끄리뜨 구절들을 번역하였습니다. 여기서는 약간의 변화를 위해서 한역 『장아함경』의 해당 구절을 번역하겠습니다.

만일 비구가 "나는 자애로운 마음을 닦는다"라고 말하면서 또 성

자비와 공 ○

을 낸다면, 다른 비구들이 "너는 그런 말을 하지 말라. 여래를 비방하지 말라. 여래께서는 이런 말씀을 하지 않으셨다. 자해탈(慈解脫)을 닦으면서 다시 성을 낸다는 것은 있을 수 없는 것이다"라고 말할 것이다. 부처님께서는 "성내는 마음을 없앤 뒤에야 비로소 자애로움을 얻는다"라고 말씀하셨다.[17]

이렇게 자애는 나쁜 의도와는 정반대입니다. 여러 다양한 측면에서 나쁜 의도를 극복하는 것만큼 진정으로 자애에서 머물기를 성취하는 것입니다. 왜냐하면 자애가 나쁜 의도라는 장애를 약화시키기 때문입니다.[18] 말하자면 나쁜 의도가 성장하고 유지되는 것을 빼앗아 버립니다. 그러므로 자애는 분노, 나쁜 의도, 공격성에 직면하는 방법입니다. 이런 분노, 나쁜 의도, 공격성은 우리 자신에게 일어날 수도 있고, 또는 이런 것을 품는 다른 사람에 직면해서 일어나기도 합니다.

자애의 태도는 누군가를 질책할 때 분노의 마음을 갖지 않고 할 수 있게 해 주는 최고의 방법입니다.[19] 누군가를 비판할 때도 동일한 원리가 적용됩니다. 자애를 지니고서 질책이나 비판을 하면 다른 사람

---

17 DĀ 10 at T I 54b2-b6. 이와 유사한 『디가 니까야』 34번째 경도 이러한 방식으로 붓다를 잘못 이해한다는 것을 보여 주고 있다; DN 34 at DN III 280,27. 그러나 연관된 부분은 생략되어 있고 전체 텍스트는 『디가 니까야』 33번째 경에서 볼 수 있다; DN 33 at DN III 248,1 (translated Walshe 1987: 500). 다른 유사한 경에서는 이러한 언급이 보이지 않는다. 미탈(Mittal 1957: 78)과 다음 경을 참조할 수 있다; T 13 at T I 236a5.

18 SN 46.51 at SN V 105,23 (translated Bodhi 2000: 1600) = SĀ 715 at T II 192c9 (translated Anālayo 2013c: 184) = D 4094 ju 285b7 or Q 5595 thu 31a2.

19 AN 5.167 at AN III 196,15 (translated Bodhi 2012: 781) = SĀ 497 at T II 129c2.

에게 더 좋은 효과를 냅니다(또한 그 사람과의 관계에서도 마찬가지입니다). 역으로 그 비판이 옳든 그르든 간에 내가 비판을 받을 때 자애의 마음을 지니면 이것은 똑같이 유익합니다.

「삿짜까 긴 경(Mahāsaccaka-sutta)」과 이에 대응하는 산스끄리뜨 경전에서는 붓다가 논쟁가의 도전에 직면한 경우가 나옵니다. 서로가 논쟁을 마칠 즈음에 붓다의 논쟁 상대자는 놀라움을 표시합니다. 그이유는 붓다가 자신이 비판받고 공격받았음에도 불구하고 논쟁에서 취한 태도 때문이었습니다. 논쟁자는 다른 훌륭한 종교의 스승들이 그에게 언어로 공격을 받으면 분노를 표시하는 것에 익숙해져 있다고 말하였습니다. 그러나 붓다의 경우에는 분노를 드러내지 않았을 뿐만 아니라, 공격을 받아도 피부와 얼굴이 빛나고 맑아졌다는 것을 알았습니다.[20] 비록 이것을 경전에서 분명하게 언급하고 있는 것은 아니지만, 이런 신체적인 변화는 그런 상황에서 붓다가 자애와 연민으로 반응했다는 가시적인 표시라고 결론을 내려도 괜찮다고 생각합니다.

『앙굿따라 니까야』와 이에 대응하는 『중아함경』의 구절에서 분노를 보이는 사람은 깨끗하게 씻고 정화되었다고 하더라도 그만큼 외모가 추하게 보인다는 것을 지적하고 있습니다.[21] 여기서 분노와 추한 외모의 관계를 강조한 것은 우리 자신의 경험에서 쉽게 검증할 수 있습니다. 누군가가 격한 분노에 사로잡히게 되면 그의 외모가 특별히 아

---

20 MN 36 at MN I 250,24 (translated Ñāṇamoli 1995: 343) = Sanskrit fragment 339v2, Liu 2010: 243.

21 AN 7.60 at AN IV 94,8 (translated Bodhi 2012: 1066, given as number 64), MĀ 129 at T I 617b25.

자비와 공 ○

름답게 보이지 않는 것은 너무나 분명합니다.

「업 분석의 짧은 경(Cūḷakammavibhaṅga-sutta)」과 이에 대응하는 경전들에 의하면 분노와 추함의 관계는 분노하는 그 순간에만 국한되어 영향을 미치는 것이 아니라고 합니다. 분노하는 경향은 또한 추하게 다시 태어나는 것으로 이어진다고 합니다.[22] 말할 필요도 없이 이런 언급은 매력적으로 태어나지 못한 사람을 비방하기 위한 것이 아닙니다. 왜냐하면 업과 그 결과가 갖는 복잡성을 고려해 보면, 과거에 분노하였기 때문에 그렇게 태어난 것이라고 말할 수 없기 때문입니다. 여기서 핵심은 오랫동안 스스로 짜증과 분노에 사로잡혀 영향을 받았다는 점에 특히 주목하는 것입니다.

자애가 분노에 대한 해독제라면 『상윳따 니까야』와 이에 대응하는 『잡아함경』에서 자애를 함양하면 마음은 최고의 아름다움으로 나아가게 된다는 주장은 결코 놀랍지 않습니다. 『잡아함경』에서는 이렇게 정형화하여 말하고 있습니다.

마음을 자애와 함께 많이 닦고 익히면 아름다움에서 가장 뛰어나다.[23]

---

22 MN 135 at MN III 204,18 (translated Ñāṇamoli 1995: 1054) = MĀ 170 at T I 705a29, T 78 at T I 887c27, T 79 at T I 889c25, T 80 at T I 892a28, T 81 at T I 897a8, T 755 at T XVII 589a27, Lévi 1932: 37,18 and 185,25, D 339 sa 301a4 or Q 1006 shu 312b8.

23 SĀ 743 at T II 197c11. 유사한 경인 『상윳따 니까야』 46.54번 경은 자애로 마음의 해탈을 계발하는 것이 정점에 이르는 것을 아름다움과 연관해서 동일한 관계를 표현하고 있다; SN 46.54 at SN V 119,17 (translated Bodhi 2000: 1609).

자애의 함양이 얼굴에 미치는 신체적인 영향뿐만 아니라, 이 경전에서는 자애의 함양이 마음의 아름다움을 계발하는 토대가 될 수 있다는 것도 언급하고 있습니다. 그러한 아름다움이 어떤 신체적 형태를 통해서 눈부시게 빛날 수 있다고 하여도, 이런 신체의 아름다움은 현대의 표준적인 기준을 만족시키는 데는 부족합니다. 자애라는 마음의 아름다움은 우리의 행동과 언어에 스며들어서, 자비에 튼튼하게 뿌리를 두고, 다양한 방식으로 다른 사람과 소통하게 됩니다.

　위의 경전 구절들은 자애를 함양하는 것이 연민을 함양하는 것에 기여할 수 있다는 것을 보여줍니다. 자애의 정신적 태도는 어떤 상황에서도 그 모습을 드러내게 됩니다. 식사 후의 설거지와 같은 일상적 활동부터, 잔인한 노상강도의 손아귀에 놓인 무력하고 최악의 위협적인 상황에 이르기까지 모든 상황에 적용됩니다. 자애를 이렇게 지속적으로 함양하게 되면 자애는 진정한 아름다움으로 나아가는 길, 연민의 아름다움에서 선두 주자가 됩니다.

　연민은 자애라는 잘 확립된 토대에 기반하여 가장 잘 계발되고, 여기에 더하여 나머지 두 무량심, 즉 더불어 기뻐함(sympathetic joy, 喜心)과 평정심(equanimity, 捨心)이 연민을 보완해 준다는 것을 발견하게 됩니다. 이 두 무량심은 어떤 면에서는 연민을 기르는 것을 마무리해 줍니다.

5. 연민과 더불어 기뻐함

더불어 기뻐함, 즉 빨리어로 무디따(mudita)는 어원적으로 기쁨(delight)을 뜻하는 '빠못자(pāmojja)'와 향유(rejoicing)를 뜻하는 '아누모다나(anumodana)'와 같은 용어들과 밀접한 관계를 갖습니다. 실제로 선한 기쁨을 뜻하는 이런 여러 다른 뉘앙스를 가진 표현들 사이에는 중첩되는 것이 상당히 있습니다. 더불어 기뻐함은 이런 여러 표현들 중에서 무한하고 한없는 확산으로 나아가면서 함양되면 마음의 일시적인 해탈로 이끌 수 있는 그런 종류의 기쁨을 말합니다.

이런 더불어 기뻐함은 다르마를 가르치는 연민에 가득 찬 활동과 연관되어 나타날 수 있습니다. 이런 연민에 찬 가르침 활동의 수혜자인 사람들은 이것을 더불어 기뻐함을 함양하는 기회로 이용할 수 있습니다. 『상윳따 니까야』와 이에 대응하는 『잡아함경』의 경전 구절에서 더불어 기뻐함은 명백하게 이런 맥락에서 사용되고 있습니다. 사리뿟따의 설법은 그 설법을 들은 비구들 가운데 한 명이 시구로 그 설법을 칭찬할 정도로 비구들에게 영감을 주었습니다. 이와 관련된 경전 구절 가운데 하나에서 사리뿟따의 설법을 들은 비구들이 더불어 기뻐함에 젖었다고 표현하고 있습니다.[24]

더불어 기뻐함의 또 다른 측면은 『앙굿따라 니까야』에서 볼 수 있

---

24   SN 8.6 at SN I 190,20 (translated Bodhi 2000: 286) = SĀ 1210 at T II 329c12
     and SĀ² 226 at T II 457a9.

습니다. 이에 대응하는 한역은 보존되고 있지 않습니다.[25] 이것과 연관된 빨리어 경전 구절을 인용해 보겠습니다.

> 비구들이여, 비구들이 사이좋게 화합하여 언쟁하지 않고 물과 우유가 잘 섞이듯이 서로를 우정 어린 눈으로 보면서 지낼 때 비구들은 많은 공덕을 쌓는다. 비구들이여, 그때 비구들은 성스러운 거처[梵住]에 머물게 되나니 그것은 바로 더불어 기뻐함[喜]에 의한 마음의 해탈이다. 환희로부터 희열이 생긴다. 희열하는 자의 몸은 경안(輕安)하고, 몸이 경안한 자는 행복을 느끼며, 마음이 행복한 자는 삼매에 든다.[26]

이 경전 구절은 「고싱가살라 짧은 경」과 이에 대응하는 경전과 연관되어 있으며 여기에서는 상호 배려하고 조화롭고 다툼 없는 공동생활이 중심 주제입니다. 일단 행동의 세 가지 문, 즉 신체·언어·정신에 대한 자애가 확립되어 다툼이 없는 삶으로 이어지게 되면 조화롭고 상호배려하는 실제 삶은 더불어 기뻐함이라는 무량심이 발현된 것이라고 보아도 될 것입니다.

「고싱가살라 짧은 경」과 이에 대응하는 한역 경전에서와 마찬가지

---

25 일반적으로 하나의 전통보다는 여러 전통에 보존되어 있는 자료를 사용하려고 하지만, 이 경우도 예외로 두고자 한다. 내가 알고 있는 범위 내에서는 이 자료는 상좌부 전통에서만 보존되고 있다.

26 AN 3.93 at AN I 243,20-243,26 (Bodhi 2012: 328, 보디 스님 번역에서는 95번째 경전).

자비와 공 ○

로 『앙굿따라 니까야』의 이 구절에서 조화로운 공동생활은 명상 수행과 바로 연관성을 갖습니다. 이것은 평정과 행복을 통해서 기쁨이 어떻게 집중으로 이어지는지를 잘 보여 주고 있습니다. 여기서 언급한 정신적 자질들은 깨달음의 함양을 가리키고 있습니다. 이 주제는 3장에서 다룰 예정입니다.

「우빨리 경(Upāli-sutta)」과 이에 대응하는 한역 경전에서는 또 다른 초기불교 시대의 시인, 이때는 재가 제자였던 시인이 읊은 일련의 짧은 경전 시구를 보여 주고 있습니다. 이 짧은 시구에서 재가자인 우빨리는 붓다의 여러 자질들을 칭송하고 있습니다. 그중 하나가 더불어 기뻐함입니다. 「우빨리 경」과 이에 대응하는, 재구성된 산스끄리뜨 구절에서 붓다는 재가자가 바친 공물에 탐욕을 갖지 않는다는 의미에서 세간적인 이익을 토해낸다는 부분이 이런 자질보다 앞서 언급되고 있습니다.[27]

이런 경전 시구의 배경을 이루는 이야기에 의하면, 우빨리는 독실한 자이나교의 신봉자였는데 붓다와 논쟁을 하기 위해 방문하였다고 합니다. 시로써 자신을 표현하기 이전, 우빨리는 붓다와 처음이자 유일한 만남을 통하여 붓다의 주장에 확신을 얻고, 붓다의 재가 신도가 되고 싶다는 자신의 소망을 밝혔습니다. 이에 대하여 붓다는 우빨리에게 스스로의 결정을 조심스럽게 재고해야 한다고 충고하였으며, 또

---

27 MN 56 at MN I 386,6 (translated Ñāṇamoli 1995: 490) = Sanskrit fragment, Waldschmidt 1979: 6. 또한 『중아함경』 133번째 경과 비교할 수 있다; MĀ 133 at T I 632c2.

한 그가 예전처럼 자이나교에 공물을 계속 후원해야만 한다고 제안하였습니다. 이 이야기의 맥락에서 판단해 보면, 이것은 붓다의 도량넓은 제안으로 보이며, 또한 붓다는 다른 사람들이 받는 이익에 전혀질투를 하지 않은 것으로 보입니다. 이렇게 하여 붓다의 칭찬받을 만한 자질 중 하나인 더불어 기뻐함에 우빨리가 마음의 기준을 두도록영감을 불어넣었습니다.

이렇게 이해하게 되면 이 경전 구절은 더불어 기뻐함이라는 것이시기와 질투의 반대라는 것을 암묵적으로 보여 주고 있습니다. 경쟁하는 종교 그룹의 뛰어난 재가자 한 사람을 성공적으로 개종시킨 바로 그 다음에 붓다는 이로 인해서 경쟁 종교가 받게 될 물질적인 타격을 피하고자 노력하고 있습니다.

시기가 없다는 것이 더불어 기뻐함의 한 측면이라는 것을 암묵적으로 가리키는 동시에 초기경전은 더불어 기뻐함을 불만족(discontent, 빨리어로 arati)과 대비시켜 명시적으로 언급하고 있습니다. 이런 대비는 출리의 요소들을 열거하는 데에서도 볼 수 있습니다. 그것에 의하면 더불어 기뻐함으로 마음의 해탈을 함양한 사람은 불만족에 더 이상 휩쓸리지 않습니다.[28] 불만족은 은둔하고 금욕하는 삶의 방식에서 즐거움을 찾지 못한 사문 수행자에게서도 종종 볼 수 있

---

28 DN 34 at DN III 280,27 (연관된 부분은 생략되어 있고 전체 텍스트는 『디가 니까야』 33번째 경에서 볼 수 있다; DN 33 at DN III 249,3, translated Walshe 1987: 500) 이와 유사한 경은 미탈(Mittal 1957: 79), 『장아함경』 10번째 경에서 볼 수 있다; DĀ 10 at T I 54b6. 또한 다음의 경과도 비교할 수 있다; T 13 at T I 236a16.

자비와 공 ○

습니다.[29]

자애와 연민의 반대되는 자질인 악의와 잔인함은 다른 살아 있는
존재와의 관계 속에서 형성되어 그 형태를 드러내는 반면, 더불어 기
뻐함의 반대인 불만족은 다른 사람과 직접 관계가 없는 자질입니다.
승가의 생활 또는 은거하며 수행하는 것에 대한 불만족을 제거하는
것은 주로 자신과 연관된 것입니다. 물론 불만족은 다른 사람과의 연
관성에서 일어날 수도 있습니다. 그러나 자애와 연민에 비교하여 보
면, 더불어 기뻐함은 보다 일반적인 중요성을 갖고 있으며, 또한 보다
더 넓은 의미를 지니고 있다는 사실과 부합됩니다.

6. 연민과 평정심

평정심 또는 공평무사함(equinimity, equipose, 빨리어로
upek(k)hā)은 어원적인 측면에서 보면 무관심하게 "눈길을 돌리는 것"
이 아니라 "가만히 지켜보는" 정신적 태도를 의미합니다. 그러므로 이
용어가 전하고 있는 것은 좋아하거나 반대하는 것 없이 일어나고 있는
어떤 것이라도 정신적인 균형감을 갖고 자각하고 있다는 뜻입니다.

더불어 기뻐함과 연관된 연민은 자연스러운 것으로 보입니다. 연민
이 동정심이나 스스로 슬픔에 빠지는 것이 아니라면 특히 그러합니

---

29 트렌크너(Trenckner et al. 1924: 417)는 아라띠(arati)를 "숲속에서의 은둔 또는
　　승가의 규칙에 대해서 편안함을 느끼지는 못하는 것"으로 설명한다.

다. 이와는 대조적으로 처음 보기에는 연민이 평정심이나 공평무사함과 직접 연결되어 있는 것처럼 보이지는 않습니다.

이것은 연민이 다른 사람을 해탈시키고자 하는 보살의 소망에서 함양된다고 할 때 특히 문제로 보이기도 합니다. 이런 열망이 다른 사람을 향한 평정심으로 어떻게 이어지는가 하는 것을 간파하는 일은 쉽지 않습니다. 그리하여 불교 후대의 전통에서 평정심의 기능과 성질에 대한 재해석이 일어나기도 하였고, 또한 네 가지 무량심 내에서 평정심의 위치에 변화를 야기하기도 하였습니다.

이런 재해석의 경우를 『보살지(菩薩地, Bodhisattvabhūmi)』에서 볼 수 있습니다. 거기에 평정심이라는 무량심은 살아 있는 존재를 번뇌로부터 해탈시키는 의도로 정의되어 있습니다.[30] 『보살지』에 제시되어 있는 것은 다른 세 가지 무량심의 대상과는 차이가 있습니다. 『보살지』에 의하면 연민은 괴로움을 겪고 있는 살아 있는 존재를 그 대상으로 하고, 더불어 기뻐함은 행복하게 살아 있는 존재를 대상으로 관심을 보이고, 자애는 위의 두 경우가 아닌 살아 있는 존재에 적용되고 있습니다. 각각의 상황은 특정한 번뇌와 연결되어 있습니다. 즉 괴로움을 겪는 자는 혐오하는 번뇌를 지니고, 행복해하는 자는 열정의 번뇌를 지니며, 이 둘이 아닌 자는 무지의 번뇌를 지닙니다. 그리하여 평정심은 이런 세 가지 유형의 살아 있는 존재들이 모두 개별적으로 각각 그 번뇌에서 자유로워지기를 바라는 소망으로 나타납니다. 이런 식으로 평정심은 연민의 대상인 중생은 혐오에서 자유로워지기를, 더불어 기뻐

---

30 Wogihara 1930/ 1936: 242,13.

자비와 공 ○

함의 대상인 중생은 열정에서 자유로워지기를, 자애의 대상이 되는 중생은 무지에서 자유로워지기를 바라는 소망으로 나타납니다.

그러나 초기경전의 관점에서 보면, 예를 들어 혐오로 괴로워하는 사람이 그것으로부터 해방되기를 바라는 소망은 연민의 표현이 됩니다. 그것은 네 번째 무량심인 평정심의 표현이라고 할 수 없습니다.

후기불교의 시대에 일어난 또 다른 해결 방법은 평정심을 사무량심 가운데 첫 번째 자리로 옮겨 놓는 것이었습니다. 이렇게 하여 평정심은 예비 훈련단계로 기능합니다. 말하자면 거친 형태의 증오 또는 욕망을 제거함으로써 최소한의 정신적 공평무사함을 확립하는 것입니다. 네 가지 무량심 가운데 평정심을 첫 번째 자리로 재배치하는 것은, 예를 들면 까말라쉴라(Kamalaśīla)의 『광석보리심론(廣釋菩提心論, Bhāvanākrama)』에서 볼 수 있습니다.[31]

실제로 평정심의 이런 위치 변화는 번뇌에 가득 찬 마음과 싸우는 상황에서는 유익한 수단으로 기능할 수 있습니다. 그러나 이런 유익한 수단이 평정심을 수행하는 유일한 형태일 필요는 없습니다. 무량심의 전체 범위와 유익함을 탐색하기 위해서는 평정심이 무량심을 함양하는 예비 조력자로 사용되는 한에서 평정심을 추천할 만합니다. 그리고 이런 예비적인 상태에 뒤이어서 모든 무량심을 모두 포괄하는 수행으로 나아가게 됩니다. 이때에 평정심은 무량심 수행의 정점이 됩니다.

평정심이 무량심 수행의 정점이라고 해서 평정심이 다른 세 가지를

---

31   Namdol 1997: 85,2 (translated Sharma 1997/ 2004: 52); cf. Longchenpa 2007: 70f.

대신한다는 의미는 아닙니다. 말하자면 무량심을 함양한 사람은 네 가지 무량심에 모두 계속해서 머물게 됩니다.[32] 그러나 어떤 의미에서는 연민은 결국 평정심으로 귀착할 수 있거나 또는 평정심으로 성숙할 수 있다는 것을 의미합니다. 이렇게 이해하면 평정심은 물론 무관심한 상태가 아닙니다. 오히려 마음의 체계적 개방을 마무리 짓는 정신적 공평무사함입니다. 이것은 다른 세 가지 무량심의 함양을 통해서 일어납니다.

「제석문경(帝釋問經, Sakkapañha-sutta)」과 이에 대응하는 한역 경전에서는 두 가지 종류의 평정심을 명시적으로 구분하고 있습니다. 하나는 반드시 계발해야 할 것이고, 다른 하나는 반드시 피해야 할 것입니다.[33] 결정적인 차이는 이런 평정심이 선한 영향 또는 불선한 영향을 일으키는가 하는 데에 있습니다. 네 번째 무량심으로서 평정심의 경우에 이런 기본적인 구분을 적용하면, 평정심은 다른 무량심들을 약화시키거나 심지어 방해하는 불선한 영향을 미치는 대신 다른 무량심들을 촉진하고 보완하는 방식으로 함양할 필요가 있습니다.

단순히 무관심해지는 마음의 상태를 피해야 한다는 것, 이것이 갖

---

32 아론슨(Aronson 1979a: 8)은 평정심의 위치를 무량심의 네 번째, 즉 마지막에 두는 것은 "수행에 있어서 앞에 나오는 세 가지 무량심을 보완하는 것을 의미한다는 것이 아니다"라고 설명한다. 스톨러 밀러(Stoler Miller 1979: 210)는 "사무량심을 수행하는 것은 "누적적이지 단선적이지 않다. 사무량심을 계발하는 것은 수행의 목표인 마음을 급진적으로 변화시키는 효과가 있다"고 말한다. 게틴(Gethin 1992: 157)이 정리하듯이, "평정심이 나머지 무량심을 대신하거나 대체한다고 생각해서는 안 된다. 사무량심은 항상 근원적으로는 서로 보완적이다."

33 DN 21 at DN II 279,3 (translated Walshe 1987: 329) = DĀ 14 at T I 64c29; T 15 at T I 249a20; MĀ 134 at T I 636c1.

는 중요성은 1장에서 언급한 경전 구절에서 볼 수 있습니다. 거기에서 사리뿟따와 아난다는 그들의 연민에 가득 찬 반응이 필요한 상황에서 무관심한 채로 있었기 때문에 붓다로부터 심한 질책을 듣지 않을 수 없었습니다.[34]

평정심과 연민의 상호보완성은 가르침이라는 활동과 연관되어 나타납니다. 초기경전에서는 다르마를 가르치는 사람은 연민에 가장 깊이 스며들어 있는 사람입니다. 그 가르침을 듣는 사람의 반응은 그 가르침에 공감하는 기쁨을 드러내게 됩니다. 그러나 항상 그런 것은 아닙니다. 때로는 가르침에 공감하는 기쁨을 표현하지 않을 뿐만 아니라 심지어 약간의 관심만 보이거나 전혀 관심을 보이지 않는 수행자들을 직면하기도 하였습니다. 「여섯 감각 장소의 분석 경(Saḷāyatanavibhaṅga-sutta)」과 이에 대응하는 한역 경전과 티베트 경전에 의하면, 붓다는 그런 상황에서도 평정심에 머물렀다고 합니다.[35]

연민에서 평정심으로 옮겨가는 실제적인 예는 「밧달리 경(Bhaddāli-sutta)」과 이에 대응하는 경전들에서 찾아볼 수 있습니다. 물론 이 경전들에서는 이런 두 가지 용어, 즉 연민과 평정심이라는 용어를 명시

---

34 1장 4절을 참조할 수 있다. 이와 동일한 점을 『앙굿따라 니까야』에서도 지적하고 있다; AN 4.100 at AN II 101,1 (translated Bodhi 2012: 481). 이와 유사한 경은 알려져 있지 않다. 이 경에서 어떤 이는 타인을 전혀 칭찬하거나 비난하지 않는 것을 평정심의 표현으로, 뛰어난 태도라고 제안한다. 붓다는 적절하면 칭찬하고 적절하지 않으면 비난해야 한다고 설명하면서 이 제안에 동의하지 않는다.

35 MN 137 at MN III 221,3 (translated Ñāṇamoli 1995: 1071); MĀ 163 at T I 693c23; D 4094 nyu 59a1 or Q 5595 thu 101a8. 좀 더 자세한 논의는 아날라요(Anālayo 2013c: 240–243)를 참조할 수 있다.

적으로 사용하고 있지는 않습니다. 그 경전에서 언급하고 있는 상황은 다음과 같은 것입니다. 즉 하루에 한 끼씩만 먹으라는 붓다의 지시를 공개적으로 거부한 비구를 둘러싼 사건입니다.[36] 이 비구에 대한 붓다의 첫 반응은 연민이었습니다. 그리하여 붓다는 승가의 규칙과 음식을 충분히 먹지 못하지 않을까 하는 불안에 대한 타협책으로 다른 대안을 제시하였습니다. 그럼에도 그 비구가 거부하자 붓다는 더 이상다른 행동을 취하지 않았습니다. 달리 말하면 붓다는 평정심에 머물렀던 것입니다. 결국 이런 붓다의 태도는 효과를 발휘하였습니다. 문제를 제기하였던 비구는 자신의 행동이 적절하지 못하였다는 것을 인식하고 붓다에게 다가와서 사죄하고 자신의 행동을 수정하였습니다.

또 다른 예는 「오염원 경(Upakkilesa-sutta)」에서도 볼 수 있습니다. 여기서 '연민'이라는 용어는 붓다가 분쟁에 휘말린 비구들을 대할 때 요청된 태도의 일부로서 명백하게 거론되고 있습니다.[37] 붓다는 연민에 가득 찬 개입이 비구들의 분쟁을 멈추게 하지 못한다는 것을 알고서는 홀로 자신의 가사와 발우를 챙겨들고 멀리 이리저리 다니곤 하였습니다. 이런 경우 역시 붓다의 태도는 연민에서 평정심으로 옮겨간 것이라고 결론을 내리는 것이 옳게 보입니다.

---

36 MN 65 at MN I 437,25 (translated Ñāṇamoli 1995: 542) = MĀ 194 at T I 746b27; EĀ 49.7 at T II 800c2 (translated Anālayo 2014b: 9); Mahāsāṅghika Vinaya, T 1425 at T XXII 359b14.
37 MN 128 at MN III 153,6 (translated Ñāṇamoli 1995: 1008). 그와 유사한 『중아함경』 72번째 경은 처음부터 분쟁에 휘말린 비구들을 언급하는 붓다가 바로 나온다. 연민의 태도를 가지도록 이전에 요청되었다는 이야기가 없다. 따라서 이경은 연민에 대해서 암묵적으로 암시한다고 할지라도, 명백하게 언급하지 않고있다.

이런 예들을 보면 심지어 붓다조차도 평정심이 때로는 적절한 태도일 수 있다는 것을 보여 줍니다. 이런 예는 평정심이 무량심 중의 하나로 기능하고 있다는 것을 우리가 이해하는 데 도움을 줍니다. 연민에 가득 찬 활동을 하였음에도 사려 깊지 못하거나 때로는 차가운 반응에 직면할 때, 그때는 평정심으로 옮겨가야 할 때라고 할 수 있습니다.[38] 이렇게 하기 위해서는 상황을 지배하고 더 나은 것으로 변화시키겠다는 시도를 포기해야 합니다. 그 대신 당사자들이 자신의 행동과 태도에 책임을 질 수 있도록 해야 합니다. 이렇게 하여 평정심은 연민을 완성합니다. 왜냐하면 평정심으로 인해 연민에 가득 찬 행동이 자신이 원하는 결과를 기대하는 것으로부터 해방되었기 때문입니다. 연민에 가득 찬 행동은 필요한 경우 평정심으로 나아갈 수 있습니다. 연민은 결과를 바라면서도 성공적인 결과에 집착하지 않습니다. 이렇게 상황이 요구하는 바대로 연민은 평정심으로 전환될 수 있습니다.

평정심의 또 다른 측면은 「십상경(Dasuttara-sutta)」에서 출리의 여러 요소들을 열거하는 것에서 볼 수 있습니다. 이 경전에 의하면 평정심으로 마음의 해탈을 함양한 사람은 결코 더 이상 욕정에 사로잡히지 않는다고 합니다.[39] 이에 대응하는 경전에 의하면, 평정심으로 마음의 해탈을 함양한 사람의 마음은 더 이상 나쁜 의도 또는 혐오에 결

---

38 어떤 사람이 다른 사람에게 유익한 행위를 하지 못할 때 평정심이 필요하다는 것은 『맛지마 니까야』 103번째 경에서 분명하게 언급하고 있다; MN 103 at MN II 242,11 (translated Ñāṇamoli 1995: 851). 이 경과 유사한 경은 보이지 않는다.

39 DN 34 at DN III 280,27 (연관된 부분은 생략되어 있고 전체 텍스트는 『디가 니까야』 33번째 경에서 볼 수 있다; DN 33 at DN III 249,15, translated Walshe 1987: 500).

코 사로잡히지 않는다고 합니다.[40] 실제로 이것은 직관적입니다. 말하자면 평정심은 욕정뿐만 아니라 나쁜 의도와 혐오에 대해서도 대항합니다.

다른 사람의 무시에도 공평무사한 마음으로 머물러 있을 수 있는데 도움이 되는 방법이 『상윳따 니까야』와 이에 대응하는 경전들에서 볼 수 있습니다. 경전에서는 브라만이 붓다를 모욕하는 장면이 나옵니다. 이에 붓다는 조용히 다음과 같이 묻습니다. 즉 손님에게 음식을 대접하였는데 손님이 음식을 먹지 않으면 어떻게 하느냐고 묻습니다. 브라만은 음식을 대접하는 사람의 것이 된다고 대답합니다. 마찬가지로 브라만의 모욕을 붓다가 받아들이지 않으면 그 모욕은 브라만의 소유로 남게 된다고 붓다는 말하고 있습니다.[41]

이런 멋진 장면은 실제의 모욕에 직면한 상황에서는 정말 도움이 될 수 있습니다. 자신의 평정심이 상실되면 쉽게 모욕이라는 소유물을 받아들여 자신의 것으로 만들어 버립니다. 그런 모욕을 자신의 것으로 만들지 말고 다른 사람의 분노에 직면하여 평정심에 머무는 것이 더 좋습니다.

『법구경』과 이에 대응하는 경전인 「우다나품(Udānavarga)」의 짧은 시구에서 평정심의 태도를 확립하는 데 도움이 될 수 있는 시적인 이

---

40 Mittal 1957: 79; DĀ 10 at T I 54b7; T 13 at T I 236a20. 다른 빨리어 경전에서도 평정심을 혐오를 대체하는 것으로 보고 있다. 예를 들어 『맛지마 니까야』 62 번째 경을 볼 수 있다; MN 62 at MN I 424,32 (translated Ñāṇamoli 1995: 531).
41 SN 7.2 at SN I 162,16 (translated Bodhi 2000: 256) = SĀ 1152 at T II 307a17; SĀ ² 75 at T II 400b18.

자비와 공 ○

미지를 볼 수 있습니다. 그 짧은 시구는 다음과 같습니다.

> 큰 바위가 어떤 바람에도
> 흔들리지 않듯이
> 지혜로운 사람은 칭찬과 비방에
> 흔들리지 않네.[42]

「코끼리 발자국 비유의 긴 경(Mahāhatthipadopama-sutta)」과 이에 대응하는 『중아함경』에서 볼 수 있는 혐오에서 자유로워진 평정심이, 「톱의 비유 경」과 이에 대응하는 『중아함경』의 톱의 비유를 상기함으로써 북돋워질 수 있다는 것을 나타내고 있습니다.[43] 두 경전은 폭행을 당하거나 돌에 맞는 것과 같은 신체적 공격을 당하는 상황을 묘사하고 있습니다. 이런 상황에서 톱의 비유를 마음속에 떠올려야 합니다. 이를 통해 평정심을 확립하는 데 도움을 받게 됩니다. 이런 평정심은 두 경전에서 모두 선한 것으로 명시적으로 인정받고 있습니다.[44]

이런 상황에서 가능한 또 다른 성찰은 「뿐나를 교계한 경(Puṇṇovāda-sutta)」과 이에 대응하는 경전에서 볼 수 있습니다. 서로 다른 이 경전들에서 어떤 형태의 공격에도 참을 수 있는 준비가 되어 있

---

[42] Stanza 29.49, Bernhard 1965: 387 = Dhp 81 (translated Norman 1997/ 2004: 12); Patna Dharmapada 93, Cone 1989: 128; Gāndhārī Dharmapada 239, Brough 1962/ 2001: 157.

[43] 2장 3절을 참조할 수 있다.

[44] MN 28 at MN I 186,21 (translated Ñāṇamoli 1995: 280) = MĀ 30 at T I 465a16 (translated Bingenheimer et al. 2013: 222).

어야 한다고 가르치고 있습니다. 어떤 공격자가 공격을 해도 이보다
더 심한 공격을 하지 않아서 자애롭다고 생각해야 한다는 것입니다.
그리하여 비구의 평정심은 심지어 죽을지 모르는 상황에서도 평온하
게 맞이할 수 있는 그런 경지에 이르게 됩니다. 죽을 위험에 도달한
상황에서 어떤 사람은 자살하기 위해서 애를 써야 하는데, 이제 자살
하기 위해 애쓸 필요가 없으니 다행이라고 생각하는 경지에 도달하게
됩니다.[45] 톱의 비유와 마찬가지로 마지막 예는 아주 극적이긴 하지만
실제적으로 권할 만한 것은 아닙니다. 오히려 이것은 어떤 경우에 직
면하더라도 인내와 평정심의 태도를 견지할 수 있어야 한다는 하나의
실례입니다. 「뿐나를 교계한 경」과 이에 대응하는 경전에서 볼 수 있
는 기본적인 패턴은 "이것보다 더 나쁠 수도 있잖아"라는 성찰입니다.
이런 성찰은 평정심을 유지하는 것을 지지해 줍니다.

7. 연민과 다른 무량심들

1장의 서두에서 말한 바와 같이 연민의 기본 요지
는 다른 사람들이 고통에서 자유로워지기를 소망하는 것입니다. 고
통 받는 사람이 연민의 대상이 됨으로써 연민은 자신보다 못한 사람

---

45   MN 145 at MN III 269,10 (translated Ñāṇamoli 1995: 1119); SN 35.88 at SN
     IV 62,24 (translated Bodhi 2000: 1169) = T 108 at T II 503a6; SĀ 311 at T II
     89c10. cf. the Divyāvadāna, Cowell and Neil 1886: 39,8; Mūlasarvāstivāda
     Vinaya, T 1448 at T XXIV 12b7; D 1 ka 306b2 or Q 1030 khe 286a2.

을 대상으로 하게 되는 경우가 종종 있습니다. 이런 연민 어린 활동이 가르침이라는 상황에서 기본적 모습을 드러내게 되면, 그 대상의 방향은 아래쪽으로 향하는 일이 반복되어 일어납니다. 가르치는 사람은 대개 배우는 사람보다 높은 위치에 있습니다. 이것은 특히 고대 인도에서 그러하였습니다.

이렇게 되면 연민은 잠재적인 위험을 갖게 됩니다. 즉 연민은 아래에 위치하며 열등한 사람에게 향하게 된다는 위험입니다. 이것이 하나의 습관이 되는 것을 피하기 위해서는 이와 반대되는 힘이 필요합니다. 이런 태도는 심지어 자만심과 개인적인 우월감을 야기합니다. 이런 잠재적인 위험을 방지하는 한 가지 방법은 연민, 즉 까루나(karuṇā)를 다른 무량심들을 함양하는 것과 결합하여 맥락화하는 것입니다.

이렇게 하기 위한 토대 형성은 자애에 의해 이루어질 수 있습니다. 자애 또는 잘되기를 바라는 기본적인 태도는 더 나은 사람 또는 더 못한 사람을 대상으로 할 수 있습니다. 사실 그것의 핵심은 모든 사람을 동등하게 자신의 친구로 대접하는 것입니다. 자애의 토대를 형성하는 수행은 또한 연민 어린 활동보다 그 범위가 더 넓습니다. 위에서 언급한 구절에서 본 바와 같이, 자애는 청소와 주변 정리 등과 같이 일상적인 일까지 확대됩니다. 여러 공격적인 행동에 직면하였을 때 적합한 태도로 기능하기도 합니다. 이런 식으로 자애는 연민을 함양하기 위한 적절한 토대를 놓는 수단이 됩니다.

연민은 주로 좋지 않은 상황에 놓인 사람들에게 관심을 갖는 하나의 정신적 태도입니다. 이런 연민을 함양하는 것은 더불어 기뻐함의 자연스러운 보완물입니다. 이런 연민은 보다 나은 상황에 있는 사람들이 자신의 무량심 수행에서 통합되어야 한다는 것을 확신시켜 줍니다. 또한 더불어 기뻐함은 연민의 함양에서 부정적인 것이 당연한 관심을 받아야 된다는 것과 그 다음으로 긍정적인 것도 동등하게 고려의 대상이 된다는 것을 확인해 줍니다.

평정심이 보완물 역할을 하는데, 이때의 보완물은 살아 있는 존재들에게 미치는 다른 세 가지 무량심에 대한 것입니다. 여기서는 다른 사람들을 향한 기본적이고 긍정적인 정서의 방향은 계속해서 이어지지만 능동적인 것은 아닙니다. 여러 상황에서 이런 능동적인 평정심은 별로 요구되지 않습니다. 이것은 아난다와 사리뿟따의 예에서도 볼 수 있습니다. 그러나 어떤 경우에는 이런 능동적인 평정심이 적합한 반응일 수도 있습니다. 이런 식으로 평정심은 어떤 강제와 강박의 흔적으로부터 자유로워져서 연민의 함양을 완성시킵니다. 전체적으로 네 가지 무량심은 마음의 문을 열고 개방적으로 수행하는 데 헌신하는 사람이 어떤 상황에서도 적합한 정신적인 태도를 선택할 수 있는 완전한 선택들의 집합입니다.

초기경전에서 종종 언급되는 사무량심은 마음의 체계적인 함양을 위한 주된 선택으로 간주되고 있습니다. 이런 측면에서 사무량심이 갖는 탁월한 위치는 「안반수의경(安般守意經, Ānāpānasati-sutta)」과 이에 대응하는 『상윳따 니까야』에서도 그 예가 잘 나타나 있습니다. 이 경전들에는 승가의 비구들이 성취한 여러 경지와 그들이 수행한 다양한 명상 수행들이 들어 있습니다. 이 두 경전에서는 이런 여러 경지를 성취하고 다양한 명상 수행을 하고 있는 많은 비구들이 바로 이 네 가지 무량심을 수행하고 있었다는 점에서는 일치합니다.[46] 이런 것을 근거로 하여 보면 사무량심 수행은 고대 인도의 불교 승가에서 정기적으로 행하는 수행 형태였다는 인상을 받게 됩니다. 이처럼 명백하게 사무량심 수행이 널리 퍼져 나갔던 이유는 이 수행에서 결과와 유익함을 얻을 수 있었기 때문입니다. 이것은 3장에서 탐구하게 될 주제이기도 합니다. 즉 연민과 다른 무량심이 성숙하게 될 때 기대할 수 있는 결과에 대한 것입니다.

8. 요약

초기불교 사상은 연민의 토대로서 신체·언어·정신의 자애를 제시함으로써 연민을 맥락화하여 총체적으로 파악하고 있습니다. 그런 자애는 적용 가능한 범위가 넓습니다. 그것은 일상생활에서부터 아주 극적인 공격에 직면하는 데까지 이릅니다. 자애에 기반을 두고 연민은 다시 더불어 기뻐함과 평정심에서 그 보완을 발견하게 됩니다. 이런 식으로 연민을 맥락화하는 것은 실제 수행을 풍부하게 하고 혹시 있을지 모르는 잠재적인 위험을 피하게 합니다. 이런 위험은 다른 무량심의 도움을 받지 않고 행해지는 연민에 기인할 수 있습니다.

---

46 MN 118 at MN III 81,28 (translated Ñāṇamoli 1995: 943) = SĀ 815 at T II 209c21.

III _ 연민의 성숙

이번 장에서 나는 연민과 다른 무량심들의 성숙에 따른 유익함에 주목할 것입니다. 초기경전은 네 가지 무량심의 함양에서 기대할 수 있는 여러 다양한 결과들을 소개하고 있습니다. 이 결과의 범위는 세간적인 이익에서 시작하여 해탈의 통찰을 얻는 것에 이릅니다.

1. 자애의 이익

　　　　자애가 주는 유익함은 여러 경전 구절에서 강조하고 있습니다. 『상윳따 니까야』와 이에 대응하는 『잡아함경』에 의하면, 비록 짧은 시간이라 하여도 자애의 정신적 태도를 함양하는 것은 하루 세 번 수많은 신들에게 공물을 바치는 것보다 뛰어나다고 언급하고 있습니다.[1] 이것은 전통적인 불교에서 의미 있게 다루는 연관된 주제, 즉 보시를 통한 공덕의 성취라는 문제를 불러일으킵니다.

　각주에 있는 바와 같이 이 두 경전에서 붓다의 정감 어린 가르침, 즉 비구들은 반드시 자애를 함양해야 한다는 가르침으로 결론을 맺고 있다는 점을 지적하는 것은 가치 있는 일입니다. 이것은 초기불교

1　SN 20.4 at SN II 264,19 (translated Bodhi 2000: 707); 이 경에서는 음식이 가득 담긴 백 그릇을 하루에 세 번씩 보시하는 것을 한순간 자애를 수행하는 것에 비교한다. 이와 유사한 경에서는 삼백 그릇을 하루에 세 번 보시하는 것을 언급한다; SĀ 1253 at T II 344b26.

사상은 재가자들만이 공덕의 이득을 보는 것이 아니라는 점을 강조하는 데까지 나아갑니다. 여기서 공덕을 성취할 가능성은 자애를 함양하는 비구들에게 하나의 보상으로 작용합니다. 지금 언급하고 있는 경전에서도 또한 자애 수행은 비구와 재가자 모두에게 권장하고 있는 것이 명백합니다.

『여시어경(如是語經, Itivuttaka)』과 이에 대응하는 한역 경전에서 자애가 갖는 중요성을 마치 그림으로 보듯이 묘사하고 있는 것을 볼 수 있습니다. 여기서 한역 경전의 연관된 구절들을 보겠습니다.

크고 작은 모든 별 가운데 보름달이 으뜸인 것과 같다. 무슨 까닭인가? 이 보름달은 빛이 매우 밝아서 크고 작은 모든 별빛을 가리니, 저 모든 별이 가진 빛은 보름달에 견주면 16분의 1에도 미치지 못한다.
모든 복된 업도 그와 같다. 자비한 마음의 해탈을 닦는 것과 비교하면 16분의 1에도 미치지 못한다.[2]

이처럼 자애가 갖는 특별한 위치는 「웰라마 경(Velāma-sutta)」과 이에 대응하는 경전에서 더욱더 강조되고 있습니다. 여기서는 『중아함경』의 번역을 보겠습니다.

---

2   T 765 at T XVII 670 b20-b25. 이와 유사한 부분이 『이띠붓따까』의 다음 구절에서도 보인다; It 1.27 at It 19,26 (translated Ireland 1991: 19).

1백 명의 수다원에게 음식을 보시하더라도, 만일 다시 어떤 이가 한 사다함(斯陀含)에게 음식을 보시한다면, 이것은 저 보시보다 더 훌륭한 것이다.

거사여, 만일 범지 수람이 이러한 큰 보시를 행하고, 또 염부장에 가득 찬 범부들에게 음식을 보시하며, 1백 수다원·1백 사다함에게 음식을 보시하더라도, 만일 다시 어떤 이가 한 아나함(阿那含)에게 음식을 보시하면, 이것은 저 보시보다 더 훌륭한 것이다.

거사여, 만일 범지 수람이 이러한 큰 보시를 행하고, 또 염부장에 가득 찬 범부들에게 음식을 보시하며, 1백 수다원·1백 사다함·1백 아나함에게 음식을 보시하더라도, 만일 다시 어떤 이가 한 아라한(阿羅漢)에게 음식을 보시한다면, 이것은 저 보시보다 더 훌륭한 것이다.

거사여, 만일 범지 수람이 이러한 큰 보시를 행하고 또 염부장에 가득 찬 범부들에게 음식을 보시하며, 1백 수다원·1백 사다함·1백 아나함·1백 아라한에게 음식을 보시하더라도, 만약 다시 어떤 이가 한 벽지불(辟支佛)에게 음식을 보시한다면 이것은 저 보시보다 더 훌륭한 것이다.

거사여, 만일 범지 수람이 이러한 큰 보시를 행하고, 또 염부장에 가득 찬 범부들에게 음식을 보시하며, 1백 수다원·1백 사다함·1백 아나함·1백 아라한·1백 벽지불에게 음식을 보시하더라도, 만일 다시 어떤 이가 한 여래 등정각에게 음식을 보시한다면, 이것은 저 보시보다 더 훌륭한 것이다.

거사여, 만일 범지 수람이 이러한 큰 보시를 행하고, 또 염부장에 가득 찬 범부들에게 음식을 보시하며, 1백 수다원·1백 사다함·1백 아나함·1백 아라한·1백 벽지불에게 음식을 보시하더라도, 만일 어떤 이가 거처할 곳을 지어 사방 비구들에게 보시하면, 이것은 저 보시보다 가장 훌륭한 것이다.

거사여, 만일 범지 수람이 이러한 큰 보시를 행하고, 또 염부장에 가득 찬 범부들에게 음식을 보시하며, 1백 수다원·1백 사다함·1백 아나함·1백 아라한·1백 벽지불에게 음식을 보시하고, 거처할 곳을 지어 사방 비구들에게 보시하더라도, 만일 다시 어떤 이가 기뻐하는 마음으로 부처님과 법과 승가의 삼보에 귀의하고, 또 계를 받는다면, 이것은 저 보시보다 더 훌륭한 것이다.

거사여, 만일 범지 수람이 이러한 큰 보시를 행하고 또 염부장에 가득 찬 범부들에게 음식을 보시하며, 1백 수다원·1백 사다함·1백 아나함·1백 아라한·1백 벽지불에게 밥을 보시하고, 거처할 곳을 지어 사방 비구들에게 보시하며, 기뻐하는 마음으로 정등각자와 법과 승가의 삼보에 귀의하고, 또 계를 받더라도, 만일 어떤 이가 일체 중생을 위하여, 소젖을 짜는 동안 만큼의 짧은 시간이라도 자애하는 마음을 행한다면, 이것은 저 보시보다 더 훌륭한 것이다.[3]

3　MĀ 155 at T I 677c23-c28. MĀ 155 at T I 678a4, 이와 유사한 경, T 73 at T I 879c16; 두 경에서는 ① 계속해서 모든 존재 또는 모든 유위법이 무상하고, 괴롭고, 공하고 무아라고 명상한다. 이러한 명상은 자애보다 뛰어난 것이다. 『앙굿따라 니까야』에서는 단지 무상에 대해서만 언급하고 있다; AN 9.20 at AN IV 396,1 (translated Bodhi 2012: 1277). cf. D 4094 ju 172a1 or Q 5595 tu 198a3 (여기서는 평온, 멸 등으로 나아간다). T 72 at T I 878c26, EĀ 27.3 at T II 645a2; 두 경은 전 세계에 있는 어떤 것에 대해서도 기뻐하지 않는 것을 자애보다 뛰어나다고 한다. T 74 at T I 882a10; 반면 이 경은 분별로부터 자유로운, 표상 없음에

이 경전 구절에 따르면 다른 사람에게 주는 어떤 물질적인 지원, 심지어 가장 수승한 수행자들에게 바치는 공물, 그뿐만 아니라 삼보에 귀의하는 것, 계율 자체를 지키는 것 모두는 자애와 비교하면 별 것이 아닌 것으로 사라집니다.

자애의 수행은 공덕을 획득하는 것 이외에도 또 다른 유익함을 낳을 수 있습니다. 『앙굿따라 니까야』와 이에 대응하는 경전에서는 약간의 차이는 있지만 11가지의 유익함을 열거하고 있습니다. 아래에서 나는 현존하는 한역 경전에 있는 11가지를 번역하겠습니다. 이런 유익함을 쉽게 논의하기 위해서 괄호 안에 번호를 넣어 두었습니다.

> 만일 자애의 마음으로 해탈하고 친근히 하고 널리 펴면서, 행을 닦아서 잘 구족하면 열한 가지 보(報)와 열한 가지 과(果)가 있을 것이다. 무엇이 열한 가지인가? (1) 편안하게 자고, (2) 편안하게 깨고, (3) 나쁜 꿈을 꾸지 않고, (4) 천신이 보호하고, (5) 사람이 사랑하고, (6) 인간이 아닌 존재가 공경하고, (7) 독에 해를 입지 않고, (8) 무기에 해를 당하지 않고, (9) 물과 불에 의해서 죽지 않고, 또한 (10) 형벌을 당하지 않으며, (11) 몸이 없어지고 수명이 다한 뒤에는 좋은 곳 범천에 태어나고, 여러 좋은 법을 빨리 얻고 지혜로써 번뇌의 행을 없앨 것이다. 비구들이여, 자애의 마음으로 해탈하고 친근히 하고 널리 펴면서, 행을 닦아서 잘 구족

대한 마음의 집중을 언급한다. ② 종합하자면 이와 유사한 경전들에서 가장 뛰어난 통찰로 보는 것은 저마다 다르다. 그러나 모두 자애를 그 다음 중요한 것으로 보고 있다.

자비와 공 ○

하면 반드시 이 열한 가지 법이 있을 것이다. 그러므로 여러 비구들은 자애의 마음으로 해탈하는 방편을 구하여야 한다. 여러 비구들은 이와 같이 배워야 한다.[4]

『앙굿따라 니까야』와 이에 대응하는 한역 『증일아함경』에서 뿐만 아니라 티베트 경전에서도 자애의 수행은 잠, 깨어남, 꿈(1~3)에 긍정적인 영향을 미친다고 언급하고 있습니다. 이런 자애의 유익함으로 인해서 마음은 편안하게 위로를 받습니다. 그리하여 쉽게 잠들고 개운하게 깨어납니다. 또한 자애로 인해서 인간이든 인간이 아니든 간에 상관없이 좋은 관계를 맺게 됩니다(4~6). 여기에서 자애와 좋게 되기를 바라는 소망은 사랑받고 존중받는 토대를 이루게 됩니다.

그 다음 모든 경전에서 자애가 제공해 준다고 여겨지는 보호의 여러 다른 측면들을 언급하고 있습니다(7~10). 이 주제에 대해서는 2장의 초반부에서 이미 간단하게 다루었습니다. 위에서 '형벌도 당하지 않으며'라는 항목은 『증일아함경』에서는 강도에 대항해서 보호받는 유익함으로 번역되어 있습니다.[5] 또한 경전 구절들은 자애를 수행하는 사람은 범천에 태어날 것이라는 점에서는 전부 동의하고 있습니다.

『앙굿따라 니까야』와 이에 대응하는 티베트 경전에서 언급하는 유익함의 목록들은 보호가 갖는 다른 뉘앙스를 하나의 주제로 설정하여 고려하고 있습니다. 그 결과 11가지 목록에 추가하여 몇 가지 부가

---

4   T 138 at T II 861a27-b6.
5   EĀ 49.10 at T II 806a21.

적인 유익함을 나열하고 있습니다. 여기에 속하는 것이 집중을 재빨리 할 수 있는 능력, 평화로운 용모를 가질 수 있는 능력, 혼란스러워하지 않으며 죽을 수 있는 능력입니다.[6] 『앙굿따라 니까야』와 이에 대응하는 티베트 경전에서는 번뇌[漏, āsava]의 파괴를 언급하고 있지는 않습니다.

『증일아함경』은 조건 지어지지 않음[無爲法]에 도달함이라는 연관성이 있는 주제를 다룹니다. 거기에서는 또한 11가지의 유익함이라는 목록 다음에 후기의 형태로 언급하면서 시구로 표현하고 있습니다.[7] 위에서 언급된 구절과 『증일아함경』을 보면 자애는 번뇌의 파괴에 도달하기 위해 정진하거나, 또는 조건 지어지지 않음에 도달하는 데 실질적인 역할을 할 수 있다는 것을 분명하게 밝히고 있습니다. 두 경전 모두 11가지 유익함에 마지막 목표를 포함시키지 않았다는 사실은 또한 단순한 자애 이상의 무엇이 이런 목표를 달성하는 데 필요하다는 것을 보여 주고 있습니다. 위에서 번역한 구절들에서 명확하게 더 요구되는 것은 바로 지혜의 함양이라고 할 수 있습니다. 이것은 이 장의 후반부에서 다시 언급할 주제입니다. 즉 사무량심과 해탈의 통찰을 획득하는 것의 관계에 대한 것입니다.

이후 나는 우선 연민뿐만 아니라 다른 무량심도 포함해서 이들과

---

6   AN 11.16 at AN V 342,8 (translated Bodhi 2012: 1573, 15번); D 36 ka 270a5; Q 752 tsi 286b1. 투르판에서 발견된 산스끄리뜨 단편에 보존되어 있는 경으로 판단해 볼 때, 천신과 인간이 좋아함으로 인해서 생기는 자애가 용도에 영향을 끼친다고 언급하는 것으로 보인다: SHT I 620R4, Waldschmidt et al. 1965: 276 (identified by Schlingloff 1967: 422).
7   EĀ 49.10 at T II 806a27.

자비와 공 ○

선정(absoption)의 관계가 갖는 여러 측면을 탐구할 것입니다. 나는 한이 없고 무한히 퍼져 나가는 무량심이 언제나 변함없이 선정의 성취를 의미하는지의 여부를 논의하면서 시작할 것입니다. 그 이후에 마음의 해탈을 위해서 사무량심의 이점과 다른 선정 수행의 이점을 비교 검토할 것입니다.

2. 확산하는 연민과 선정

무량심이 무한하게 퍼져 나간다는 것은 바로 집중된 마음을 명백하게 지적하고 있습니다. 그러나 이것이 선정의 성취를 변함없이 포괄하고 있는 것으로 이해되어야만 하는지에 대해서 더 탐구해 보아야 할 필요성이 있습니다. 무량심의 수행에 대해 언급하고 있는 어떤 경전의 맥락을 정밀하게 살펴보면 이것은 사실이 아니라는 인상을 받습니다.

문제가 되는 경전은 「다난자니 경(Dhānañjāni-sutta)」과 이에 대응하는 『중아함경』의 경전입니다. 두 경전에 의하면 사리뿟따는 자신의 이전 친구인 브라만 다난자니가 횡령을 포함한 불선한 행동에 명백히 연루되었다는 것을 알게 되었습니다. 그래서 사리뿟따는 다난자니를 방문하여 그에게 가르침을 주었습니다. 이런 가르침은 다난자니에게 바람직한 영향을 미쳐서 그는 자신의 방식을 수정하였습니다.

경전에서는 그 후 다난자니가 심한 병을 앓게 되었다고 언급하고 있습니다. 이것을 알게 된 사리뿟따는 그를 다시 방문하였습니다. 다난자니는 고통스러운 두통, 심한 위통, 고열로 괴로워하는 자신의 몸 상태를 설명하였습니다. 사리뿟따는 다난자니가 거의 임종에 이르렀다고 생각하였습니다. 그리고는 일종의 명상 안내를 통해서 다난자니가 다시 태어날 수 있는 여러 장소들을 보여 주었습니다. 지옥에서 태어나거나 동물로 태어나는 것을 비롯하여 범천에서 다시 태어나는 것을 보여 주었습니다. 다난자니는 범천을 언급하게 되자 아주 열성적이게 되었습니다. 그리하여 사리뿟따는 모든 방향으로 무한하게 퍼져 나가는 네 가지 무량심 수행을 그에게 가르쳐 주었습니다.

사리뿟따가 떠나자마자 다난자니는 사망하였고, 범천에 다시 태어났습니다. 『중아함경』에서는 다난자니가 범천에서 다시 태어난 것은 그가 사리뿟따가 시키는 대로 네 가지 무량심을 수행하고 함양하였기 때문이라고 분명히 언급하고 있습니다.[8] 이에 대응하는 『맛지마 니까야』에서도 마찬가지로 사리뿟따의 가르침을 통해 다난자니가 범천에서 태어날 수 있도록 잘 확립되었고, 다난자니가 사망을 하자 분명히 범천에 다시 태어났다고 지적하고 있습니다.[9]

다난자니의 육체적 상태는 매우 나빠서 선정 수행하기에 불가능한 정도는 아니더라도 대단히 어려운 상태였습니다.[10] 초기경전에 묘사된 그는 바쁜 브라만 행정가였고 그 지위로 인해서 횡령 사건에 휘말렸

---

8   MĀ 27 at T I 458b12 (translated Bingenheimer et al. 2013: 187).
9   MN 97 at MN II 195,20 (translated Ñāṇamoli 1995: 796).
10   초기경전에서 선정은 명상에 상당히 능숙한 상태에서 마음을 깊이 집중한 상태를 대표한다고 볼 수 있다. 명상을 이렇게 이해하는 것은 초기경전에서 선정이 이러한 측면을 가리키는 것에서 분명하게 도출할 수 있을 것이다; cf. Anālayo 2003: 75-79, 2014c, and 2015d.

습니다. 따라서 바쁜 그가 능숙한 명상가였을 리도 없고, 의도적으로 선정에 도달하지도 않았을 것입니다.

사실 다난자니가 지닌 선정의 능력은 사리뿟따가 그에게 보여 준 다른 환생의 관점에서 보면 이미 배제된 것입니다. 다난자니가 선정을 성취하는 데 아주 능숙한 사람이었다면 사리뿟따가 그에게 지옥과 축생으로 환생 가능한 여행을 보여 주지도 않았을 것입니다. 다난자니는 선정에 능숙하지 않았고, 이전의 잘못된 행위로 인해서 더 낮은 곳에서 다시 태어날 확률이 높았던 것이 분명하지만, 그동안 자신을 변화시켰던 것입니다.

이전에 능숙한 명상도 하지 않았고, 또한 임종에 직면한 그의 건강을 생각해 보면 가르침을 통해서 선정을 성취하는 방법을 배운다는 것은 불가능한 일이었습니다. 그러나 두 경전에 의하면 다난자니는 범천에 다시 태어났습니다. 이것을 보면 그가 선정을 성취하지 않았음에도 불구하고 사리뿟따의 가르침을 잘 받아들인 것이 틀림없습니다.

이런 점을 보면 심지어 선정에 들어갈 수 없는 상황에 놓인 사람에게도 사무량심의 확산이 성공적으로 이루어질 수 있다는 것을 알 수 있습니다. 사실 두 경전에 의하면 다난자니의 신체적 상황을 잘 알고 있었던 사리뿟따는 범천에 다시 태어나는 하나의 방법으로 사무량심의 확산을 계발하는 방법을 명백하게 가르쳐 보여 주었습니다.[11] 사리뿟따가 선정을 계발하는 데 적절한 상황에 놓여 있지 않은 사람에게 그런 가르침을 주었다는 것을 고려해 보면, 이런 수행은 선정의 성취

---

11 MN 97 at MN II 195,2; MĀ 27 at T I 458b1.

없이도 가능하다는 결론을 내리는 것이 정당하게 보입니다. 말할 필요도 없이, 선정을 성취하면 사무량심의 확산에 대한 의지는 더 강해집니다. 내가 여기서 강조하여 말하고자 하는 것은 사무량심을 확산하는 경험은 선정에 국한된 것이 아니라 낮은 단계의 집중에서도 가능하다는 것입니다.

　여기서 사무량심의 확산을 말하는 이유는 우리의 마음은 "크게 되고"[마하갓따(mahāggata)], "무한하게 되는"[앗빠마나(appamāṇa)] 것을 지적하고 싶기 때문입니다. 때로는 초기경전에서 이 두 가지 자질을 구분합니다. 마음이 일시적으로 해탈의 경지에 이르러 "크게" 되면 그 사람의 마음은 정신적으로 어떤 한 지역, 예를 들면 몇몇 나무 또는 마을, 또는 한 지방의 영역에 미치게 될 수 있습니다. 그런 제한된 지역이 명상의 대상이 됩니다. 그러나 마음이 일시적으로 해탈의 경지에 이르러 "무한하게" 되면 사무량심의 확산은 모든 방향으로 뻗어가게 됩니다.[12] 이런 경우 마음은 크든 작든 일정하게 측정 가능한 공간으로 뻗어나가는 것뿐만 아니라, 아무런 제한이나 경계가 없이 총체적으로 되어 버립니다.[13] 사실 내가 "무한하고(boundless)", 즉 앗빠마나(appamāṇa)라고 번역한 용어는 또한 "측정할 수 없는"으로도 번역할 수 있습니다. 그러므로 사무량심은 정신적으로 무한하게 스며듭니다.

12　MN 127 at MN Ⅲ 146,13 (translated Ñāṇamoli 1995: 1003) = MĀ 79 at T I 550a22.
13　이것은 『맛지마 니까야』 127번 경에 대한 주석에 있는 해석이다. 주석서는 사무량심은 명상의 대상 즉, 니밋따가 더 이상 커지지 않기 때문에 무한하다고 설명한다; MN 127, Ps IV 200,21.

자비와 공 ○

이것은 정말 어떤 식으로도 측정할 수 없을 만큼 무한합니다.[14]

이런 무한함은 분명히 잘 집중된 정신적인 상황을 지시합니다. 그러나 "커지고", "무한하게" 되는 자질은 때로는 선정 성취에 한정되지 않는 맥락에서도 일어납니다. 이런 예는 사리뿟따가 부당하게 비난을 받을 때 그가 보여 준 인내를 표현하기 위해 사용한 몇 가지 비유에 잘 나타나 있습니다. 이런 비유에서 그는 부정직한 혐의를 "커지고" "무한한" 마음으로 대처하였다는 것을 보여 주고 있습니다.[15] 여기서 사용한 용어가 선정의 성취를 의미하지 않는다고 간주하는 것이 안전하게 보입니다. 왜냐하면 이 상황에서 사리뿟따는 자신을 방어하기 위한 말을 하고 있었기 때문입니다. 자신을 방어할 때 보이는 사리뿟따의 넓은 정신적 태도는 오히려 일상생활에서 항상 사무량심에 머무르고 있다는 것을 보여 주고 있습니다.

「대반열반경(Mahāparinibbāna-sutta)」과 이에 대응하는 경전에서는 아난다가 자신의 스승을 향하여 신체적·언어적·정신적으로 자애의 행위를 하였다고 붓다가 칭찬하고 있습니다. 이런 행위가 "무한하다"고 평가받고 있습니다.[16] 이런 평가를 보면 붓다를 위해 어떤 행위를 하거나, 또는 붓다에게 말을 할 때 아난다가 선정에 들어 있었다는 것

---

14 『맛지마 니까야』 43번 경에 나오는 "무한"이라는 용어에 대해서 주석서는 사무량심의 경우 양에 있어서 무한하게 스며드는 것을 말한다(pharaṇaappamāṇatāya appamāṇā nāma)고 설명한다; Ps II 353,19.

15 AN 9.11 at AN IV 375,2 (translated Bodhi 2012: 1262) = MĀ 24 at T I 453a7 (translated Bingenheimer et al. 2013: 162). 그러나 또 다른 유사한 경인 『증일아함경』에서는 이 표현을 사용하지 않는다; EĀ 37.6 at T II 713a12.

16 DN 16 at DN II 144,17 (translated Walshe 1987: 265) = Sanskrit fragment, Waldschmidt 1951: 298 (§ 22); DĀ 2 at T I 25c9.

을 의미하는 것은 아닙니다.

또 다른 예는 "크고" "무한한"이라는 표현이 반드시 선정의 성취를 보여 주는 표시일 필요는 없다는 것을 보여 주고 있습니다. 「톱의 비유 경」과 이에 대응하는 『중아함경』에 의하면 심지어 강도가 자신의 몸을 조각조각 낸다고 하여도 마음은 이것에 전혀 영향을 받지 않고, "크고" "무한하게" 머물러야 합니다.[17] 이것은 극단적인 상황을 묘사하고 있습니다. 이런 상황은 선정으로 들어가는 공식적인 명상의 여지를 남겨 두지 않습니다. 그러나 심지어 이런 극악무도한 환경에서도 이전에 충분히 잘 수행된 마음은 "위대하고" "무한할" 수 있습니다.

요약해서 말하면 사무량심의 확산이 이런 식으로 "커지고" "무한해지는" 것은 선정의 성취에 한정되지 않고 완전한 선정의 단계에 미치지 못하는 낮은 집중에서도 이루어질 수 있다는 것입니다.[18]

17　MN 21 at MN I 129,22 (translated Ñāṇamoli 1995: 223) = MĀ 193 at T I 746a19.

18　『청정도론』은 땅의 까시나를 통한 명상은 본 선정뿐만 아니라 유사 선정에 들어도, 모든 곳에 스며들 정도로 확장될 수 있다고 설명한다; Vism 152,16 (translated Ñāṇamoli 1956/ 1991: 148). 그리고 사무량심에 대해서도 마찬가지라고 설명한다; Vism 320,6 (translated Ñāṇamoli 1956/ 1991: 312). 그럼에도 불구하고 『청정도론』의 다른 곳에서는 확산이 완전하게 이루어지려면 본 선정을 성취해야 한다고 말한다; Vism 308,7 (translated Ñāṇamoli 1956/ 1991: 300).

자비와 공 ○

3. 마음의 해탈로서 연민

사무량심에 대해 주목해야만 하는 또 다른 측면은 초기경전이 보여 주는 수행의 길에서 그것이 차지하는 위치입니다. 때로 사무량심이 사선정의 자리에 있기도 하지만, 또 다른 경우에는 사무량심과 사선정이 서로 나란히 병행하여 가기도 합니다. 처음 보면 이것은 놀랍습니다. 일단 사선정을 언급하게 되면 네 가지 무량심을 다시 말하는 것은 불필요합니다. 왜냐하면 이것들은 바로 선정 성취의 또 다른 접근에 불과하기 때문입니다.[19]

「앗타까나가라 경(Aṭṭhakanāgara-sutta)」과 이에 대응하는 경전은 예를 들면 사무량심과 함께 네 가지 선정을 열거하고, 이어서 무색계 선정의 성취로 갑니다.[20] 이것을 보면 선정을 이미 성취하였음에도 사무량심을 명백하게 언급할 정도로 사무량심을 부각시키는 인상을 받습니다. 사실 「앗타까나가라 경」에서 연속해서 언급하는 것을 보면 사무량심이 어떤 의미에서는 사선정보다 우월하다는 인상을 받게 됩니다.

이렇게 선정과 사무량심을 나란히 열거하는 것은 아마도 사무량심이 확산하는 수행에서 특별한 능력을 가진다는 것을 보여 줍니다. 다른 대상을 기반으로 하는 명상에서 선정을 성취하면 마음의 일시적

---

19 이 문제는 『대비바사론(Mahāvibhāṣa)』에서 제기하고 있다. 세 가지 설명 가운데 하나는 무한한 상태는 선정의 성취로 이끄는 데 있어서 가장 뛰어나다고 주장한다; T 1545 at T XXVII 420b8.

20 MN 52 at MN I 350,10 (translated Ñāṇamoli 1995: 454); AN 11.17 at AN V 343,19 (translated Bodhi 2012: 1574, 16번); MĀ 217 at T I 802b7; T 92 at T I 916b17.

해탈[心解脫, cetovimutti]이 일어납니다. 그러나 사무량심에서는 약간의 집중이라고 할지라도 이미 사무량심이 갖는 단순히 무한한 속성으로 인해서 마음의 일시적인 해탈을 경험합니다. 그러므로 이런 관점에서 선정과 무색계 선정의 성취와 함께 마음의 여러 다른 일시적 해탈을 열거하면서 사무량심을 따로 언급해야 할 가치가 있는 것입니다.

이렇게 이해하면 사무량심은 다른 형태의 사마타 수행보다 명백한 이점을 갖습니다. 그것이 갖는 무한한 속성으로 인해서 마음의 일시적인 해탈은 약간의 집중으로 이미 경험될 수 있고 선정의 성공적인 성취에 의존할 필요가 없습니다.

이것은 실제적인 수행에서는 의미 있는 일입니다. 왜냐하면 정신적 평정을 위한 수행에서 때로 동반될 수 있는 압박감에서 벗어나는 데 도움이 되기 때문입니다. 수행을 진전시키려면 성공적인 선정 성취를 통해 특정 명상 단계에 도달해야만 한다는 믿음은 어떤 수행자들에게는 치명적인 영향을 미칩니다. 그런 믿음을 강하게 갖고 있게 되면 지나친 노력과 정신적인 긴장을 초래합니다. 그런 지나침은 좋은 결과를 가져오지 못하게 됩니다. 실제로 마음이 진정으로 평안을 얻는 데 방해가 됩니다. 무한한 확산인 사무량심의 함양은 그런 문제를 피해가는 능숙한 접근법입니다. 무한함을 정신적으로 경험하는 것은 바로 그 자체로 지나침 또는 긴장에서 자유롭게 하고, 그리하여 이것은 정신적인 평정을 심화시키는 데 자연스러운 길을 열어 줍니다.

더구나 어떤 사람이 연민 등에 마음을 기울이고 있다는 바로 그 사실로 인해 자신을 너무 밀어붙이는 것보다 자신에게 부드러워질 수 있게 해 줍니다. 자신에게 부드러워지고 허용적이게 되는 것을 격려하

자비와 공 ○

는 것뿐만 아니라 사무량심이 불러일으킨 정신적 태도는 또한 외부적 장애에 직면할 때 상당한 도움을 줍니다. 일정한 명상 대상에 집중하는 것과 외부의 소리나 다른 장애로 인해 대상을 놓치는 것 사이에서 마음이 흔들려 괴로움을 겪는 대신, 명상은 아주 부드럽게 진행되어 갑니다. 외부의 소리나 장애를 수행의 일부로 받아들이게 됩니다. 연민은 장애 또는 장애를 일으키는 것으로 향합니다. 이렇게 하여 그 문제가 바로 수행이 되어 버립니다. 정신적 평정의 깊이가 장애 없이 진행되어 이룩한 깊이만큼은 아니라고 하여도 실제적인 수행은 끊어지지 않고 계속해서 이어집니다.

이렇게 하여 수행의 주된 관심은 일정하게 설정된 집중의 깊이에 도달하는 것이 아니라, 장애에 직면할 때 사무량심의 무한한 확산을 유지하는 것이 됩니다. 그리하여 정신적인 산만함을 포함한 어떤 장애라도 단순히 수행의 자양분이 됩니다.

이런 함양을 통하여 연민을 포함한 다른 무량심의 명상 수행은 결국 선정의 성취에 도달하게 될 것입니다. 선정에 이르게 하는 사무량심의 능력은 위에서 언급한 바와 같이 장애 또는 정신적 번뇌를 성공적으로 제거한 다음 사무량심이 때로는 사선정의 위치에 서는 이유입니다.[21] 그리하여 선정에 이르는 사무량심을 함양하는 것은 정신적 평정의 훈련을 충족시킬 수 있습니다. 이것은 초기불교 사상에서 해탈에 이르는 길의 통합적인 부분을 이룹니다.

---

21 Cf. e.g. DN 25 at DN III 49,24 (translated Walshe 1987: 390) = DĀ 8 at T I 48c5 = MĀ 104 at T I 594b17. MN 40 at MN I 283,25 (translated Ñāṇamoli 1995: 374) = MĀ 183 at T I 726b22.

4. 연민과 업

　　연민을 포함한 사무량심의 무한한 확산을 통해서 바로 지금 평정심을 함양한다는 유익함 이외에도, 경전은 또한 무량심과 업의 미래의 결과 사이의 관계를 지적하고 있습니다. 예를 들면 「업에서 생긴 몸 경」과 이에 대응하는 경전에서 이것을 상세하게 설명하고 있습니다. 우리가 살펴볼 경전 구절은 1장에서 인용한 두 구절 사이에 있습니다. 그것은 한 소년 또는 소녀에 대한 연민을 포함한 무량심의 무한한 확산 수행과 함양이 끼치는 영향에 대해 말하고 있습니다. 이런 수행 덕분에 그 소년 또는 소녀는 불선한 행동을 할 수 없게 되었습니다. 확산 수행에서 시작하여 다른 언급으로 나아가는 경전 부분은 『중아함경』에서 다음과 같습니다.

　　저들은 '나는 본래 마음이 좁고 잘 수행하지 못했으나, 지금 나의 이 마음은 한량없고 잘 수행한다'라고 생각한다. 많이 들은 성스러운 제자는 그 마음으로 이처럼 한량없이 잘 수행한다. 만일 본래부터 악한 스승으로 인하여 방일한 행동을 하고 선하지 않은 업을 지었으면, 그는 앞으로 나아갈 수 없고, 더러움을 씻을 수 없고, 서로 따를 수 없다.[22]

22　MĀ 15 at T I 438a11-a15; 업에 대한 명시적인 언급이 이 시점에서 티베트 경전에서는 보이지 않는다; D 4094 ju 238a5 or Q 5595 tu 272a5 (translated Dhammadinnā 2014a: 67).

「업에서 생긴 몸 경」에서는 더욱 간결하게 유사한 내용으로 언급하고 있습니다. 즉 어떠한 제한적인 업도 없거나 지속하지 않을 것이라고 간단하게 말하고 있습니다.[23] 이것이 갖는 의미를 제대로 평가하기 위해서 어느 정도의 배경을 알아야 합니다. 그래서 나는 초기불교에서 업이 갖는 개념을 언급하는 몇 개의 핵심적인 경전 구절을 아래에서 간단히 살펴보고자 합니다.

초기불교 사상에서 업은 의도와 밀접한 연관을 갖고 있습니다. 왜냐하면 의도는 신체·언어·정신의 행위에 책임이 있기 때문입니다.[24] 업을 짓는 결정적인 요소라는 측면에 이렇게 초점을 맞춘 기반 위에서 업과 그 결과에 대한 초기불교의 개념은 역동적인 모습을 띠게 됩니다. 과거에 행한 것은 어떤 식으로든지 그 결과를 맺게 되지만 이것이 일어나는 방식은 현재 행하는 것에 달려 있습니다.

이런 역동성은 한 줌의 소금에 대한 비유로 나타납니다. 이 비유는 『앙굿따라 니까야』와 이에 대응하는 『중아함경』에서 볼 수 있습니다.[25] 이 비유에 의하면, 동일한 한 줌의 소금일지라도 넣는 물의 양에 따라서 그 소금이 미치는 효과가 다릅니다. 한 줌의 소금을 조그만 병에 담긴 물처럼 작은 양의 물에 넣으면 그 병에 담긴 모든 물은 짠 맛을 띠게 될 것입니다. 그러나 이와는 대조적으로 갠지스 강에 넣

23 AN 10.208 at AN V 299,25 (translated Bodhi 2012: 1542, 219번).
24 AN 6.63 at AN III 415,7 (translated Bodhi 2012: 963) = MĀ 111 at T I 600a24; cf. Abhidharmakośavyākhyā, Wogihara 1936: 400,20.
25 AN 3.99 at AN I 250,1 (translated Bodhi 2012: 332, 100번); MĀ 11 at T I 433a21 (translated Bingenheimer et al. 2013: 63).

으면 동일한 한 줌의 소금은 눈에 띄는 효과를 전혀 내지 못할 것입니다. 이와 마찬가지로 과거에 행한 일정한 행위가 현재에 미치는 영향력은 과거에 이 행위를 행한 사람의 전반적인 현재 상황에 크게 의존합니다.

과거에 행한 불선한 행위가 미치는 한계의 가능성을 아주 극명하게 보여 준 예는 앙굴리말라의 예입니다. 「앙굴리말라 경(Aṅgulimāla-sutta)」과 이에 대응하는 경전에서는 연쇄 살인자 앙굴리말라가 붓다에게 귀의한 후에는 자신의 살인 행위를 중지하고 비구가 되었습니다. 그리고 일정한 시간이 흐른 후 그는 아라한이 되었습니다.[26] 초기불교는 심지어 연쇄 살인자라고 할지라도 이런 놀랄 만한 회심을 통해 총체적인 변화의 기회를 가질 수 있다는 것을 보여 주고 있습니다. 살인자도 완벽한 영적인 정점에 도달할 수 있습니다.

「앙굴리말라 경」과 이에 대응하는 몇 가지 경전들은 앙굴리말라가 탁발을 하러 갔을 때 사람들의 공격을 받았다고 전하고 있습니다.[27] 여기서 업이 내리는 응징은 즉각적으로 분명한 형태를 띠었습니다. 왜냐하면 그가 과거에 저지른 피 묻은 행위는 분명히 사람들의 증오를 사게 되었을 것이고, 사람들의 증오가 이런 공격으로 나타났기 때문입니다. 그러나 연쇄 살인이라는 업의 결과에 비교하면 이런 업의 응

---

26 MN 86 at MN II 104,1 (translated Ñāṇamoli 1995: 715) = SĀ 1077 at T II 281a26 (translated Anālayo 2008: 137f); SĀ2 16 at T II 378c29; EĀ 38.6 at T II 721a7; T 118 at T II 509b23; T 119 at T II 511a19.

27 MN 86 at MN II 104,3 = EĀ 38.6 at T II 721a22; T 118 at T II 510a6; T 119 at T II 511c23; T 212 at T IV 704a26.

자비와 공 ○

징은 정말로 갠지스 강에 넣은 한 줌의 소금과도 같은 것입니다.

바로 이런 업의 역동적인 개념을 배경으로 할 때 앞에서 번역한 「업에서 생긴 몸 경」과 이에 대응하는 『중아함경』의 구절들이 가장 잘 평가받습니다. 연민을 포함한 사무량심에 가득 찬 마음은 강력한 의도로 충만한 상태입니다. 이런 충만한 상태는 과거의 행위에 따른 결과가 현재 어떻게 경험될 수 있는지에 대해 그 영향력을 발휘합니다.[28] 특히 무한히 확산되는 성질로 인해서 그 사람의 행위에는 제한이 없습니다.[29] 행위의 제한은 무한한 마음에 집어넣은 한 줌의 소금과 같습니다. 그 무한함은 비교할 수 없을 정도로 너무나 넓어서 심지어 갠지스의 강보다 넓습니다.

이런 점은 환생에만 연관이 있는 것은 아닙니다. 동일한 역동성의 또 다른 측면은, 연민의 무한한 확산으로 확립된 마음에서는 불선한 행동으로 이끌 수 있는 현재의 의도가 남아 있을 여지가 없습니다. 실제로, 불선한 생각이 일어나서 마음을 어지럽히면 바로 무한하게 확립된 마음으로 되돌아가서 이런 불선한 생각은 사라져 버립니다. 일정하게 규칙적으로 마음을 잘 살펴보면, 불선한 의도는 마음이 좁아

28 「업에서 생긴 몸 경」과 사무량심과 업의 관계에 대한 좀 더 구체적인 논의는 담마딘나(Dhammadinnā 2014a: 71-89)를 참조할 수 있다.

29 『맛지마 니까야』 99번 경에서 제한적인 업이 남아 있지 않다는 언급은 소라고둥 비유 다음에 나온다; MN 99 at MN II 207,22 (translated Ñāṇamoli 1995: 816). 이와 유사한 『중아함경』 152번 경에서는 소라고둥 비유만 나온다; MĀ 152 at T I 669c10. 아론슨(Aronson 1979b: 31)은 제한적인 업이 남아 있지 않다는 개념을 이 비유와 연결짓는다. "즉 소라를 부는 행위는 계산된 행위가 아니다. 이와 유사하게 경전에서 말하는 방식으로 자애를 포함한 다른 무량심을 계발할 때도 어떤 계산된 의도가 남아 있지 않은 것처럼 말이다."

진 상태로 내몰리게 된다는 것을 확인시켜 줍니다. 이렇게 좁아진 마음을 제거하면 그 힘은 사라집니다. 마음의 바로 그 무한성이 단순하게 마음의 부정함의 기반을 흔들어 버립니다. 부정함이 갖는 이런 제한성 때문에 마음에 남아 있는 부정함은 마치 광활한 물속에 던져진 한 줌의 소금과 같은 것이 됩니다.

「톱의 비유 경」과 이에 대응하는 경전의 비유는 허공에 그리는 그림처럼 자애의 확산을 통해서 혐오가 없어지는 것을 보여 주고 있습니다. 이 비유는 연속되는 여러 비유들 중의 한 부분으로 나타나는데, 여기에서는 아무리 참기 힘든 말이라도 인내심이 강하고 혐오에서 자유로워진 사람과 자애가 확립된 사람에게는 아무런 영향도 미치지 못한다는 것을 보여 주고 있습니다. 『중아함경』에 나온 이 비유를 번역해 보겠습니다.

"마치 그림을 그리는 스승과 제자가 여러 가지 채색을 가지고 '나는 이 허공에 형상을 그리고 채색을 하여 장엄하리라'고 말한다면, 너희들 생각에는 어떠한가? 그 그림을 그리는 스승과 제자가 그런 방법으로 허공에 형상을 그리고 채색을 하여 장엄할 수 있겠는가?"

모든 비구들이 대답하였다. "아닙니다, 세존이시여. 왜냐하면 저 허공은 물질[色]이 아니어서 볼 수도 없고 마주할 수도 없기 때문입니다. 그러므로 그 그림을 그리는 스승과 제자는 그런 방법으로 허공에 형상을 그리고 채색을 하여 장엄할 수 없습니다. 세존이시여, 그것은 그 그림을 그리는 스승이나 제자를 피로하게만 할 뿐입니다."[30]

　허공이 그림의 물질적인 기반이 되지 못하는 것처럼, 무한한 확산으로 사무량심을 함양하여 확립한 마음에 혐오는 아무런 기반을 갖지 못하게 됩니다. 불선한 생각들은 마음이 이전의 무한한 상태를 다시 얻게 되자마자 마음의 그 공간에서 사라져 버립니다.

5. 연민과 통찰

　　　　　「업에서 생긴 몸 경」과 이에 대응하는 경전에서 볼수 있는 또 다른 의미 있는 가르침은 해탈의 통찰력을 함양하는 데 연민을 포함한 사무량심이 잠재적인 가능성을 갖고 있다는 점입니다. 이에 해당되는 『중아함경』의 경전 구절은 다음과 같습니다.

　　만일 이와 같이 비심해탈을 수행하여 한량없이 잘 닦는 자가 있
　　으면, 그는 반드시 아나함(阿那含)을 증득하거나, 또는 그 이상의
　　경지를 증득하게 될 것이다.[31]

────────────

30　MĀ 193 at T I 745c11-c19. 『맛지마 니까야』 21번째 경의 비유에서 주인공은 그림 그리는 스승과 제자가 아니다; MN 21 at MN I 127,30 (translated Ñāṇamoli 1995: 221).
31　MĀ 15 at T I 438a22-a24; 이 경은 사무량심의 첫 번째와 마지막에 대해서만 완전한 구절로 이야기하고 있다. 원래 경에는 생략된 형태로 있지만, 논의의 주제를 위해서 연민에 대한 구절을 채워 넣었다.

「업에서 생긴 몸 경」에서는 개별적인 무량심을 이렇게 함양하게 되면 최고의 해탈을 관통하지 못하였던 사람들을 불환과(不還果)로 이끌 수 있다는 것을 마찬가지로 지적하고 있습니다.[32] 또한 의미심장하게도 이것이 지혜를 지니고 있는 사람의 경우에 해당한다고 명시적으로 지적하고 있습니다.[33]

업을 언급한 경전 구절과 마찬가지로 여기서도 역시 이러한 언급을 적절히 평가하기 위해서는 초기경전에서 보는 평정과 통찰 사이의 관계를 살펴볼 필요가 있습니다. 이런 관계의 바탕을 이루는 주요한 원리를 전하는 데 도움이 되는 구절은 「쌍 경(Yuganaddha-sutta)」과 이에 대응하는 『잡아함경』에서 보게 됩니다. 이 경전에서 법을 설하고 있는 사람은 아난다입니다. 그는 마지막 목표에 도달하였다고 말하는 사람들이 취하는 네 가지 접근 방법을 언급하고 있습니다. 두 경전은 네 가지 접근 방법 중 세 가지는 평정과 통찰을 지니고 있다는 데 동의합니다. 「쌍 경」에서는 네 번째 방법에는 평정도 통찰도 없다고 합니다. 그러나 『잡아함경』에서는 이 네 번째 경우에도 평온과 통찰을 가져올 수 있다고 합니다.[34] 경전들에서 유사하게 제시된 세 가지 양식은 다음과 같습니다.

32 AN 10.208 AN V 300,12 (translated Bodhi 2012: 1542, 219번).
33 『중아함경』 15번째 경과 이와 유사한 티베트 경전은 지혜를 명시적으로 언급하지 않는다는 점에서는 일치한다; cf. D 4094 ju 238b2 or Q 5595 tu 272b2 (translated Dhammadinnā 2014a: 70f).
34 AN 4.170 at AN II 157,20 (translated Bodhi 2012: 535f); 이 경은 단지 다르마와 관련해서 들뜸을 극복하는 것을 언급한다. 『잡아함경』 560번째 경은 여전히 평정과 통찰을 포함하고 있다; SĀ 560 at T II 147a5.

자비와 공 ○

- ·평정 다음에 통찰,
- ·통찰 다음에 평정,
- ·평정과 통찰은 결합되어 있다.

이것은 평정과 통찰 중 어느 것을 먼저 수행해야만 한다는 부동의 규칙이 있지 않다는 것을 보여 주고 있습니다. 어떤 사람에게는 먼저 통찰에 중점을 두고 시작하는 것이 더 좋을 수 있습니다. 초기에 얻은 통찰의 정도를 바탕으로 그 다음 그들이 수행에서 평정을 성취하는 데 더 여유를 가질 수 있습니다. 그러나 또 다른 사람은 마음의 평정을 취하기 시작한 다음에 통찰로 나아갈 수 있습니다. 또는 이 둘을 결합하여 수행하는 방식도 있을 수 있습니다.

이것을 보면 수행에는 여러 접근법이 있을 수 있다는 것을 알게 됩니다. 물론 이것은 개인적인 취향과 성향에 따라 결정됩니다. 동시에 어느 경전에서도 어떤 하나의 단일한 문화만을 꾀하고 있지 않습니다. 말하자면 평정 또는 통찰 어느 것이라도 그 자신만의 방법을 통하여 해탈에 이를 수 있다는 것입니다. 그러나 평정과 통찰은 어떤 식으로든지 결합되어야 합니다. 그래야만 마음이 완전한 깨달음에 도달할 수 있을 정도로 충분히 성숙할 수 있기 때문입니다.

개별적으로 평정과 통찰이 수행의 진전에 기여한다는 점은 『앙굿따라 니까야』와 이에 대응하는 『증일아함경』에서 또 다시 강조하고 있습니다. 실제적인 적용 방식이 다르다고 하여도 주된 초점은 그대로 동일합니다. 이와 연관된 부분을 『증일아함경』에서 번역해 둡니다.

아련야(阿練若)의 비구는 마땅히 두 가지 법(法)을 수행해야 한다. 어떤 것이 그 두 가지 법인가? 지(止)와 관(觀)을 말한다. 만일 아련야의 비구가 휴식(休息)하여 멈추는 법[止]을 터득하면 곧 계율을 성취하여 위의(威儀)를 잃지 않고, 금지하는 행위[禁行]를 범하지 않아 온갖 공덕을 지을 것이다. 또 아련야의 비구가 다시 관법(觀法)을 터득하면 괴로움[苦]을 관찰하여 있는 그대로 알고, 괴로움의 원인[苦集]을 관찰하고, 괴로움의 소멸[苦盡]을 관찰하며, 괴로움에서 벗어나는 방법[苦出要]을 관찰하여 있는 그대로를 알게 될 것이다. 그가 이와 같이 관찰하고 나면 욕루(欲漏)의 마음에서 해탈하고, 유루(有漏)의 마음과 무명루(無明漏)의 마음에서 해탈하여 곧 해탈의 지혜를 얻는다. 그리하여 "나고 죽음은 이미 다하였고 범행(梵行)은 이미 섰으며 할 일을 이미 다 마쳐 다시는 후세의 몸을 받지 않는다"는 것을 있는 그대로 알게 된다.[35]

『앙굿따라 니까야』의 해당 설법은 더 간명한 방식으로 그리고 숲속에서 수행하는 비구를 언급하지 않고 계속해서 나아갑니다.[36] 평정을 통해서 마음을 계발하고, 갈망을 버린다고 직접적으로 언급하고 있습니다. 통찰을 통해서 지혜를 계발하고, 무지를 버립니다.

『증일아함경』에서 번역한 위의 구절들에 의하면 평정을 함양한 숲속의 비구는 자신의 윤리적 행위를 잘 유지할 수 있게 됩니다. 이런

---

35 EĀ 20.7 at T II 600b1-b9.
36 AN 2.3.10 at AN I 61,4 (translated Bodhi 2012: 152, 31번).

자비와 공 ○

관계의 이면에 있는 이유는 『앙굿따라 니까야』에 있는 구절의 도움으로 채워질 수 있습니다. 즉 평정을 함양하면 갈망을 놓아버리는 데 도움을 얻을 수 있기 때문입니다. 비구가 놓아버려야 하는 갈망이 승가의 규칙을 위반하는 주요한 이유들 중의 하나입니다.

『앙굿따라 니까야』 구절의 간명한 설법, 즉 통찰은 지혜로 나아가고 다시 무지를 버린다는 것을 『증일아함경』에서도 아주 적합한 표현으로 보여 주고 있습니다. 거기에서 통찰은 그 수단으로 사성제를 명상하게 되고, 이것은 다시 최종적인 해탈로 이끌어 줍니다.

평정이 중요하게 기여하는 바는 마음의 태도에 변화를 야기한다는 점입니다. 그리하여 보다 높은 형태의 즐거움과 내적 만족을 주게 됩니다. 이런 보다 높은 내적인 기쁨과 행복감은 외적인 감각적 대상이 주는 매력에서 눈을 돌리게 하고, 이로써 갈망의 힘은 점차적으로 줄어들게 됩니다.

그러나 이런 식으로 평정이 주는 기여가 그대로 있는 것은 아닙니다. 사실 두 경전에서는 무지를 제거하고 최종 해탈로 이끄는 요소가 통찰이라는 것을 분명하게 가르치고 있습니다. 이렇게 평정과 통찰의 기능은 서로 조화를 이루어 깨달음으로 가는 길에서 진전을 이루게 하는 핵심적인 두 자질인 것입니다.

「업에서 생긴 몸 경」과 이에 대응하는 경전으로 돌아가 봅시다. 연민을 포함한 사무량심이 불환과로 나아가게 할 수 있다는 가르침은 「쌍 경」과 이에 대응하는 경전의 배경에 대해 그 의미를 지닙니다. 「쌍 경」에서는 이런 언급이 하나만 수행하는 것을 주장하는 것으로 해석되어서는 안 된다고 명확히 언급하고 있습니다. 통찰과 무관하게 그 나름대로의 연민만을 수행하는 것으로는 절대로 불환과로 나아갈 수 없다는 것이 핵심입니다. 연민은 마음의 정서적인 태도를 변화시킬 수 있는 능력이 있기 때문에 불환과로 나아가는 데 의미 있는 기여를 할 수 있습니다.

「업에서 생긴 몸 경」과 이에 대응하는 경전에서 언급하고 있는 바와 같이 연민으로 마음의 일시적인 해탈을 함양한 사람은 불선한 행위에 말려들 수 없습니다.[37] 달리 말하면 연민이 집중으로 나아가게 할 뿐만 아니라 연민의 명상적 확산은 마음을 변화시켜서, 특히 마음의 잔인성에 대항하여 수행의 길에 내적으로 기여하게 됩니다. 지속적인 연민의 확산을 통해서 마음은 연민 어린 태도로 모든 일에 반응하는 것이 습관이 되어 버립니다. 이것은 다른 무량심에게도 마찬가지로 적용됩니다. 이런 변화의 잠재적인 가능성에 배경이 되는 기본 원리는 「두 가지 사유 경(Dvedhāvitakka-sutta)」에서 볼 수 있습니다. 이에 대응하는 『중아함경』의 번역을 옮겨 봅니다.

비구는 뜻[思]하는 바에 따라, 생각[念]하는 바에 따라, 마음은 곧 그 가운데서 즐거워하게 된다. 만일 비구가 욕심 없는 생각을 많이 생각한다면, 욕심의 생각을 버리게 되고, 욕심 없는 생각을 많이 생각하기 때문에 마음은 곧 그 가운데서 즐거워하게 된다.

만일 비구가 성냄 없는 생각, 해침 없는 생각을 많이 생각한다면, 성냄의 생각, 해침의 생각을 버리고 성냄 없는 생각, 해침 없는 생

---

37 1장 6절을 참조할 수 있다.

자비와 공 ○

각을 많이 생각하기 때문에 마음은 곧 그 가운데서 즐거워하게 된다.[38]

이것은 평정 명상의 다른 형태와 비교해 보면, 어떤 면에서는 사무량심의 또 다른 명백한 이점을 드러내는 데 도움이 됩니다. 연민 또는 다른 무량심이 줄 수밖에 없는 이점은 연민을 포함한 사무량심이 야기하는 정신적 태도가 정신적 번뇌에 반대된다는 것입니다. 이런 정신적 번뇌를 제거하고 근절하는 것이 깨달음의 길에서는 필수 불가결한 일입니다.

연민의 무한한 확산으로 경험한 기쁨과 행복감은 이전에 매력적으로 보이던 갈망과 감각적 욕망을 박탈할 뿐만 아니라 연민이 갖는 바로 그 속성으로 인해서 마음이 혐오로 반응하는 경향을 허물어뜨립니다. 이것들이 두 가지 주된 번뇌입니다. 이런 번뇌는 예류에서 얻는 초기의 통찰에서 불환이 정신적 자유로 나아가는 데 있어서 극복해야 하는 것들입니다. 즉 이것은 욕망과 혐오입니다. 이 둘은 명상으로 연민을 함양하는 것을 통해서 직접 다루고 있는 문제들입니다.

『디가 니까야』와 이에 대응하는 『장아함경』에서는 사선정을 수행자의 "행복"으로, 그리고 사무량심을 수행자의 "부(富)"로 간주하고 있

---

38 MĀ 102 at T I 589c5-c9; 이 경과 유사한 『맛지마 니까야』 19번째 경은 형태는 조금 다르지만 동일한 원리 즉 마음은 그러한 생각으로 "기운다"라고 표현하고 있다; MN 19 at MN I 116,27 (translated Ñāṇamoli 1995: 209). 어떤 면에서는 『중아함경』 102번째 경에서 마음은 그러한 생각을 "기뻐한다"라는 표현과 상보적이다.

습니다.[39] 이 두 경전의 미묘한 차이는 다음과 같은 것입니다. 즉 연민을 포함한 사무량심을 함양하는 것은 행복의 원인일 뿐만 아니라 또한 부에 비견할 만한 정신적 상태에 도달하는 결과에 이르게 한다는 것을 보여 주고 있습니다.

이런 차이에 내재된 핵심은 사무량심을 함양하는 것은 다른 정신적 평정보다 뚜렷한 이점을 갖는다는 점입니다. 예를 들면 까시나(kasiṇa)와 같은 대상 또는 호흡을 대상으로 명상하는 것은 물론 집중으로 이끄는 뛰어난 잠재성을 갖고 있습니다. 그러나 집중을 획득하는 것과는 별개로 그것이 까시나이든 호흡이든 명상의 대상으로 선택된 특별한 대상은 그 자체로는 해탈의 길로 나아가는 것을 지지해 주는 어떤 실질적인 유익함도 주지 못합니다. 반면 연민을 포함한 사무량심은 다릅니다. 깊은 집중으로 이끄는 능력에 더하여, 하나의 무량심이 명상의 대상으로 선택되었다는 사실이 그 사람의 태도와 정신적 상태에 변화를 야기하게 됩니다.

이것은 두 종류의 차를 마시는 것에 비교할 수 있습니다. 한 종류는 맛도 있고 몸에 수분도 공급해 줍니다. 그런데 다른 차는 거기에 더하여 몸의 어떤 질병을 치료해 주는 약의 역할도 합니다. 사무량심을 함양하는 것은 맛과 영양이 있는 것은 물론 치료적인 효과를 갖는 차를 마시는 것과 같습니다.

연민 수행은 자신의 마음을 변화시키는 것에 더하여 다른 사람들

---

39 DN 26 at DN III 78,4 (translated Walshe 1987: 405) = DĀ 6 at T I 42b4 [그러나 다른 유사한 경인 『중아함경』(MĀ 70 at T I 524c24)은 부 또는 사무량심을 언급하지 않고 있다].

자비와 공 ○

에게 긍정적인 영향을 미치는 역할도 합니다. 명상으로 연민을 함양하고 있는 사람과 함께 하는 모든 사람들은 연민에 깊이 적셔진 그 사람의 마음에서 나오는 말과 행위에서 조화와 호의적인 태도를 느끼게 될 것입니다. 이렇게 이해하면 정말 사무량심은 자신과 다른 사람들을 풍성하게 하는 수행자의 '부'로서 간주될 수 있습니다.

팔정도의 관점에서 볼 때 명상으로 연민을 함양하는 것은 다른 사람에게 해를 끼치지 않는 직접적인 표현이 됩니다. 이것은 올바른 의도의 세 가지 양태 중 하나이고 팔정도의 두 번째 요소입니다. 이것은 해를 끼치려는 의도에서 자유로워진 올바른 언어와 올바른 행위를 위한 탄탄한 토대를 형성합니다. 그리하여 연민을 함양하며 살아가는 것은 올바른 노력을 성취하는 것이 되고, 이것을 성공적으로 수행함으로써 팔정도의 올바른 집중을 충족할 수 있습니다. 이런 식으로 수행해 나가면 연민의 함양은 팔정도의 여러 측면들을 충족할 수 있습니다.

심지어 연민을 함양하는 것은 수행의 주요한 도구로 사용될 수 있습니다. 「앗타까나가라 경」과 이에 대응하는 경전에서는 이것을 할 수 있는 방법을 서술하고 있고, 선정들과 네 가지 무량심을 최종 목표에 이르는 대안적인 방도로 어떻게 사용할 수 있는지를 보여 주고 있습니다. 연민의 경우, 「앗타까나가라 경」에 의하면 무한한 확산의 경험은 조건 지어진 것이므로 소멸하는 것으로 명상하여야만 합니다.[40] 두 개

---

40 MN 52 at MN I 351,28 (translated Ñāṇamoli 1995: 456); AN 11.17 at AN V 345,6 (translated Bodhi 2012: 1575f, 16번).

의 한역 경전은 보다 더 간결한 방식으로 통찰의 함양을 제시하고 있습니다. 거기에서는 반드시 다르마를 다르마로서 명상하지 않으면 안 된다고 간명하게 보여 주고 있습니다.[41] 이것은 네 번째 염처[법념처]의 기준으로 보입니다. 「염처경(Satipaṭṭhāna-sutta)」과 마찬가지로 네 번째 염처의 중심적인 측면은 깨달음의 요소입니다. 이런 요소들은 깨달음을 달성하기 위해서 필요한 것들입니다. 이것과 연민의 관계가 다음의 주제입니다.

6. 연민과 깨달음의 요소들

『상윳따 니까야』와 이에 대응하는 『잡아함경』에서는 하나의 무량심으로서 자애(mettā)가 깨달음의 요소들과 어떻게 결합할 수 있는가를 보여 주고 있습니다. 아래는 『잡아함경』의 해당 번역입니다.

어떻게 비구가 자애로운 마음을 닦아 익혀야 큰 과와 큰 복과 이익을 얻겠는가? 그 비구가 자애로운 마음과 함께 염각지를 닦으면, 멀리 여읨에 의존하고, 욕심 없음에 의존하며, 소멸에 의존하고, 평정으로 향한다. …… 사각지를 닦으면 멀리 여읨에 의존하

---

41 MĀ 217 at T I 802b19; T 92 at T I 916b29.

자비와 공 ○

고, 욕심 없음에 의존하며, 소멸에 의존하고, 평정으로 향한다.[42]

『상윳따 니까야』에서는 위의 경전 구절과 병행하여 연민, 더불어 기뻐함, 평정심에 대해서 동일한 패턴으로 계속해서 언급하고 있습니다.[43]

사무량심이 하나의 주요한 명상 수행으로 어떻게 활용하여야 결국은 깨달음의 요소를 함양하게 되고 그리하여 깨달음에 진전이 있는 결과에 이르는지에 대한 이런 가르침이 지닌 함축성을 제대로 평가하기 위해서, 깨달음의 요소를 함양하는 것에 대한 핵심적인 측면들을 간단히 요약하고자 합니다.[44]

일곱 가지 깨달음의 요소들[七覺支]은 깨달음의 진전에 필요한 정신적인 자질들을 말하는데, 열거하면 다음과 같습니다.

· 마음챙김
· 법에 대한 탐구
· 에너지 또는 정진
· 기쁨
· 평온함
· 집중 또는 선정
· 평정심

---

42   SĀ 744 at T II 197c17 to c21; cf. D 4094 ju 164b7 or Q 5595 tu 190b1 (translated Martini 2011: 150)
43   SN 46.63 to 46.65 at SN V 131,16 (translated Bodhi 2000: 1619).
44   좀 더 자세한 논의는 아날라요(Anālayo 2013c: 195-226)를 참조할 수 있다.

이런 일곱 가지 자질들을 실제로 가져오기 위해서는 두 가지 주된 역동성을 고려할 필요가 있습니다. 이런 두 가지 역동성 중 하나는 연속적인 확립입니다. 즉 하나의 요소가 목록에 있는 또 다른 하나를 인도하게 됩니다.[45] 이런 점진적인 확립에 더하여 또 다른 의미 있는 역동성은 다음과 같습니다. 즉 어떤 깨달음의 요소들은 마음이 느슨해질 때 추천되고, 또 다른 깨달음의 요소들은 마음이 급하고 초조해질 때 요청됩니다. 첫 번째의 경우 마음이 느슨해질 때는 특히 탐구, 정진과 기쁨을 강화해야만 합니다. 그러나 마음이 급해지고 초조해질 때는 오히려 평온함, 집중, 평정심이 더 강하게 되도록 해야 합니다. 두 가지 경우 모두에서 마음챙김은 똑같이 도움이 됩니다.[46]

일단 깨달음의 요소들이 이런 식으로 함양되고 조화로운 균형을 이루게 되면 실제 수행은 네 가지 통찰과 관련된 주제들이 결합하여 깨달음으로 나아갈 수 있습니다. 이것들은 위에서 부분적으로 추출하여 번역한 것에 언급되어 있습니다. 즉 끊음, 사라짐, 소멸, 놓아버림입니다.[47]

---

45 일곱 가지 깨달음의 요소들을 순차적으로 기술하는 것은 『맛지마 니까야』 118 번째 경과 이에 대응하는 경인 『잡아함경』 810번째 경에서 볼 수 있다; MN 118 at MN III 85,8 (translated Ñāṇamoli 1995: 946f) = SĀ 810 at T II 208b15 (translated Anālayo 2013c: 215f).

46 SN 46.53 at SN V 112,21 (translated Bodhi 2000: 1605ff) = SĀ 714 at T II 191c25 (translated Anālayo 2013c: 202ff); D 4094 nyu 52a5 or Q 5595 thu 92b7.

47 여기서 나는 끊음을 특히 해로운 것을 끊는 것으로 이해하고자 한다. 사라짐은 갈망과 집착이 점차 약화되고 사라져 버리는 것을 말한다. 소멸은 현상이 사라지는 측면에 초점을 맞춘 것이다. 따라서 가장 중요한 무상의 함의를 갖게 된다. 이러한 세 가지는 모두 놓아버림에서 정점에 이른다. 놓아버림은 어떤 동

이런 식으로 행하는 수행은 연민을 자신의 수행을 증진시키는 주된 도구로 하는 것에 기반을 두고서, 깨달음으로 나아갈 가능성을 높이게 됩니다. 말할 필요도 없이 이것은 다른 무량심을 함양하는 데에도 시간을 바쳐서 균형을 잡을 필요가 있으며, 그리고 나름대로 간헐적으로 이루어지는 통찰 명상과 결합함으로써 많은 유익함을 얻을 수 있을 것입니다.

7. 연민과 무한한 공간

깨달음의 요소들을 또한 사무량심과 결합시키고 있는 『상윳따 니까야』에서는 무색계와 관련된 부가적인 관점을 드러내고 있습니다. 이에 대응하는 『잡아함경』은 깨달음의 요소들을 언급하지 않고 있는 반면 무색계에 대해서는 유사한 것을 제시하고 있습니다. 이렇게 제시하는 맥락은 여하튼 사무량심에 대한 불교의 접근이 고대 인도의 당시 사람들이 취하였던 범행(梵行)의 수행 방식과는 다르다는 것을 보여 주는 것입니다. 사무량심에 능숙한 불교 수행자들은 사무량심이 개별적으로 갖는 최고의 절정 지점이 어떻게 구성되어 있는지를 잘 알고 있다는 점에서 다른 인도 수행자들과 차이를 보입니다. 2장에서 이미 나는 자애의 최고 절정 지점을 마음의 아름다

일화 또는 잡고 있는 것, 취착, 갈망 등 무엇이든지 포기하고 단념하는 것을 대표한다고 생각된다.

움에서 볼 수 있다고 간략히 정리한 적이 있습니다.[48] 그러나 다른 세 가지 무량심의 경우에는 각각의 최고 절정 지점이 네 가지 무색계 중 첫 세 가지에 있습니다. 여기에 『잡아함경』의 경전 구절에서 이와 연관된 부분을 옮겨 보겠습니다.

> 자애로운 마음을 닦아 익히고, 많이 닦아 익히면 청정함이 가장 훌륭하다. 불쌍히 여기는 마음을 닦아 익히고, 많이 닦아 익히면 공입처(空入處)가 가장 훌륭하다. 기뻐하는 마음을 닦아 익히고, 많이 닦아 익히면 식입처(識入處)가 가장 훌륭하다. 평정한 마음을 닦아 익히고, 많이 닦아 익히면 무소유입처(無所有入處)가 가장 훌륭하다.[49]

이에 대응하는 『상윳따 니까야』에서는 이런 무색계들을 절정 지점으로 개별적으로 언급하는 것은 수승한 해탈로 관통해서 나아가지 못한 사람을 위한 것이라고 덧붙여 말하고 있습니다.[50] 즉 이런 세 가

---

48 2장 4절을 참조할 수 있다.
49 SĀ 743 at T II 197c11-c13.
50 이러한 연민의 경우는 『상윳따 니까야』에서 찾을 수 있다: SN 46.54 at SN V 120,2 (translated Bodhi 2000: 1610). 『잡아함경』 743번째 경은 깨달음의 요소를 언급하지 않고, 또한 사물을 싫어하거나 싫어하지 않은 것으로 보도록 하는 수행을 언급하지 않는다. 『상윳따 니까야』(46.54)는 그러한 수행이 무색계와 사무량심이 연관되도록 이끈다고 한다. 아론슨(Aronson 1984: 24)은 『상윳따 니까야』(46.54)에서 "붓다는 이러한 태도들과 혜해탈을 계발하는 것을 특별히 연결하고 있다. 이러한 결합은 자애, 연민, 함께 기뻐함, 평정을 계발하는 붓다의 독특한 방식이다"라고 언급한다.

자비와 공 ○

지 무색계는 정신적 평온함의 영역 안에서 세 가지 무량심의 절정 지점입니다. 이것을 제시하는 것은 이런 절정 지점이 깨달음을 획득하는 것보다 더 우수하다고 위치시킬 의도에서 나온 것은 아닙니다.

무한한 공간[空無邊處], 무한한 의식[識無邊處], 아무것도 없음[無所有處]의 체험은 사무량심의 확산이 갖는 무한하고 한이 없는 성질을 공유합니다.[51] 여기에 국한되는 것이 아니라, 이런 병행의 성질은 적어도 어느 정도 자아의 느낌에 매달리는 것을 감소시켜 준다는 점에서 공통적인 경향을 보입니다. 말할 필요도 없이, 자아감을 완전히 초월하기 위해서는 해탈의 통찰을 함양해야 합니다. 이 주제에 대해서는 다음 장에서 언급할 것입니다. 그럼에도 불구하고 사무량심과 무색계의 경험은 무아의 실현을 향해 진전하는 데 상당한 기여를 할 수 있습니다.

「범망경(梵網經, Brahmajāla-sutta)」과 이에 대응하는 경전에서 무색계의 이런 경험은 자아를 넘어선 형태로 고대 인도의 다른 수행자들에게서도 볼 수 있다고 말하고 있습니다.[52] 초기불교의 관점에서 보면 무색계의 성취가 자아감이라는 문제를 다루는 데 충분하지 않다고 보기는 하였지만 이런 성취는 자신의 신체, 물질적 소유 등에 집착하

---

51 브롱코스트(Bronkhorst 1993/ 2000: 94)는 『상윳따 니까야』(46.54)와 『잡아함경』(743)의 연관성에 대해서 둘 다 "사무량심과 네 가지 단계, 즉 사무색계에서 무한에 대해서 대단히 강조하는 것을 우리는 발견할 수 있다"라고 언급한다.

52 DN 1 at DN I 34,32 (translated Walshe 1987: 84) = DĀ 21 at T I 93b4 = 티베트 경전 Weller 1934: 56 (§ 186); 『사리불아비담론(Śāriputrābhidharma)』에서 인용된 경; T 1548 at T XXVIII 660b1; D 4094 ju 151b5 or Q 5595 tu 174b8; 산스끄리뜨 단편으로는 다음을 참조할 수 있다; Hartmann 1989: 54, SHT X 4189, Wille 2008: 307.

는 자아의 보다 거친 현상을 약화시킬 가능성은 있다고 보았습니다. 이와 동일한 것이 사무량심에도 적용됩니다. 사무량심은 무색계의 경험과 유사하게 다른 사람들이 잘되기를 소망하는 정신적 태도의 무한한 확산이라는 경험을 통해서 주된 자아 중심성을 감소시킬 수 있습니다.

무색계의 성취는 초기불교 경전에서 규칙적으로 나옵니다. 네 가지 중 마지막 두 가지는 아무것도 갖지 않음[無所有處]과 지각도 아니고 지각이 아닌 것도 아닌 것[非想非非想處]입니다. 「성스러운 구함의 경(Ariyapariyesanā-sutta)」과 이에 대응하는 경전에 의하면 붓다가 되기 위해 자신의 이전 스승 알라라 깔라마와 웃다까 라마뿟따에게 싯다르타가 배운 것이라고 합니다.[53] 사무량심과 마찬가지로 이처럼 무색계는 고대 인도에서 일반적으로 알려진 명상의 종류였던 것입니다. 그러나 위에서 제시된 바와 같이 이런 연관 관계는 특별히 불교의 관점에서 강조되고 있습니다.

사선정의 성취부터 무색계의 성취에 이르는 명상의 진전에 관한 표준적인 서술은 물질 형태와 저항의 경험과 연관된 어떤 지각이라도 무시한다는 것, 그리고 어떤 형태의 다양성에도 주의를 기울이지 않는다는 것을 명문화하고 있습니다.[54] 무한한 공간을 경험할 수 있기

---

53 MN 26 at MN I 164,14 (translated Ñāṇamoli 1995: 257) = MĀ 204 at T I 776b12 (translated Anālayo 2012c: 27); 붓다가 깨달음을 얻기 이전에 무색계 선정을 성취한 것에 대한 자세한 논의는 아날라요(Anālayo 2014a)를 참조할 수 있다.

54 Cf., e.g., MN 137 at MN III 222,15 (translated Ñāṇamoli 1995: 1072) = MĀ 163 at T I 694b1. 4장 4절의 번역에서 아름다움에 관한 문제가 해소된 것(MN 137) 또는 아름다움에 의한 해탈을 경험한 것(MĀ 163) 다음에 오는 맥락에 주의할

자비와 공 ○

위한 이러한 색계의 초월은 분명히 무한한 공간과 연민의 관계에 대한 바탕을 이루고 있습니다. 『청정도론(淸淨道論, Visuddhimagga)』과 『유가사지론(瑜伽師地論, Yogācārabhūmi)』에서 무한한 공간에서는 물질적인 영역에서 일어나는 모든 신체적 고통, 예를 들면 두드려 맞은 것 등을 무시하는 데 동의하고 있습니다.[55] 다른 사람들이 괴로움에서 자유로워지기를 바라는 연민 어린 소망은 모든 형태의 물질적인 저항에서 자유로워지는 개념과 관련성을 가지게 됩니다. 왜냐하면 이런 방식으로 관습적으로 경험하는 괴로움의 유형들의 주된 부분이 먼저 일어나지 않을 것이기 때문입니다.

다른 사람들이 정신적으로 기쁨에 차 있고 편안하기를 소망한다는 의미에서 함께 하는 기쁨에서는 다른 사람들의 마음에 대한 관심은 두 번째 무색계로 체험된 의식에 거울처럼 초점을 맞추는 것으로 보입니다. 평정한 마음으로 다른 사람들과 번잡하게 연관을 맺던 것에서 한 걸음 물러서게 됩니다. 마찬가지로 무소유의 영역에서는 어떤 다른 개념과 사상에서 한 걸음 물러섭니다.

이런 관련성을 평가해 보면, 네 가지 무량심이 단순히 네 가지의 무색계 성취와 연결되어 있지 않다는 것은 주목할 만합니다. 이 두 가지, 즉 네 가지 무량심과 무색계가 네 가지 명상 경험이 연속적으로 상승하는 단계를 서술하고 있다는 점을 감안하면, 이것은 취해야 할

필요가 있다. 이것은 자애의 절정으로서 아름다움 이후에 연민의 절정으로 무한한 공간이 지속된다는 현재의 맥락을 보여 준다.

55 Vism 324,22 (translated Ñāṇamoli 1956/ 1991: 317); Delhey 2009: 191,15; T 1579 at T XXX 338b19.

하나의 간단한 단계가 될 것입니다. 여기에서 제시하고 있는 것은 단순히 두 범주를 맞추어 놓은 결과가 아닙니다. 이것이 시사하는 바는 이런 연관성의 기저를 이루는 어떤 근거가 있다는 점입니다.

　이런 연관성에 대한 위의 설명이 믿을 만한지 어떤지에 상관없이, 그것이 나의 연구에서 특별한 의미를 갖는 점은 이런 세 가지 무색계에 연관된 지각들이 「공에 대한 짧은 경(Cūlasuññata-sutta)」과 이에 대응하는 경전에서 공을 점진적으로 함양하는 단계들로 나타난다는 것입니다. 위의 『상윳따 니까야』와 『잡아함경』을 「공에 대한 짧은 경」과 이에 대응하는 경전에 연관시킴으로써 명상의 진전 가능성이 나타납니다. 이것은 연민의 무한한 경험에서부터 공으로 들어가는 점진적인 한 단계로 사용되는 공간의 무한한 경험으로 나아가게 됩니다. 다음 장에서 나는 공으로 나아가는 이런 점진적인 상태를 더 자세히 탐색할 것입니다. 그리고 7장에서 이런 명상의 궤적을 실제로 정착시키는 방법을 제시할 것입니다.

8. 요약

　　　마음의 일시적인 해탈인 그 무한한 확산의 지속적인 함양을 통해서 연민을 포함한 사무량심을 성숙시키는 것은 여러 가지 다양한 유익함을 낳을 수 있습니다. 자애에 들어가면 질 좋은 수면이나 조화로운 대인관계와 같은 세간적인 유익함 이외에도, 깨달음에 이르는 길로 나아가는 데 실질적인 도움을 줍니다. 이런 무한한 속

자비와 공 ○

성으로 인해서 연민을 포함한 사무량심을 함양하는 것은 집중이 아직 선정의 단계에까지 충분히 성숙되지 않았을 때 마음의 일시적 해탈을 경험하게 해 줍니다.

평온함의 훈련을 충족시키는 것에 더하여, 연민의 무량심은 그 속성상 해를 끼치려는 의도를 제거해 주고, 내적인 기쁨의 경험을 통하여 매력적인 감각적 즐거움을 박탈합니다. 연민의 무한한 확산에 차 있는 마음에는 어떤 것도 남아 있을 여지가 없습니다. 마치 갠지스 강에 던져진 한 줌의 소금과 같이 녹아 버리거나 또는 공중에 그려진 이미지와 같이 사라져 버립니다.

연민을 통해 평온함을 계발하는 것은 무한한 공간을 성취하는 지점에서 절정을 이룹니다. 초기불교 명상 수행의 진정한 절정의 지점으로서 불환 또는 완전한 깨달음의 성취로 나아가기 위해서는 연민 수행과 깨달음의 요소를 함양하는 것이 결합되어야만 합니다.

Ⅳ _ 공한 물질

이 장에서 연민에서 공으로 옮겨서 검토하고자 합니다. 나는 초기경전에서 "공하다"는 속성의 의미를 점검하는 것에서부터 시작하여 「공에 대한 짧은 경」과 이에 대응하는 경전 구절들에 언급되어 있는 공을 향한 점진적인 진입에 대해 자세히 설명하는 첫 부분으로 방향을 틀면서 들어갈 것입니다. 이 장의 마지막에 나는 연민이라는 주제로 다시 돌아올 것입니다.

1. 공하다는 것의 성질

　　명사 '공(emptiness)'은 초기경전에서는 거의 나오지 않습니다. 그 대신 형용사 '공한(empty)'이 더 자주 사용되고 있습니다. 어쨌든 이런 용어 사용법은 공을 일종의 하나의 단위로 상정하는 것을 어렵게 만듭니다. 그 대신 공하다는 속성에 직접 주의를 돌리게 합니다.

　이렇게 공하다는 속성을 직접적인 의미로 사용하는 것은 '텅 빈 장소(empty place)'와 같은 표현법에서 발견할 수 있습니다. 이 장소는 사람과 다른 잠재적인 혼란과 부산함으로부터 텅 비어 있기 때문에 명상의 은둔에 적당한 장소로 생각됩니다.[1]

　사람들이 텅 비어 있다는 의미는 하나의 비유에서 다시 거론되고

1　SN 54.1 at SN V 311,8 (translated Bodhi 2000: 1765) = SĀ 803 at T II 206a23. 두 경 모두 그러한 빈 공간을 호흡에 대한 마음챙김의 장소로 권한다.

자비와 공　○

있습니다. 즉 이 비유에서는 자신을 죽이려고 하는 여섯 적들에게 도피하고자 하는 어떤 사람이 우연히 텅 비어 있는 마을을 가로지르게 됩니다. 여기에서는 이 비유의 의미심장함을 『증일아함경』을 통해 설명하고자 합니다.

> 여섯 명의 원수란 욕애(欲愛)가 바로 그것이다. 빈 마을이란 6입(入)을 가리킨 것이다. 어떤 것이 그 여섯 가지인가? 이른바 6입은 안입(眼入), 이입(耳入), 비입(鼻入), 구입(口入), 신입(身入), 의입(意入)이다.
>
> 만일 지혜가 있는 이라면 안입을 관찰할 때에 그것은 모두 공한 것이어서 아무것도 없으며 또한 견고한 것도 아니라고 관찰한다. 또 이입, 비입, 구입, 신입, 의입을 관찰할 때에도 그것은 모두 공한 것이어서 아무것도 없고, 모두가 공하고 고요하며, 또 견고하지 않다고 관찰한다.[2]

만약 어떤 사람이 욕정에 가득 찬 갈망에 사로잡혀서 그 해결을 위해 여섯 감각을 향하면 놀랍게도 이것들이 텅 비어 있고 실체가 없다

---

2 EĀ 31.6 at T II 670a7-a12. 이와 유사한 『상윳따 니까야』에서는 기쁨과 욕망을 대표하는 다섯 가지 적으로 오온을 들고 이후에 여섯 번째 적 하나만 이야기한다는 점에서 차이가 있다; SN 35.197 at SN IV 174,30 (translated Bodhi 2000: 1238, 238번). 다른 유사한 『잡아함경』은 여섯 가지 감각기관과 관련된 여섯 가지 갈애와 기쁨을 대표하는 여섯 도둑을 이야기하는 한에서는 『증일아함경』(31.6)과 일치한다; SĀ 1172 at T II 313c14. 이 부분은 산스끄리뜨 단편에서도 보존되어 있다; cf. Hoernle fragment Or. 15009/ 252, Nagashima 2009: 259-261.

는 것, 그리고 그것들은 참되고 지속적인 위안을 줄 수 없다는 사실을 발견하게 될 것입니다. 이것은 자신을 죽이려고 하는 여섯 적들에 대항하지만 아무도 살지 않는 마을에서 어떤 실질적인 지원도 받을 수 없는 것과 유사합니다. 심지어 텅 빈 마을 어딘가에 숨으려고 하여도, 곧 그들에게 잡힐 가능성이 높을 것입니다. 이와 마찬가지로 감각을 통하여 욕정에 가득 찬 갈망을 완화시키려고 하는 것은 일시적인 위안을 줄 뿐입니다. 그러나 그것은 참되고 지속적인 해결책으로 귀착되지 않습니다. 참된 해결은 최종적으로 그 여섯 적들을 제거하는 것에 의해서만 가능합니다. 즉 욕정에 가득 찬 갈망을 제거하는 것입니다. 이것은 감각 경험이 그 성질상 공하다는 것을 완전히 깨달아야만 성취할 수 있습니다.

여섯 감각의 공한 성질은 온 세상이 공하다는 격언을 설명하는 곳에서 다시 등장합니다. 『잡아함경』에 나온 관련되는 구절을 아래에 번역해 두었습니다.

눈이 공하고, 항상하여 변하거나 바뀌지 않는다는 법도 공하며, 내 것이라고 하는 것도 공하다. 왜냐하면 그 성질이 스스로 그러하기 때문이다. 색, 안식, 안촉과 안촉을 인연하여 생기는 느낌인 괴롭거나 즐겁거나 괴롭지도 즐겁지도 않은 느낌도 또한 공하다. 항상하여 변하거나 바뀌지 않는다는 법도 공하며, 내 것이라고 하는 것도 공하다. 왜냐하면 그 성질이 스스로 그러하기 때문이다. 귀, 코, 혀, 몸, 뜻도 또한 그와 같다. 이것을 공한 세간이라고 한다.[3]

자비와 공 ○

그러므로 여섯 감각에 속하는 개별적인 감각은 하나의 자아로서 공하고, 자아에 속할 수 있는 어떤 것에도 공하다는 의미에서 이 세상은 공합니다. 이것은 초기불교 사상에서 자아가 공하다는 성질은 모든 것에 적용된다는 것을 보여 주고 있습니다. 일단 여섯 감각과 그 대상 등이 언급되면 공에서 제외되는 어떤 것도 남아 있을 여지는 없습니다. 초기불교의 가르침에 관한 한 공의 성질이 갖는 포괄적인 범위에 대해서는 어떤 의심도 있을 수 없습니다. 즉 모든 것들, 모든 현상들, 경험의 모든 측면들은 예외 없이 자아에서 공하고, 자아에 속한 어떤 것에도 공합니다.

이것과 동일한 포괄적인 범위는 초기불교 사상에서 공의 가르침에 대해서도 같은 것을 말할 수 있습니다. 즉 무아의 가르침입니다. 『법구경』에 대응하는 「우다나품(Udānavarga)」의 짧은 시구에서 다음과 같이 간명하게 언급하고 있습니다.

모든 현상들은 무아이다.[4]

이런 구절에 동의하면서 「우다나품」은 '모든 형성된 것(all formations)'이라는 용어 대신 '모든 현상들(all phenomena)'이라는 용어

---

3 SĀ 232 at T II 56b24-b29 (also translated in Choong 2004/ 2010: 73). 이와 유사한 경인 『상윳따 니까야』에서는 단지 "눈 등의 자아가 공하고, 자아에 속한 것이 공하다"라고 한다; SN 35.85 at SN IV 54,7 (translated Bodhi 2000: 1163).

4 Stanza 12.8, Bernhard 1965: 194 = Dhp 279 (translated Norman 1997/ 2004: 41); the Patna Dharmapada 374, Cone 1989: 203; Gāndhārī Dharmapada 108, Brough 1962/ 2001: 134.

를 강조해서 사용하고 있습니다. 이것은 무상함을 말할 때에도 동일하게 사용하고 있습니다. 여기서 '현상들'이라는 표현을 선택해서 사용하는 데 의도가 있는 것이 분명해 보입니다. 말하자면 무아라는 가르침이 갖는 포괄적인 범위를 알려 주고 있다는 것입니다. 여기에는 어떤 예외도 허락되지 않습니다.

우리가 경험하는 전체 세계는 공하고 무아의 성질을 갖는다는 것이 경전에 나오는 일련의 비유의 주제입니다. 이것을 다섯 무더기[五蘊]라는 관점에서 접근해 보고자 합니다. 이런 비유들은 초기불교 사상에서 공이 갖는 함축적인 의미를 평가하는 데 아주 도움이 되기 때문에, 나는 『잡아함경』에서 연관되는 부분의 전체를 아래와 같이 번역해서 인용하고자 합니다.

비유하면 항하강 큰 물이 사납게 일어나 흐름을 따라 모이는 물거품을 눈이 밝은 사람이 자세히 관찰하고 분별하는 것과 같다. 자세히 관찰하고 분별할 때 거기에는 아무것도 없고, 단단한 것도 없고, 알맹이도 없으며, 견고함도 없다. 왜냐하면 그 모인 물거품 가운데에는 단단한 알맹이가 없기 때문이다.

이와 같이 존재하는 모든 색(色)은 과거에 속한 것이건 미래에 속한 것이건 현재에 속한 것이건, 안에 있는 것이건 밖에 있는 것이건, 거칠건 미세하건, 아름답건 추하건, 멀리 있는 것이건 가까이 있는 것이건 간에, 비구들이여, 자세히 관찰하고 사유하여 분별할 때 거기에는 아무것도 없다. 단단한 것도 없고, 알맹이도 없고, 견고함도 없다. 그것은 병과 같고 종기와 같으며 가시와 같고 살기와 같으며, 무상한 것이고 괴로운 것이며 공한 것이고 나라고 할 만한 것이 없다.[5] 왜냐하면 색에는 단단한 알맹이가 없기 때문이다.

비구들이여, 비유하면 큰 비가 내려 물거품이 잠깐 생겼다가 금방 사라지는 것을 눈이 밝은 사람이 자세히 관찰하고 사유하고 분별하는 것과 같다.[6] 자세히 관찰하고 사유하고 분별할 때 거기에는 아무것도 없다. 단단한 것도 없고, 알맹이도 없으며, 견고함도 없다. 왜냐하면 저 물거품에는 단단한 알맹이가 없기 때문이다.

이와 같이 비구들아, 존재하는 모든 수(受)는 과거에 속한 것이건 미래에 속한 것이건 현재에 속한 것이건, 안에 있는 것이건 밖에 있는 것이건, 거칠건 미세하건, 아름답건 추하건, 멀리 있는 것이건 가까이 있는 것이건 간에, 비구들이여, 자세히 관찰하고 사유하고 분별하라. 자세히 관찰하고 사유하고 분별할 때 거기에는 아무것도 없다. 단단한 것도 없고, 알맹이도 없으며, 견고함도 없다. 그것은 병과 같고 종기와 같으며 가시와 같고 살기와 같으며, 무상한 것이고 괴로운 것이며 공한 것이고 나라고 할 만한 것이 없다. 왜냐하면 수에는 단단한 알맹이가 없기 때문이다.

비구들이여, 비유하면 늦은 봄 초여름에 구름도 없고 비도 없는 따가운 한낮에 아지랑이가 아른거리는 것을 눈이 밝은 사람이 자세히 관찰하고 사유하고 분별하는 것과 같다. 자세히 관찰하고

---

5   T 105 at T II 501a13; D 4094 ju 239a5 or Q 5595 tu 273a7 (translated Dhammadinnā 2013: 74). 유사한 경 가운데 이 두 경만이 병 등과 비교를 한다.

6   SN 22.95 at SN III 141,5 (translated Bodhi 2000: 951)는 이 일이 가을에 생긴 것이라고 추가하고 있다.

사유하고 분별할 때 거기에는 아무것도 없다. 단단한 것도 없고, 알맹이도 없으며, 견고함도 없다. 왜냐하면 저 아지랑이에는 단단한 알맹이가 없기 때문이다.

이와 같이 비구들이여, 존재하는 모든 상(想)은 과거에 속한 것이건 미래에 속한 것이건 현재에 속한 것이건, 안에 있는 것이건 밖에 있는 것이건, 거칠건 미세하건, 아름답건 추하건, 멀리 있는 것이건 가까이 있는 것이건 간에, 비구들이여, 자세히 관찰하고 사유하고 분별하라. 자세히 관찰하고 사유하고 분별할 때 거기에는 아무것도 없다. 단단한 것도 없고, 알맹이도 없으며, 견고함도 없다. 그것은 병과 같고 종기와 같으며 가시와 같고 살기와 같으며, 무상한 것이고 괴로운 것이며 공한 것이고 나라고 할 만한 것이 없다. 왜냐하면 상에는 단단한 알맹이가 없기 때문이다.

비구들아, 비유하면 눈이 밝은 사람이 단단한 재목을 구하려고 날이 선 도끼를 가지고 숲으로 들어가서 통통하고 곧고 길고 큰 파초나무를 보고[7] 곧 그 밑동을 베고 그 꼭대기를 자르고 잎사귀를 차례로 벗겨 보고는, 도무지 단단한 알맹이가 없다는 것을 자세히 관찰하고 사유하고 분별하는 것과 같다. 자세히 관찰하고 사유하고 분별할 때 거기에는 아무것도 없다. 단단한 것도 없고, 알맹이도 없으며, 견고함도 없다. 왜냐하면 그 파초에는 단단한 알맹이가 없기 때문이다.

---

7   T 106 at T II 502a9; 이 경에서는 파초를 보면서 매우 행복해한다고 언급하고 있다.

자비와 공 ○

이와 같이 비구들이여, 존재하는 모든 행(行)은 과거에 속한 것이
건 미래에 속한 것이건 현재에 속한 것이건, 안에 있는 것이건 밖
에 있는 것이건, 거칠건 미세하건, 아름답건 추하건, 멀리 있는 것
이건 가까이 있는 것이건 간에, 비구들이여, 자세히 관찰하고 사
유하고 분별하라. 자세히 관찰하고 사유하고 분별할 때 거기에는
아무것도 없다. 단단한 것도 없고, 알맹이도 없으며, 견고함도 없
다. 그것은 병과 같고 종기와 같으며 가시와 같고 살기와 같으며,
무상한 것이고 괴로운 것이며 공한 것이고 나라고 할 만한 것이
없다. 왜냐하면 모든 행에는 단단한 알맹이가 없기 때문이다.

비구들이여, 비유하면 마술사나 마술사의 제자가 네거리에서 상
병(象兵), 마병(馬兵), 차병(車兵), 보병(步兵)을 마술로 만들어 보이
는 것을[8] 지혜롭고 눈이 밝은 사람이 자세히 관찰하고 사유하고
분별하는 것과 같다. 자세히 관찰하고 사유하고 분별할 때 거기에
는 아무것도 없다. 단단한 것도 없고, 알맹이도 없으며, 견고함도
없다. 그것은 병과 같고 종기와 같으며 가시와 같고 살기와 같으며,
무상한 것이고 괴로운 것이며 공한 것이고 나라고 할 만한 것이
없다. 왜냐하면 그 허깨비에는 단단한 알맹이가 없기 때문이다.

이와 같이 비구들이여, 존재하는 모든 식(識)은 과거에 속한 것이
건 미래에 속한 것이건 현재에 속한 것이건, 안에 있는 것이건 밖
에 있는 것이건, 거칠건 미세하건, 아름답건 추하건, 멀리 있는 것

---

8   SN 22.95 and T 106; 이 두 경은 어떤 종류의 요술을 하는지를 구체적으로
    언급하지 않고 있다. T 105 at T II 501b10 = D 4094 ju 240a5 or Q 5595 tu
    274b1; 이 두 경은 『잡아함경』(265)과 유사하게 전개되고 있다.

이건 가까이 있는 것이건 간에, 비구들이여, 자세히 관찰하고 사유하고 분별하라. 자세히 관찰하고 사유하고 분별할 때 거기에는 아무것도 없다. 단단한 것도 없고, 알맹이도 없으며, 견고함도 없다. 그것은 병과 같고 종기와 같으며 가시와 같고 살기와 같으며, 무상한 것이고 괴로운 것이며 공한 것이고 나라고 할 만한 것이 없다. 왜냐하면 모든 식에는 단단한 알맹이가 없기 때문이다.⁹

이렇게 경전에서 언급한 것을 실제로 적용하기 위해서는 우선 다섯 무더기[五蘊]를 자신의 개인적 경험 속에서 인식할 필요가 있습니다. (오온 가운데) 신체적 형태[色]는 물질적인 신체를 말합니다. 느낌[受]은 정서를 말하고, 지각[想]은 자신의 경험에서 인지적 차원을 말합니다. 말하자면 우리가 '어떻게' 느끼고 '무엇을' 인지하는가의 측면을 언급하고 있습니다. 어떤 것에 대한 반응과 하고자 하는 의지는 형성[行]의 무더기 아래 포함됩니다. 알아차려서 아는 경험은 의식[識]의 무더기에 해당됩니다.

초기불교 사상에 의하면 이런 무더기들이 집착과 동일시의 기반이 되는 것은 문제가 됩니다. 실제 수행에서 이것을 인식할 필요가 있습니다. 집착이 있을 때마다 어느 무더기가 집착에 관여하는지를 알아야 합니다. 일단 이것이 인식이 되면 집착, 애착, 식별이 자라나는 기반을 해체하는 데 도움이 되게끔 위의 비유들을 사용할 수 있습니다. 그것들의 주된 요지는 이런 개별적인 무더기가 어떤 형태(과거, 현재, 미

---

9   SĀ 265 at T II 68c1-69a16 (translated Anālayo 2013b: 35ff).

래 등)를 취하든지 간에 변함없이 불안정하고, 실체가 없고, 만족스럽지 않다는 것입니다. 간단히 말하면 공하다는 것입니다.

분명히 그렇게 탄탄하게 보이는 물질적인 신체의 경우를 살펴봅시다. 마치 물질적인 신체가 내가 누구인가를 확인시켜 주는 튼튼한 기반을 이루는 것처럼 쉽게 인상을 받을지 모르지만, 위에서 언급한 비유에 의하면 이런 신체는 거품과 같은 것입니다. 물질적인 신체를 거품에 비교하는 것은 고체성이라는 개념을 해체하는 것을 지적하고 있습니다. 이 주제에 대해서는 이 장의 후반부에서 더 자세하게 언급할 예정입니다.

거품은 고체성의 결여라는 감각을 전달해 줄 뿐만 아니라 또한 아주 부서지기 쉽고 따라서 외부 환경에 쉽게 영향을 받습니다. 똑같은 원리가 신체에도 그대로 적용됩니다. 신체는 외부 환경에 아주 취약합니다. 거품은 부서지기 쉬운 성질일 뿐만 아니라, 강물에 의해 쉽게 휩쓸려 갑니다. 마찬가지로 자신의 정체성의 안정된 기반이라는 환상을 만들어 준, 겉으로 보기에는 탄탄하게 보이는 신체는 사실 아주 빨리 변화에 의해 흘러가고, 한 순간 한 순간 점차로 죽음이라는 마지막 종착점에 점점 더 가까워지는 것입니다.

이 세상에서 추구하는 많은 것들의 중심에는 여러 종류의 느낌들이 있습니다. 이것들을 자세히 살펴보면 단지 재빨리 사라져 버리는 덧없는 느낌에 강박적으로 사로잡혀 있다는 것을 알 수 있습니다. 이런 영원하지 않은 느낌들은 바로 물의 표면 위에 떠 있는 거품과 같은 것입니다. 이것은 억수같이 쏟아지는 빗방울들이 물에 떨어지는 충격이 연속적으로 이어져서 생긴 것에 불과합니다.

이미 그 성질상 덧없는 것이므로 이런 거품의 발생은 비가 그치자마자 끝나게 마련입니다. 거품이 단지 빗방울의 접촉이라는 조건 지어진 결과에 불과한 것과 같이, 감정은 단지 접촉을 통한 여러 종류의 자극이 만들어 낸 조건부 결과일 뿐입니다. 달리 말하면 즐거움 또는 통증의 찰나적 경험은 물위에 떠 있는 몇몇 거품과 같은 그런 정도의 문제입니다.

사물을 인식하는 능력은 그 사람의 축적된 지식과 경험의 산물입니다. 이것은 지각에 정보를 제공해 줍니다. '나'의 축적된 지식에 바탕을 둔 결과로 생긴 '나'의 지각은 사물이 정확하게 반영되어 확실하게 형성된 것으로 착각합니다. 이렇게 하여 지각은 강하게 주관적으로 형성된 견해와 가치 판단을 위한 분명한 객관적 기반이 됩니다. 그렇지만 위의 비유에 의하면 모든 지각은 신기루에 비견할 수 있을 정도로 단지 정신적인 투사물일 뿐입니다.

지각은 뜨거운 날 태양이 만들어 낸 빛의 환영처럼 공한 것으로 밝혀집니다. 외부 사물에 정신적으로 집중하게 되면, 햇빛의 창조적인 능력은 마치 외부에 진정으로 독립적으로 존재하는 견고한 물질이 있는 것처럼 지각하는 외부 물질 인식의 기반이 됩니다. 그러나 실제로 지각되는 것은 사실 공하고 조건 지어져 있는 과정에 불과합니다. 그 것은 어떤 독립적인 존재와 어떤 견고함을 갖는 것이 아닙니다. 지각된 것에 마음이 투사되어 주관적인 평가가 덧씌워져 있는 것입니다.

의도와 의지의 힘, 결정을 내리고 이에 부가된 무엇인가를 지배하고 있다는 느낌이 자신이 누구이고 또한 자신이 무엇을 하고 있다는 개념의 핵심적인 요소일 수 있습니다. 그러나 자세히 살펴보면 이것은 어떤 본질이나 핵심을 결여하고 있다는 것이 드러납니다. 이것은 파초(芭蕉)와 유사한데, 파초는 그 속이 비어 있습니다.

조건의 껍질 위에 껍질은 겉으로는 잘 이루어진 결정처럼 보입니다. 하지만 차례로 벗겨 냈을 때 그 속에는 단단한 그 무엇이 아무것도 없습니다. 의도와 결정의 과정 뒤에 진정한 사람이나 자아는 없습니다. 그것은 단지 과거에서부터 축적되어 온 조건의 껍질 위에 껍질이 있을 뿐입니다.

정신적 경험의 기반을 형성하는 것인 의식은 어쨌든 자아 개념의 미세한 기반으로 쉽게 간주될 수 있습니다. 자세히 살펴보면 마치 마술의 환영과 같은 것으로 드러나게 됩니다. 그러나 마술의 환영으로 형성된 것은 그것이 무엇이든지 아무런 실제적인 기반이 없는 것입니다.

지각이 신기루에 비견되고 그리하여 최소한 멀리 있는 사물 이미지의 이동에 기반을 두는 실제적인 빛의 현상인 반면, 의식은 철저히 망상적인 것이라서 마치 환각과 같은 것으로 어떤 실제적인 것도 총체적으로 비어 있습니다. 나는 의식의 공한 성질에 대해서 5장에서 더 자세하게 논할 것입니다.

종합해서 말하면 '나'와 '나의 것'으로 대개 생각하는 핵심적인 측면으로서 다섯 무더기[五蘊]는 철저하게 공한 것입니다. 몇 개의 포말, 몇 개의 물거품, 신기루, 파초의 껍질, 마술, 바로 이것들뿐입니다.

위에서 언급한 강력한 이미지들은 공한 것을 명상하는 보조물로서 아주 도움이 됩니다. 그것에 집착하고 동일화하는 자신의 경험을 다섯 무더기로 인식하는 것에 기반을 두고서 이런 비유에서 사용된 이미지의 도움으로 철저하게 공한 것으로 나아가게 됩니다. 어떤 갈망과 집착이라고 하여도 이런 저런 형식으로 신체에 대한 강박적 사고, 즐거움에 대한 열망, 또는 사전에 형성된 개념에의 매달림, 자신이 원하는 식으로 사물이 되어 가야 한다는 기대, 특별한 경험에 대한 집착 등 이런 여러 가지의 조합으로 이루어져 있습니다. 위의 구절에서 언급하고 있는 것들을 보면 우리는 실제로 포말에 집착하고, 물거품을 열망하고, 신기루에 매달리고, 불가능한 것(파초의 심재와 같은 것)을 기대하고, 마술적인 환영에 집착하는 것입니다.

이런 이미지에 바탕을 두고 성찰적인 명상을 통해서 이것들로부터 분리되는 것이 공함의 명상을 더욱 심화시키는 공의 함양으로 나아가는 예비 단계를 마련할 수 있습니다. 이것이 「공에 대한 짧은 경」과 이에 대응하는 경전에서 묘사한 공을 향한 점진적인 진입을 말하는 것입니다. 이 문제를 다시 자세히 살펴보도록 하겠습니다.

2. 공을 향한 점진적인 진입

공을 향한 점진적인 진입은 『맛지마 니까야』의 「공에 대한 짧은 경(Cūḷasuññata-sutta)」과 이에 대응하는 두 개의 경전의 주제입니다.[10] 이 두 개의 경전은 한자로 번역되어 보전되고 있는 『중아함경』에 있는 구절이 그 하나이고, 또 다른 것은 티베트어로 번역된 것인데, 이것

---

10 담마조티(Dhammajothi 2008: 91)는 「공에 대한 짧은 경」에 대해서 "이 경의 목적은 모든 것이 공하다는 것을 마음이 경험하도록 실천적인 가르침을 주는 것이다"라고 언급한다.

은 각기 설일체유부 전통과 근본설일체유부 전통에 따른 것입니다.

세 가지 대응 경전들의 명상적 궤적은 숲, 대상들로서의 땅, 무색계의 성취, 무상(無相, Signlessness, Animitta)의 경험이라는 일련의 지각 순서로 진행되고 있습니다. 이런 각각의 지각들은 그 공한 성질을 알아차리는 것을 통하여 공을 향한 점진적인 명상에서 각각의 단계를 이루고 있습니다. 이런 단계를 통해서 지각은 점차로 더 정교하고 세밀해지고 결국은 지각의 해체가 일어납니다. 그리고 완전한 깨달음과 함께한 최고의 공의 실현에서 그 절정에 도달합니다. 이런 명상 단계의 진전 양상이 이 장과 다음 장들에서 전개되는 내용의 근간을 이룹니다.

「공에 대한 짧은 경」과 이에 대응하는 경전 구절들은 붓다가 이전에 행한 설법에 대해 아난다가 질문하는 형식으로 공을 향한 점진적인 진입을 자세히 설명하면서 시작하고 있습니다. 이 설법에 의하면 붓다는 자주 공에 들었습니다. 붓다는 자신이 그런 설법을 하였노라고 확인하면서 아난다에게 공을 향한 점진적인 진입을 가르치고 있습니다. 이런 진입은 자신들이 머무르고 있는 승단의 거주 장소에 집중하는 것에서 시작합니다.

이것이 의미하는 바는 다음과 같습니다. 즉 공의 명상을 시작하는 지점은 자신이 현재 어느 장소에 있다고 하여도, 어떤 수행자들의 일원이 되어 있다고 하여도 바로 지금 여기라는 점입니다. 이렇게 바로 여기로 주의를 돌리는 것은 우리가 현재 어디에 있다고 하더라도 해야 할 그 무엇으로서 공의 명상이 갖는 직접성에 대한 함축성을 띠고 있습니다. 이것은 공의 실현을 향하여 가는 목적에서 외부의 환경을 실용적으로 잘 활용할 것을 장려하고 있습니다.

붓다와 아난다가 머물던 숲속의 승단 거주 장소는 그 자체로 공한 성질을 지니고 있었습니다. 말 그대로 도시 생활의 시끌벅적한 것에서 벗어나 있었습니다. 「공에 대한 짧은 경」과 이에 대응하는 경전에서는 여기에 여러 종류의 가축과 사람들이 없는 것으로 언급하고 있습니다. 그 대신 여기에는 단지 비구들만의 공동체가 존재하고 있었습니다.

이것 자체의 단순한 가르침은 따라야 할 것이 무엇인지에 대한 일정한 양식을 제시하고 있으며, 그리고 공을 향한 점진적인 진입의 중심적인 원리를 보여 주고 있습니다. 이런 원리는 하나의 특별한 경험은 공하다는 것을 보고, 또한 동시에 이런 경험이 공하지 않은 것을 직접적으로 인식하는 것을 요청하고 있습니다. 현재 승단의 거주 장소가 비구가 없이 비어 있는 것은 아닙니다.

여기에 거주하는 비구들은 삭발을 하고 모두 비슷한 승복을 입었을 것임에 틀림없습니다. 그러므로 비구에게 주의를 돌리는 것은, 마을에서 여러 다른 옷을 입거나 또는 여러 동물들을 볼 때 경험하는 다양성 대신에, 그 승단의 상황에서 볼 수 있는 통일된 구성에 주의를 기울이게 되는 것입니다. 이런 식으로 비구의 지각에 주의를 기울이는 것이 다음 단계에서 현저하게 드러나게 될 통일성을 향한 핵심으로 나아가는 출발점이 됩니다.

비구들에게 주의를 기울이는 또 다른 측면은 붓다를 포함하여 아난다도 물론 이런 승가 공동체의 일원이라는 사실에서 기인합니다. 그러므로 아난다 또는 어떤 다른 비구에게도 승단의 거주지에 사는 비구들을 지각하는 데 참여하는 것은 어느 정도의 외적·내적 통합성을 필요로 하는 듯이 보입니다. 주의를 기울이는 것은 거기 밖에 있는 그

자비와 공 ○

무엇에 대한 것일 뿐만 아니라, 동시에 여기 있는 바로 그 무엇에 대한 것이기도 합니다. 이것 또한 이어지는 단계의 바탕을 이루는 양상입니다. 이것은 외적·내적인 것을 포괄하는데, 주관과 객관의 구별이 해소될 때까지 지속됩니다.

대개 초기불교 사상에서 승단은 금욕의 원리가 구현된 곳이었습니다. 이런 기능을 갖는 의미에서 승가 공동체는 붓다와 그의 가르침인 다르마와 함께 귀의처가 됩니다.[11] 이것은 상가(Saṅgha)를 계속해서 생각하는[隨念] 명상과는 다릅니다. 상가는 재가이든 승단이든 상관없이 여러 다른 수준의 깨달음에 도달한 사람들이 그 대상입니다.[12] 이 경우 여러 다른 수준의 깨달음에 있는 수행자들이라는 개념은 수념명상의 기반을 이룹니다. 그러나 어떤 사람이 도달한 깨달음의 수준은 외부에서 볼 수 없기 때문에, 그 대신 공식적인 귀의처의 대상은 승가 공동체가 됩니다. 그 외적인 모습은 금욕으로 상징되고, 『율장(Vinaya)』에 따르는 규칙의 조항들을 채택하는 것은 붓다에 의해 공표됩니다. 그러므로 승단은 우리가 쉽게 받아들일 수 있는 대상이 됩니다. 거기

---

11 초기경전에서 귀의의 표준적인 형태는 '비구들의 공동체'를 이야기한다. cf., e.g., MN 27 at MN I 184,17 (translated Ñāṇamoli 1995: 277) = MĀ 146 at T I 658a24. 여기서 비구(bhikkhu)라는 표현은 어떤 형태의 비구든 비구니든 수행자 모임을 포괄하는 용어로 이해하는 것이 아마 가장 적합할 것이다. 좀 더 자세한 내용은 콜렛과 아날라요(Collett and Anālayo 2014)를 참조할 수 있다.
12 승가에 대한 수념명상의 전형적인 표현은 '사쌍팔배' 즉, 성인의 네 단계를 수행하는 성인들과 네 단계에 이른 성인들을 말한다; cf., e.g., AN 6.10 at AN III 286,7 (translated Bodhi 2012: 863) = SĀ 931 at T II 238a6 (이 경은 여덟 부류의 성인을 개별적으로 언급하면서 『앙굿따라 니까야』(6.10)와 유사하게 사쌍팔배를 요약하고 있다); SĀ2 156 at T II 432c27 (이 경은 단지 여덟 부류를 언급만 하고 있다).

에서 사람들은 귀의처를 마련하고, 붓다 즉 불교 승가 공동체의 창시자이자 가장 뛰어난 자의 신도가 되겠다는 것을 표명합니다.

「공에 대한 짧은 경」과 이에 대응하는 경전에서 공을 향한 점진적인 진입으로 나아가는 그 다음 단계는 숲의 지각을 함양하는 것입니다. 이 경전에서 분명히 숲을 언급하고 있습니다. 이 숲속에 승단의 거주 장소가 있습니다. 여기에 『중아함경』에 있는 가르침을 옮겨 봅니다.

> 비구가 만일 공(空)을 많이 행하려고 한다면 그 비구는 마을에 대한 생각[村想]을 하지 말고, 사람에 대한 생각[人想]을 하지 말며, 오로지 일이 없는 것에 대한 생각[無事想]만을 계속하라.
>
> 그는 이렇게 알아 마을에 대한 생각을 비우고, 사람에 대한 생각을 비운다. 그러나 오직 할 일이 없는 것에 대한 생각만은 비우지 않는다.
>
> 마을에 대한 생각 때문에 어떤 피로가 있다지만 나에게는 그것이 없다. 또는 사람에 대한 생각 때문에 어떤 피로가 있다고 할지라도 나에게는 그것이 없다. 피로가 있다면 오직 일이 없는 것에 대한 생각 때문에 있다.
>
> 만일 거기에 그것이 없다면 그는 그것을 공하다고 볼 것이다. 그러나 만일 거기에 다른 어떤 것이 있다면 그는 참으로 있다고 볼 것이다. 아난아, 이것을 참으로 공을 수행하여 거꾸로 되지 않았다고 한다.[13]

---

13 MĀ 190 at T I 737a12-a19.

자비와 공 ○

승가 공동체(또는 구성원들)에서 숲으로 이동하였다는 것은 더 안정적인 것으로 지각이 옮겨갔다는 것을 반영합니다. 일부 비구들은 여기저기 왔다 갔다 하면서 움직이는 반면, 숲을 이루고 있는 식물들은 그 장소에 그대로 있습니다. 숲의 지각은 또한 그 범위가 더 넓고 포괄적입니다. 이것은 비교의 차원에서 볼 때 보다 제한된 승가 공동체의 지각과 대조적입니다. 이것은 숲에 대한 명상의 단계가 더 현저해지는 기류를 반영합니다. 숲이 보다 더 포괄적이고 안정적입니다.

초기불교 사상에서 숲은 세간의 일에서 벗어난 은둔을 표상합니다. 그런 은둔은 신체적·정신적인 의미에서 드러날 수 있습니다. 신체적·정신적 은둔을 함양하는 것은 마음의 평정과 집중을 계발하는 것과 밀접한 관련성을 갖습니다. 이런 평정과 집중은 명상의 길을 따라가는 데 중요한 기반을 이룹니다. 이런 마음가짐은 「공에 대한 짧은 경」과 이에 대응하는 경전에서 숲 다음에 두고 있는 것입니다.

신체적 은둔은 세속적인 일에서 일시적으로라도 물러남을 요구합니다. 이상적으로 외부의 혼잡함에서 벗어나는 보호막을 제공해 주는 은둔 장소가 필요합니다. 이와 유사하게 정신적 은둔은 세속적인 일에 관여하는 것으로부터 일시적으로 물러나는 것이 필요합니다. 이것은 계획, 걱정, 기억에 대해서 마음을 비우고, 과거와 미래를 놓아버리고, 대신 현재의 순간이 갖는 공한 성질을 단순히 바로 알아차리는 것으로 이루어집니다.

과거와 미래의 이런 정신적 은둔이 갖는 시적인 묘사를 「아난다 존자와 지복한 하룻밤 경(Ānandabhaddekaratta-sutta)」과 이에 대응하는 『중아함경』에서 볼 수 있습니다. 나는 『중아함경』에서 연관된 부분을 번역하여 둡니다. 이것은 시간을 어떻게 최고로 보내야 하는가에 대한 긴 시의 일부입니다.

> 부디 과거를 생각지 말고
> 또한 미래를 바라지 말라.
> 과거의 일은 이미 사라졌고
> 미래는 아직 이르지 않았다.
> 현재 존재하는 모든 것[法]
> 그것 또한 이렇게 생각해야 한다.
> 어떤 것도 견고하지 않음을 기억하라.
> 지혜로운 사람은 이렇게 안다.[14]

이 짧은 시구는 모든 현상이 공의 한 측면으로서 불안정한 성질을 갖고 있다는 것을 잘 보여 주고, 매일 매일의 경험에 한껏 힘을 써야 함을 간결하게 잘 표현하고 있습니다. 이렇게 하기 위해서는 현재의 순간에 마음의 닻을 내리고, 현상으로 드러나는 것은 안정성이 결여되어 있다는 것을 완전히 알아차려야 합니다. 나는 매일의 삶에서 공을 통합해 가는 주제에 대해 5장에서 더 자세히 살펴볼 것입니다.

---

14 MĀ 167 at T I 700a15-a18 = MN 132 at MN III 190,20 (translated Ñāṇamoli 1995: 1042; cf. 1039).

자비와 공 ○

3. 땅

공을 향한 점진적인 진입의 그 다음 단계는 「공에 대한 짧은 경」과 이에 대응하는 경전에 기술된 바와 같이 땅의 지각을 얻는 것입니다. 여기서 『중아함경』의 해당 부분을 번역해 옮기겠습니다.

아난아, 비구가 만일 공(空)을 많이 수행하려고 한다면 그 비구는 사람에 대한 생각도 하지 말고, 일이 없는 것에 대한 생각도 하지 말며, 오로지 땅에 대한 생각[地想]만을 계속하라.

그 비구는 혹 그 땅에 높고 낮음이 있고 뱀 떼가 있으며, 가시덤불이 있고, 모래가 있으며, 돌산이 험하고 깊은 물이 있는 것을 보더라도 그것을 생각하지 말라. 만일 그 땅이 평편하기 손바닥 같고 경관이 좋은 곳을 보거든 마땅히 그것을 자꾸 생각하라.[15]

아난아, 마치 소가죽을 백 개의 못으로 팽팽하게 펴면 주름도 없고 오그라들지도 않는 것과 같다. 만일 그 땅에 높고 낮음이 있고 뱀 떼가 있으며, 가시덤불이 있고, 모래가 있으며, 돌산이 험하고 깊은 물이 있는 것을 보더라도 그것을 생각하지 말라. 만일 그 땅이 평편하기 손바닥 같고 경관이 좋은 곳을 보거든 마땅히 그것을 자꾸 생각하라.

그는 이렇게 알아 사람에 대한 생각을 비우고, 일이 없는 것에 대한

---

15 『맛지마 니까야』121번째 경은 손바닥과 비교해서 땅에 주의를 기울이는 예를 보여 주지는 않는다. 유사한 예는 티베트 경전에서 발견된다; MN 121 at MN III 105,7 (translated Ñāṇamoli 1995: 966). cf. Skilling 1994: 156,9.

생각도 비운다. 그러나 오직 땅에 대한 생각만은 비우지 않는다. 사람에 대한 생각 때문에 어떤 피로가 있다지만 나에게는 그것이 없다. 또는 일이 없는 것에 대한 생각 때문에 어떤 피로가 있다지만 나에게는 그것이 없다. 피로가 있다면 오직 땅에 대한 생각 때문에 있다.

만일 그것에 그것이 없다면 그는 그것을 공하다고 볼 것이다. 그러나 만일 거기에 다른 어떤 것이 있다면 그는 참으로 있다고 볼 것이다. 아난아, 이것을 참으로 공을 수행하여 거꾸로 되지 않았다고 한다.[16]

공을 향한 점진적인 진입으로 나아가기 위해서는 앞의 지각들, 여기서는 사람들에 대한 지각(경전의 경우에는 승단에 존재하는 비구들)과 숲에 대한 지각을 뒤에 남겨 두어야 합니다. 이런 대상들에 대한 지각들을 비우고 그 대신 공을 향한 점진적인 진입의 다음 단계에 주의를 기울여야 합니다. 이 다음 단계는 현재로서는 땅의 요소에 대한 지각입니다.

땅에 관한 서술을 보면 문제가 되는 핵심은 하나의 통합된 지각에 이른다는 것을 명확하게 하고 있습니다. 이런 목적으로 모든 다양한 것, 말하자면 땅 위의 일정하지 않은 것들, 또는 땅 위에서 볼 수 있는 여러 종류의 식물들의 다양성을 모두 무시해야만 합니다. 그 대신 지각은 땅의 기본 개념에만 오로지 관심을 갖는 것입니다. 이것은 마치

---

16   MĀ 190 at T I 737a19-b4.

주름이나 구김살이 없는 가죽에 비견할 만합니다.

땅을 어떻게 적절하게 보아야 하는가에 대한 서술을 자세하게 살펴보면, 이전 숲의 지각과는 다르다는 것을 알 수 있습니다. 이런 차이는 공을 향한 점진적인 진입에서 함양되는 지각의 양상은 이 지점에서 계속 앞으로 나아가면서 어느 정도의 추상성을 띤다는 사실을 반영하고 있습니다. 숲과 관련된 이전의 단계는 붓다와 아난다가 머무르고 있는 승단의 거주 장소에서 누구에게나 쉽게 보이는 것에 관심을 기울이기만 하면 되는 것이었습니다. 그것은 단순히 하나의 통합된 대상으로서의 숲에 주의를 기울이기만 하면 되었습니다. 그러나 이 단계에서는 주의의 목표물은 더 이상 땅의 보이는 효과만을 말하는 것이 아닙니다. 이런 관점은 땅을 잘 펴진 가죽으로 보라는 가르침의 일부에서 볼 수 있습니다. 잘 펴진 가죽에 비유하는 것은 어느 정도의 추상성을 암시하고 있습니다. 이것을 대상의 목표물로 생각한다는 것은 땅이 갖는 여러 현상의 바탕이라고 공통적으로 여기는 고체성의 원리에 초점을 맞추고 있는 듯이 보입니다.

초기불교 명상 이론에서 네 가지 요소의 첫 번째에 해당되는 땅(나머지는 물, 불, 바람이다)은 고체성의 원리를 대표하는 것입니다. 예를 들면 「코끼리 발자국 비유의 긴 경」과 이에 대응하는 『중아함경』의 설법에서 이런 점을 볼 수 있습니다. 여기에서는 내적인 땅의 요소는 우리 신체 속의 딱딱한 것을 대표하고 있다고 요약하면서 땅 요소의 여러 내적 현상들을 언급하고 있습니다.[17] 우리 자신의 물질적 신체 안에

---

17 MN 28 at MN I 185,16 (translated Ñāṇamoli 1995: 279) = MĀ 30 at T I 464c7.

있는 내적인 땅의 요소에 더하여 물론 외적인 땅의 요소도 있습니다. 이것은 외부에 존재하는 모든 딱딱한 것을 포괄하고 있습니다.

초기불교 명상 수행에서 땅의 요소를 사용하는 것은 평정과 통찰의 함양에 유익합니다. 통찰과의 관계에서 땅의 요소는 인간 신체를 그 물질적 요소로, 예를 들면 「염처경(Satipaṭṭhāna-sutta)」과 이에 대응하는 경전에서 언급된 해부학적인 분석으로 작동하고 있습니다.[18] 그런 분석의 목적은 공과 밀접하게 연관되어 있습니다. 왜냐하면 자기 신체를 물질적인 요소들의 구성물로 명상하는 것은 그 신체가 궁극적으로 공한 성질을 갖고 있다는 것을 드러내는 목적을 갖기 때문입니다.

「염처경」과 이에 대응하는 경전은 소를 도살하는 정육점 주인의 예를 들면서 이런 수행으로 말미암은 지각의 변화를 보여 주고 있습니다. 판매를 위해 고기를 절단할 때 정육점 주인은 더 이상 소라는 관점에서 생각하지 않고 여러 부위의 고기 덩어리라는 관점에서 생각합니다. 이와 마찬가지로 신체를 여러 물질 요소로 정신적으로 분해하는 수행자는 신체를 '나의 것'으로 동일화하고 거기에 집착하는 하나의 완결된 물질 단위라는 개념을 넘어섭니다. 그 대신 신체를 이런 요소들의 산출물로만 생각하고, 성질상 동일 요소들의 현상과 전혀 다를 것이 없는 그 무엇으로 간주합니다.

결과적으로 이런 통찰은 「요소의 분석 경(Dhātuvibhaṅga-sutta)」에

---

18 연관된 부분에 대한 번역과 수행적인 함의에 대한 논의는 아날라요(Anālayo 2013c: 81-96)를 참조할 수 있다.

해당되는 『중아함경』의 설법에서 잘 설해져 있습니다. 이 경전에서는 요소들을 분석하는 것을 주제로 삼고 있습니다. 그 내용은 다음과 같습니다.

> 비구여, 이것을 안의 지계[內地界]라 한다. 비구여, 안의 지계와 밖의 지계[外地界]가 있는데 그 일체를 통틀어 지계(地界)라고 한다. '그 일체는 나의 소유가 아니다. 나는 그것의 소유가 아니며, 또한 신(神)도 아니다.' 이와 같이 지혜로 관찰하여 여실하게 알고 마음이 이 지계에 집착하지 않는다면, 비구여, 이것을 지혜를 게을리 하지 않는 것이라 한다.[19]

통찰에서 평정으로 논의를 옮겨가 보면, 땅의 요소는 또한 '까시나'라고 불리는 지각의 총체성(perceptual totality)의 기반으로 작동합니다. 그런 명상적 함양의 배후에 놓인 개념은 땅의 요소에 대한 지각을 계발하여 그것이 하나의 통합된 경험으로 귀착되는 모든 것을 포괄하고 그리하여 깊은 집중으로 나아간다는 것입니다.

「공에 대한 짧은 경」과 이에 대응하는 경전에서 보이는 현재의 맥락에서 사용하는 땅의 요소는 초기불교 명상 이론의 이런 궤적이 갖는 두 가지 측면 모두를 어떤 식으로든지 통합하고 있습니다. 말하자면 통찰의 측면과 평정의 측면입니다. 현재의 맥락에서 땅 요소를 명

---

19 MĀ 162 at T I 690c16-c19 = MN 140 at III 240,27 (translated Ñāṇamoli 1995: 1089); T 511 at T XIV 780a15; D 4094 ju 37a3 or Q 5595 tu 40b1).

상에 사용하는 것은 '염처' 경험이 완전한 분석적 힘을 발휘하는 것은 아닙니다. 그러기 위해서는 네 가지 요소가 전부 필요합니다. 그럼에도 불구하고 땅의 요소는 공의 방향으로 나아가는 첫 번째 지시자로 작동합니다. 이것은 경전의 가르침이라는 맥락에서 보면 명백한 사실입니다.

현재의 맥락에서 공이 갖는 측면을 함양하기 위해서는 물질 현상을 지각하는 경험을 고체성이라는 순수한 개념, 즉 땅 요소의 일차적 성질로 환원하고, 이전의 사람과 숲의 지각을 여전히 특징짓는 공한 성질로 이것을 바라보아야만 합니다.

평정의 측면은 아마도 통찰의 측면보다 더 두드러지게 작동합니다. 이것은 현재 단계의 주된 핵심이 공을 향한 점진적인 진입에서 하나의 통합적인 지각을 계발하는 방향으로 나아가는 것이기 때문입니다. 현재의 핵심적인 문제는 마음을 하나의 통합된 것으로 세운 다음, 마음이 이후의 단계로 나아갈 수 있을 만큼 충분히 강한 집중력을 발휘하도록 만드는 것입니다.

그러나 「공에 대한 짧은 경」과 이에 대응하는 경전에서는 주석의 전통에서 언급하는 방식인 땅의 까시나 수행을 의도하고 있는 것처럼 보이지는 않습니다. 주석의 전통에서는 땅의 원판을 만들어 이 원판을 주시하기 시작하는데, 이렇게 하는 이유는 깊은 집중의 기반으로 땅의 내적 지각을 계발하기 위한 것입니다.[20] 「공에 대한 짧은 경」과 이에 대응하는 경전에서는 성질상 외부에서 자연스럽게 나타나는, 갈

---

20 Vism 123,28 (translated Ñāṇamoli 1956/ 1991: 123).

라지고 식물이 자라는 땅을 바라보는 것이 분명합니다. 이런 땅을 기반으로 하여 하나의 통합된 땅의 지각을 계발합니다.

하나의 통합된 지각을 계발하는 것은 사실 이미 앞에서 나온 숲의 지각의 모습입니다. 이것은 까시나 수행의 표준적인 대상들 중의 하나는 아닙니다. 숲에 대한 하나의 통합된 지각을 계발하는 것은 전체로서의 숲에 단지 주의를 기울이고자 하는 의도로 보입니다. 이것은 땅 위에 있는 개별적인 나무에 주의를 기울이는 것이 아닙니다. 땅의 지각에도 이것은 마찬가지입니다. 이런 요구에서 땅을 펼쳐진 가죽으로 보게 됩니다.

이상적으로는 이렇게 마음을 하나의 통합적인 체계로 만들기 위해서는 사선정이라는 집중의 깊이까지 이르러야 합니다. 이런 사선정의 집중은 대개 무색계를 함양하는 기반이 됩니다. 무색계로 들어가는 것은 땅의 지각 다음에 공을 향한 점진적인 진입의 단계이기 때문입니다. 그러나 「공에 대한 짧은 경」과 이에 대응하는 경전의 가르침은 무한한 공간 영역의 '지각'에 주의를 기울이라고 말하고 있습니다. 그 경전들에서는 무한한 공간 자체의 '성취'를 말하고 있지 않습니다. 이와 동일한 양상이 다른 무색계 영역에 대한 가르침에서도 지속됩니다.

「공에 대한 짧은 경」과 이에 대응하는 경전은 이 경전들의 가르침이 무한한 공간 영역의 완전한 성취만을 적용하고 있다는 의미가 아니라는 점을 분명히 밝히고 있습니다. 이런 의미의 무한한 공간의 성취는 사선정을 필요로 하기 때문입니다. 그 대신 「공에 대한 짧은 경」과 이에 대응하는 경전에서 묘사하고 있는 공을 향한 점진적인 진입은 낮은 집중의 단계에서 수행할 수 있는 지각 훈련입니다. 물론 이 경우에

도 장애는 제거되어야 합니다. 무한한 공간의 지각을 위한 실제적인
가르침은 다음과 같습니다.

4. 무한한 공간

다시 아난아, 비구가 만일 공을 많이 수행하려고 한다면 그 비구는
일이 없는 것에 대한 생각[無事想]을 하지 말고, 땅에 대한 생각도 하
지 말며, 오로지 한량없는 허공에 대한 생각[無量空處想]만을 계속
하라.

그는 이렇게 알아 일이 없는 것에 대한 생각도 비우고 땅에 대한
생각도 비운다. 그러나 오직 한량없는 허공에 대한 생각만은 비우
지 않는다.

일이 없는 것에 대한 생각 때문에 어떤 피로가 있다지만 나에게
는 그것이 없다. 또는 땅에 대한 생각 때문에 어떤 피로가 있다지
만 나에게는 그것이 없다. 피로가 있다면 오직 한량없는 허공에
대한 생각 때문에 있다.

만일 그것에 그것이 없으면 그는 그것을 공하다고 볼 것이다. 그러
나 만일 거기에 다른 어떤 것이 있다면 그는 참으로 있다고 볼 것
이다. 아난아, 이것을 참으로 공을 수행하여 거꾸로 되지 않았다
고 한다.[21]

---

21   MĀ 190 at T I 737b4-b12.

자비와 공 ○

이 단계에서 명상이 진전하기 위해서 땅에 대한 통합적인 지각을 공간에 대한 하나의 통합된 지각으로 변경하는 것이 필요합니다. 이 공간은 땅이 차지하고 있었던 것입니다. 이렇게 하여 이전 단계에서 사용된 땅이라는 대상은 사라지게 됩니다. 이는 땅에 대한 이전의 지각과 비교해 보면 보다 더 추상화된 것입니다. 이렇게 더 나아간 지각의 추상성은 물질 현상의 특징인 고체성의 개념을 뒤에 남기고 이것을 초월합니다.

물질의 모든 특성을 뒤에 남겨 두는 것은 초기불교 사상에서 네 가지의 무색계 중 첫 번째인 무한한 공간의 체험이 갖는 주요한 함축성 중 하나입니다. 이 경험에 어떻게 도달하는가에 대한 표준적인 서술은 물질적인 모든 것을 초월한다고 명백하게 언급하는 것입니다. 이에 대한『중아함경』의 서술을 옮겨 놓겠습니다.

> 일체의 색이라는 생각을 넘어 상대가 있다는 생각을 없애고 약간의 생각도 생각하지 않으면 곧 한량없는 공(空)이다. 이 한량없는 공처[無量空處]를 성취한다.[22]

이렇게 하여 무한한 공간 영역[空無邊處]의 성취와 함께 모든 형태의 지각은 뒤에 남겨집니다. 간단히 말해서 이런 경험의 수준에서 물질은 더 이상 문제가 되지 않습니다.

---

22 MĀ 163 at T I 694b1-b2; 이와 유사한 기술을 다음 경에서 찾을 수 있다; MN 137 at MN III 222,15 (translated Ñāṇamoli 1995: 1072).

말할 필요도 없이, 이것은 존재론적인 언급은 아닙니다. 단지 지각 훈련의 한 단계일 뿐입니다. 「공에 대한 짧은 경」과 이에 대응하는 경전에서 공을 향해 점진적으로 진입하는 것은 일상적인 지각을 예리하게 하고, 어느 정도는 해체하는 것을 목적으로 합니다. 이런 과정은 명상이 열반의 경험으로부터 절정에 도달하는 지점까지 진전됩니다. 거기에서 최고의 공함을 성취하게 됩니다. 그런 최고의 공함으로 들어가는 점진적인 진입의 현 단계에서 문제가 되는 것은 물질의 공함을 드러내는 것일 뿐이지 그 비존재를 주장하는 것이 아닙니다.

존재뿐만 아니라 비존재의 확인을 비껴갈 필요성은 『상윳따 니까야』와 이에 대응하는 경전의 주제입니다. 여기 『잡아함경』에서 관련되는 부분을 옮겨 보겠습니다.

> 세간의 발생을 있는 그대로 바르게 알고 본다면 세간이 없다는 것은 있을 수 없는 일이요, 세간의 소멸을 있는 그대로 바르게 알고 본다면 세간이 있다는 것은 있을 수 없는 일이다.[23]

두 가지 극단의 포로가 아닌, 중도의 올바른 전망은 사물의 연기적 성질을 인식하는 것입니다. 공함은 사실 비존재에 대한 것이 아니라, 정확히 모든 현상의 조건화된 성질에 대한 것입니다.

초기불교의 공에 대한 논의에서 잠깐 떠나서, 여기서 언급하게 되

---

23 SĀ 301 at T II 85c26-c28 = SN 12.15 at SN II 17,10 (translated Bodhi 2000: 544) = Tripāṭhī 1962: 169.

는 특징은 물리학의 양자역학으로 관심을 돌려 그 예를 보는 것이 아마도 가장 좋을 것입니다. 양자역학의 관점에서 보면, 물질은 정말 대부분이 비어 있습니다. 원자의 크기와 원자핵의 크기를 비교해 보면, 핵의 크기는 축구장에 놓인 쌀 한 톨의 크기와 유사합니다.[24] 이것을 우리 몸에 적용해 봅시다. 우리 몸을 구성하는 모든 핵을 순서대로 나열하여 보면, 그것들이 차지하는 면적은 티끌 하나에 불과할 것입니다. 나머지는 모두 비어 있는 공간입니다.

이런 핵들 자체는 지속적으로 변화하는 과정을 겪고 있는 쿼크로 이루어져 있습니다. 이렇게 지속적으로 변화하는 쿼크들은 존재하는 바로 그 지점을 확정하기 어려워서, 정확한 위치와 속도를 동시에 알 수 없습니다. 우리가 정확하게 알 수 있는 것은 단지 그것의 속도 혹은 위치일 뿐, 두 가지를 동시에 알 수는 없습니다.

이런 관점에 따라서 우리 자신의 신체와 우리 외부의 물질 현상의 물질적 본질을 곰곰이 생각해 보면, 공간 지각이 물질을 보는 통상적인 방법, 즉 우리 외부에 존재하는 그 무엇이 고체성을 갖는다고 여기는 것보다 텅 비어 있는 공간을 지각하는 것이 오히려 더 정당한 듯이 보입니다.

그렇지만 이런 모든 것을 고려한다고 해서 물질이 전혀 존재하지 않는다는 뜻은 아닙니다. 양자물리학의 참신한 모든 발견에도 불구하고, 우리가 벽을 뚫고 지나갈 수 있는 것은 아닙니다. 끊임없이 변화하는 에너지 단위들 사이에 존재하는 전자기의 힘 때문에 물질은 딱딱

---

24   Ricard and Thuan 2001: 95.

한 그 무엇으로 존재하고, 우리가 접촉할 수 있는 것으로 존재합니다. 물질은 어떤 종류의 고체성의 존재라도 분명히 텅 비어 있지만, 그 모양은 분명히 고체성입니다. 물질의 존재는 그 자체로 고체성이 아닌 끊임없이 변화하는 상황의 산물인 것입니다.

무한한 공간의 지각으로 마음을 훈련하게 되면, 물질의 이런 측면은 세계에 대한 지각적 평가와 통합될 수 있습니다. 그리하여 물질 현상들을 볼 때 더욱 균형감각을 갖게 되고 한 걸음 물러서서 바라볼 수 있게 됩니다.

일단 물질의 대부분이 전자기적 결합의 힘이 침투한 바로 그 공간이라는 것을 깨닫게 되면 일상적으로 물질이 드러내는 차이가 그 중요성을 잃게 됩니다. 아름다운 신체와 추한 신체 사이의 차이가 더 넓은 공간 속에 있는 먼지 두 조각의 차이로 요약된다면, 그 중요성이 아주 별 것 아니게 됩니다. 이렇게 그 고체적 물질 기반을 박탈하게 되면 누군가가 아름답거나 추하다고 평가하는 것은 말하자면 마음의 투사에 불과하다는 것을 쉽게 알 수 있습니다. 더욱 정확하게 말하면 그것들은 신기루 같은 지각의 투사인 것입니다. 이렇게 공을 향한 점진적인 진입의 한 부분으로서 무한한 공간의 지각을 함양하는 것은 세계를 지각적으로 평가하는 점에서 공정하고 무심한 마음으로 이끄는 대단한 잠재적인 힘을 갖는 것입니다.

3장에서 이미 거론한 비유, 즉 화가가 공중에 그림을 그릴 수 없다는 것의 관점에서 보면[25] 다른 사람의 외부 신체적 형태에 대한 집착

---

25 3장 4절을 참조할 수 있다.

과 혐오는 그 대부분이 근거를 잃게 됩니다. 왜냐하면 이런 외부적인 것의 대부분은 단지 허공일 뿐이라는 것을 인식하기 때문입니다. 무대 위의 젊은 패션모델과 나병에 걸려 길가에 있는 거지, 다이아몬드와 개똥 사이의 차이는 먼지 알갱이의 차이로 축소됩니다.

말할 필요도 없이, 이런 지각적 훈련은 다른 사람의 신체를 부정하는 것으로 나아가서는 안 됩니다. 왜냐하면 이렇게 되면 집착과 혐오뿐만 아니라 또한 다른 사람의 신체적 고통에 대한 순수한 연민의 근거마저 제거해 버리기 때문입니다. 공을 향한 점진적인 진입의 부분으로서 공간의 지각을 함양하는 것은 다른 사람의 신체(또는 물질 일반)를 통상적으로 지각하는 것에 대한 반대의 균형을 잡기 위한 방법입니다.

모든 방향으로 무한한 공간의 경험을 수행하게 되면 무한한 공간의 지각은 거친 번뇌로 채색되는 경향을 넘어설 뿐만 아니라 또한 접촉하는 모든 경험을 떠나게 됩니다. 화가의 붓이 허공에 이미지를 그리려고 할 때 아무것과 접촉할 수 없는 것처럼, 모든 접촉과 기준점은 공간에 대한 무한한 명상 경험이 끝이 없다는 것 가운데에서 사라져 버립니다.[26]

이런 경험은 다섯 무더기의 첫 번째인 물질 형상의 평균적인 경험과는 아주 대조적입니다. 『상윳따 니까야』와 이에 대응하는 『잡아함경』의 해당 구절에서는 모든 종류의 접촉에 오염된 그 무엇으로 물질

---

26 캐서린(Catherine 2008: 195)은 무한한 공간의 경험은 "글자 그대로 지시·형태·구조·구별·개별이 없는 지각이다. 이것은 한계가 없다. 무한한 공간은 비율이나 측정이나 차원에 의해서 기술될 수 있는 것이 아니다"라고 설명한다.

형상의 본질을 강조하고 있습니다. 이에 해당되는 『잡아함경』의 구절
은 다음과 같습니다.

> 만일 그것이 걸리고 나뉠 수 있는 것이라면 이것을 색수음(色受陰)
> 이라 한다. 또 걸리는 것으로서 손, 돌, 막대기, 칼, 추위, 더위, 목
> 마름, 굶주림이나 또는 모기, 등에 같은 모든 독한 벌레나 또는 바
> 람, 비에 부딪치는 것을 가리켜 그것을 부딪치고 걸리는 것이라
> 한다. 그러므로 걸리는 것을 색수음이라 한다.[27]

『상윳따 니까야』와 이에 대응하는 경전들의 또 다른 구절들은 또한
신체를 여러 방법으로 오염된 그 무엇으로 언급하고 있습니다. 아래에
『중아함경』의 해당 구절을 옮겨 봅니다.

> 종기[癰]란 곧 이 몸이다. 그것은 사대(四大)로 이루어진 거친 물질
> [色]로서, 부모로부터 났고, 음식으로 자라나고, 옷을 입고 문지르
> 며, 목욕하고 억지로 참는 것으로서, 덧없는 법이요, 무너지는 법
> 이며, 흩어지는 법이다. 이것을 종기라 한다.[28]

---

27 SĀ 46 at T II 11b26-b29 (translated Anālayo 2014e: 37). 이와 유사한 『상윳따
    니까야』는 공격받는 다양한 형태를 열거하지 않고 있다; SN 22.79 at SN III
    86,23 (translated Bodhi 2000: 915). 티베트 경전에서는 공격받는다는 것이 언
    급되고 있다; D 4094 ju 16a4 or Q 5595 tu 17b7 (translated Dhammadinnā
    2014b: 95).
28 MĀ 114 at T I 603a24-a26. 신체와 연관해서 일어나는 다양한 활동을 기술
    한 유사한 경으로는 다음이 있다; SN 35.103 at SN IV 83,24 (translated Bodhi
    2000: 1183); D 4094 nyu 72b1, Q 5595 thu 117a3.

무색계로서 모든 종류의 신체적 고통과 접촉 경험을 극복하는 것은 또한 「확실한 가르침 경(Apaṇṇaka-sutta)」에 언급되어 있습니다. 이 경의 몇몇 부분들은 산스끄리뜨어 단편으로 보존되어 있지만,[29] 현재의 논의와 연관된 구절은 단지 빨리어 경전에만 있습니다. 「확실한 가르침 경」에서 이 부분을 번역해 보겠습니다.

> "물질에 근거하여 몽둥이를 들고, 무기를 들고, 싸우고, 투쟁하고, 분쟁하고, 중상모략하고, 거짓말을 하는 것이 생기지만, 무색계에서는 이들이 전혀 없다." 그는 이와 같이 숙고하면서 물질을 염오하고 그것에 대한 욕망을 버리고 소멸을 위해 수행한다.[30]

신체적 형태는 돌과 막대기, 기온의 변화, 배고픔과 갈증, 여러 벌레로 인해서 영향을 받을 수 있습니다. 신체는 끊임없이 영양분, 의복, 목욕을 요구합니다. 이런 모든 것이 충족되었다고 하더라도 결국은 분해되어 버릴 것입니다. 그리고 신체로 인해서 모든 종류의 분쟁과 다툼이 일어납니다. 이런 모든 것은 물질성이 공간에서 분해될 때 없어지게 됩니다.

---

29 출판된 단편의 형태로 보존되어 있는 이 경의 부분에 대한 연구는 아날라요 (Anālayo 2011a: 339 n.147)를 참조할 수 있다.

30 MN 60 at MN I 410,28 (also translated Ñāṇamoli 1995: 516). 다른 연관된 부분은 『맛지마 니까야』 62번째 경에서 볼 수 있다; MN 62 at MN I 424,22 (translated Ñāṇamoli 1995: 530). 이 경은 어떤 것에도 걸리지 않는 공간과 같은 마음을 계발하기를 독려한다. 이 경에서 전체 요소에 대해서 설명하는 것을 유사한 경인 『증일아함경』(17.1)에서는 발견할 수 없다; EĀ 17.1 at T II 581c15. 그러나 『증일아함경』(43.5)에서는 볼 수 있다; EĀ 43.5 at T II 760a5.

공을 완전히 깨달은 분들의 시적인 표현을 보면, 하늘을 나는 새의 비유를 사용합니다. 이것은 위에서 언급한 가르침, 즉 물질의 한계와 공간의 탁 트인 성질 사이의 대조에 대한 가르침을 보완하고 있습니다. 「우다나품(Udānavarga)」에서 이런 시적인 표현을 볼 수 있습니다.

> 모든 생성에서 벗어나고
> 미래에 집착하지 않고
> 비어 있고
> 상이 없고 고요한 사람들
> 마치 새들이 허공을 날아도 자취가 없듯이
> 그들이 가는 길에는 자취가 없다.[31]

최고의 공을 깨달은 사람은 어떤 흔적도 남기지 않습니다. 마치 하늘을 나는 새와 같습니다. 이런 시적 이미지는 완전히 깨달은 자들은 환생을 넘어서 있다는 것뿐만 아니라 모든 종류의 번뇌도 초월하였다는 것을 전달해 줍니다. 어떤 흔적도 남기지 않고 더 넓은 공의 실현에서 이런 것들은 완전히 사라져 버립니다.

---

31 Stanza 29.29, Bernhard 1965: 380. 『법구경』(93)과 『파트나 다르마빠다』(270)는 미래에 의존하지 않는 것 대신에 음식에 의존하지 않는 것을 설한다. 고요 대신에 열반을 설한다. Dhp 93 (translated Norman 1997/ 2004: 14); Patna Dharmapada 270, Cone 1989: 173.

5. 무한한 공과 연민

물질적인 신체와 대비되는 공간의 공한 성질에 대한 위의 경전 구절들은 『청정도론』과 『유가사지론(Yogācarabhūmi)』에서 언급한 가르침과 긴밀히 연결되어 있습니다. 이 논서들은 연민과 공간의 관계에 대해서 말하고 있습니다. 여기에 관한 것은 3장의 끝에서 언급한 적이 있습니다.[32] 이런 관계에 따르면, 무한한 공간은 명상을 통해서 연민을 함양하는 것의 정점에 있습니다.

『청정도론』과 『유가사지론』에 의하면 이런 관계의 바탕을 이루고 있는 핵심은 무한한 공간을 체험하게 되면 그 사람은 물질적 영역[色界]을 떠나게 된다는 것입니다. 이런 물질적 영역은 넓은 범위의 신체적 번뇌의 원인이 됩니다. 이런 형태의 초월은 다른 사람들이 이런 번뇌에서 자유롭게 되기를 바라는, 연민에 가득 찬 소망을 다시 불러일으키게 됩니다.

연민과 공 사이의 관계에 대해 논의가 필요한 또 다른 측면은 후기 불교에서 이 둘의 관계가 서로 다소 긴장을 유발하는 것으로 간주된다는 점입니다. 살아 있는 존재를 연민의 대상으로 보는 것(그리고 다른 무량심)과 공의 관점에서 보면 살아 있는 존재는 정말로 존재하는 것이 아니라는 것 사이에서 갈등이 감지됩니다.

예를 들면 살아 있는 존재를 수행의 대상으로 보는 것은 빨리(Pali) 주석 전통에서 하나의 문제로 제기됩니다. 상좌부 주석가들은 사무

32　3장 7절을 참조할 수 있다.

량심의 수행을 초세간적인 것과는 분리된 것으로 보고 있습니다. 왜 냐하면 사무량심에서는 살아 있는 존재를 그 대상으로 간주하기 때 문입니다.[33] 예를 들면 그들은 자애를 자아의 관점을 견지하는 것과 가까운 것으로 여깁니다.[34] 『구사론(Abhidharmakośabhāṣya)』에서도 유 사한 입장을 표명하고 있습니다. 『구사론』에서는 사무량심으로 번뇌 를 제거할 수 없는 이유들 중의 하나로서, 사무량심은 살아 있는 존재 를 그 대상으로 보고 있기 때문이라고 말합니다.[35]

이와 비견되는 문제들은 대승경전들에서 논의되고 있습니다. 예를 들면 『입보리행론(Bodhicaryāvatāra)』에서는 살아 있는 존재가 없다고 하면 누구를 향하여 연민을 베풀어야 하는지 의문을 표현하고 있습 니다.[36] 또 다른 예로서 『화엄경(Buddhāvataṃsaka)』에서 보살은 비록 살아 있는 존재가 없다는 것을 이해하더라도 결코 모든 살아 있는 존 재들을 포기하지 않는다고 말하면서 이런 갈등을 드러내고 있습니 다.[37]

『팔천송반야바라밀다경(八千頌般若波羅蜜多經, Aṣṭasāhasrikā-prajñāpāramitā)』에서 표현하고 있는 것을 보면, 이런 문제가 까다롭다 는 것을 강조하고 있습니다. 이 경전에서는 살아 있는 존재들은 존재 하지 않고 찾을 수도 없음에도 불구하고, 셀 수 없을 정도로 많은 살

---

33   Mp II 41,27.
34   Pj I 251,5.
35   Pradhan 1967: 454,1.
36   Tripathi 1988: 234,4 § 9.76 (translated Matics 1971: 218).
37   T 279 at T X 106c11 (translated Cleary 1984/ 1993: 466).

자비와 공 ○

아 있는 존재들을 궁극의 열반으로 인도하고자 하는 소망을 가진 보살이 성취해야 하는 어려운 과제에 대해 언급하고 있습니다. 『팔천송반야바라밀다경』에서는 살아 있는 존재들을 (해탈로) 인도할 수 있다고 생각할 수 있다면, 허공을 (해탈로) 인도할 수 있다고 말하면서 이 문제를 요약하고 있습니다.[38] 여기서 공간과의 비교는 나의 현재 주제와 직접적으로 연결되어 있습니다.

초기경전의 관점에서 살펴보면, 상좌부의 주석 전통에서 여러 대승경전에 이르기까지 이렇게 다양한 경전에서 제기하고 있는 핵심은 별로 문제가 아닌 듯이 보입니다. 내 생각으로 연민의 수행은 무한한 확산의 형태를 취하고 있고, 그래서 명상 수행과 연관되어 있는 한 개별적인 살아 있는 존재에 대한 지각을 일으킨다고 해서 그 존재가 실체를 갖는 존재라고 착각하는 문제는 우선 일어나지 않습니다.[39] 더구나 초기경전에 의하면 공 또는 무아는 살아 있는 존재가 없다는 의미가 아닙니다. 단지 그것이 의미하는 바는 살아 있는 존재는 실체적이고 항상적인 자아를 갖지 않는다는 것, 즉 그것은 자아가 공하다는 것입니다. 그러므로 연민이 그 본질상 살아 있는 존재의 번뇌와 연관되어 있다는 사실은 문제가 되지 않습니다. 왜냐하면 이런 살아 있는 존재들은 통찰의 힘으로 살펴보면 무상한 조건의 산물로서 간주되고, 그러므로 무아이기 때문입니다.

살아 있는 존재들은 변화하고 조건화된 현상으로 존재합니다. 그것

---

38 Mitra 1888: 445,5 (translated Conze 1973/ 1994: 259).
39 살아 있는 개별적인 존재를 사무량심의 수행 대상으로 삼는 것에 대한 좀 더 자세한 논의는 아날라요(Anālayo 2015b)를 참조할 수 있다.

은 마치 벽이나 다른 현상적인 물질들이 변화하고 조건화된 현상으로 존재하는 것과 마찬가지입니다. 둘 다 변화하는 과정의 조건화된 힘 때문에 정확히 존재합니다. 나는 이 주제를 다시 6장에서 더 자세히 언급할 예정입니다. 6장에서 공을 향한 점진적인 진입의 한 단계로서 아무것도 없음[無所有]의 지각에 대해 언급할 것입니다.

6. 요약

초기경전의 공함은 종종 무엇이 '비어 있는 것'으로 사물을 특징짓는 형태를 띠고 있습니다. 그러므로 하나의 자아가 공하다는 규정은 어떤 예외도 없이 내적·외적으로 모든 측면의 경험을 포괄하고 있습니다.

「공에 대한 짧은 경」과 이에 대응하는 경전에서 공을 향하여 점진적으로 나아가는 것은 바로 우리가 놓인 환경에서 시작하여 그 다음에는 고체성의 땅과 무한한 공간으로 진행됩니다. 그리하여 물질 현상의 고체성이라는 개념을 해체하게 됩니다.

V _ 공한 마음

이 장에서 내가 검토하고자 하는 것은 「공에 대한 짧은 경」
과 이에 대응하는 경전에서 언급한 공을 향한 점진적인 진
입이 계속 이어지는 것입니다. 무한한 의식의 지각을 담은
다음 단계의 배경을 이해하기 위해서 나는 초기불교 사상
에서 특히 연기(paṭiccasamuppāda)와의 관계를 고려하여
의식이 갖는 함축성을 탐구하고자 합니다. 또한 나는 「공
에 대한 긴 경(Mahāsuññata-sutta)」과 이에 대응하는 경전
의 가르침, 즉 공과 일상생활과의 연관성에 대해 검토하고
자 합니다.

1. 무한한 의식[識無邊處]

공을 향한 점진적인 진입이라는 점에서 「공에 대한 짧은 경」과 이에 대응하는 『중아함경』의 가르침 중 무한한 공간의 지각에서 무한한 의식의 지각으로 나아가는 것은 다음과 같이 언급되어 있습니다.

> 다시 아난아, 비구가 만일 공을 많이 수행하려고 한다면 그 비구는 땅에 대한 생각도 하지 말고, 한량없는 허공에 대한 생각도 하지 말며, 오로지 한량없는 식이 있는 곳에 대한 생각[無量識處想]만을 계속하라.
>
> 그는 이렇게 알아 땅에 대한 생각도 비우고, 한량없는 허공에 대한 생각도 비운다. 그러나 오직 한량없는 식이 있는 곳에 대한 생각만은 비우지 않는다.
>
> 땅에 대한 생각 때문에 어떤 피로가 있다지만 나에게는 그것이

자비와 공 ○

없다. 또는 한량없는 허공에 대한 생각 때문에 어떤 피로가 있다지만 나에게는 그것이 없다. 피로가 있다면 오직 한량없는 식이 있는 곳에 대한 생각 때문에 있다.

만일 그것에 그것이 없으면 그는 그것을 공하다고 볼 것이다. 그러나 만일 거기에 다른 어떤 것이 있다면 그는 참으로 있다고 볼 것이다. 아난아, 이것을 참으로 공을 수행하여 거꾸로 되지 않았다고 한다.[1]

공을 향한 점진적인 진입의 한 단계에서 다음 단계로 변환하는 가르침은 앞의 두 단계와 연관된 지각을 피할 필요가 있다는 것에서 시작됩니다. 지금의 상황에서는 땅과 무한한 공간의 지각에 주의를 기울여서는 안 됩니다. 대신 무한한 의식의 지각에 주의를 기울여야 합니다.

무한한 공간에서 무한한 의식으로 진전되어 가는데 땅이 다시 언급된다는 것은 주목할 만합니다. 무한한 공간에서 땅은 이미 뒤에 남겨진 것입니다. 땅이 다시 언급된다는 사실은 연속적인 과정에서 한 단계의 지각이 다음 단계의 지각으로 나아갈 때 이미 성취된 것이 상실되지 않는다는 인상을 줍니다. 현재의 상황에서 무한한 공간의 지각을 통해서 고체성의 원리를 초월한 것입니다.

무한한 공간에서 무한한 의식으로 변환하는 것은 무색계의 성취를 통한 명상의 진전과 동일한 양상을 따릅니다. 현재의 단계를 변환하기 위해서 마음 자체로 주의를 돌릴 필요가 있습니다. 이전에 무한한

---

1   MĀ 190 at T I 737b12 to b21.

공간의 개념에 몰입된 것에 의해 의식 자체는 무한의 경험과 하나가 되어 버렸습니다. 마음 자체로 주의를 다시 돌리게 되면 무한한 의식의 지각이 계발됩니다. 여기서 무한한 공간을 하나의 대상으로 이미 체험한 의식은 이제 그 자신이 경험의 대상이고 내용이 됩니다.

이런 수행의 단계를 공을 향한 점진적인 진입의 부분으로 간주하는 것은 의식이 주관적 경험에서 담당하는 근본적인 역할을 드러냅니다. 무한한 공간을 지각하는 것은 어떤 한계도 없이 모든 전체 세상을 포괄합니다. 무한한 의식의 지각은 무한한 공간을 알게 하였던 것에 주의를 돌립니다. 그렇게 하여 이제는 모든 전체 세상이 어쨌든 그 사람의 마음속으로 들어가 버렸습니다.

현재의 단계가 갖는 함축성을 제대로 적절하게 평가하기 위해서는 초기불교 사상이 의식을 외적 세계의 원천으로 간주하지 않았다는 것을 염두에 두어야 합니다. 외적 세계는 그것을 인지하는 나의 움직임과는 독립적으로 (조건화되고, 무상한 과정으로) 존재합니다. 그러나 세계에 대한 나의 주관적인 경험과 관련된 한, 의식은 바로 그 근본 바탕이 됩니다. 세계에 대한 나의 경험은 의식 없이는 불가능합니다. 다른 말로 하면 세계의 현상이 '나에게' 존재하고, '나로 인해' 경험되기 위해서 의식은 필수 불가결합니다. 그러므로 의식은 진정으로 '나의' 세계의 원천이고, 의식은 '나의' 경험 세계가 전개될 수 있는 바로 그 바탕을 제공합니다.

일단 외부 현실 개념의 마지막 잔존물로서 공간이 뒤에 남겨지면, 무한한 의식의 주관적 경험은 이 접점에서 명상 수행을 포괄적으로 주제하는 것이 됩니다. 공을 향한 점진적인 진입의 단계에서 마음은

자비와 공 ○

세계 경험에 실질적으로 기여한다는 것이 드러나며, 이 접점에서 경험은 단지 마음에 주의를 기울이는 것으로 축소됩니다. 오해를 피하기 위해서, 공을 향한 점진적인 진입의 현 단계가 일종의 유아론을 상정하고 있지 않다는 것을 이해해야 합니다. 핵심은 이 지점에서 실제적인 명상 경험은 '단지 마음'의 향기만을 갖는다는 것입니다. 왜냐하면 그것이 그 주된 주제이기 때문입니다. 그러나 이는 연속적인 지각과정의 한 단계에 불과합니다. 이 단계는 다음 단계에서 다시 뒤에 남겨집니다.[2] 이런 점을 더 명확히 하기 위해서 나는 초기불교 사상에서의식의 특징과 조건성에 대해 이후에 언급할 예정입니다.

2. 의식의 특징

초기경전에서 다섯 무더기[五蘊]를 경험적으로 분석하면서 의식이 종종 언급됩니다. 오온을 기준으로 삼는 핵심적 요지는 모든 경험은 공한 성질을 갖고 있다는 것입니다. 이 공한 것을 우리는 '나'와 '나의 것'으로 동일화하고 집착한다는 것입니다. 4장에서 언급한 경전의 비유에서 보면, 오온의 하나인 의식은 마술사의 행위

---

2   무한한 공간의 지각과 관련해서 캐서린(Catherine 2008: 210)은 "이렇게 '정신적으로 발전한' 지각을 일상적인 지각으로 대체하는 것은 도움이 되지 않는다. 정신적으로 발전한 지각의 가치는 단순하다. 이러한 지각은 일상적 지각에 대한 집착을 끊을 수 있는 기회를 제공한다. 이러한 지각은 변화된 관점에 집착하지 않도록 한다"라고 말한다.

에 비교됩니다.[3] 다른 말로 하면 의식은 환각에 비견되는 하나의 결과물입니다.

오온이라는 관점에서 보면 의식은 마음의 한 측면만을 반영합니다. 여기서 무엇을 의식한다는 것은 느낌·지각·형성의 온들과는 구별됩니다. 각각은 정서·인식·의지의 차원을 가리킵니다.

그러나 다른 맥락에서 의식은 마음의 총체를 대표합니다. 그 한 예는 '몸과 마음'이라는 의미를 전달하는 한 방식으로 "의식이 있는 신체"라는 표현을 거듭 사용할 때입니다.[4] 또 다른 예는 네 가지 물질적 요소들(땅, 물, 불, 바람)에서 공간과 의식으로 나아간다는 것을 언급하면서 요소들을 쭉 나열할 때입니다.[5] 여기서도 의식은 정신적인 모든 것을 포괄합니다.

이런 용어 사용법은 무한한 의식의 지각에 대해서 명상적으로 친숙한 사람은 보다 더 깊은 의미를 갖습니다. 이런 지각과 함께 모든 경험은 의식으로 모아지고 이것은 모든 것을 포괄합니다. 나머지 온들에 해당되는 마음의 다른 측면들은 거의 눈에 띄지 않을 정도로 완화되어 버립니다. 이렇게 하여 실제 명상 수행에서 의식은 총체적인 마음을 대표할 수 있습니다. 다른 온들이 바로 그렇게 배경으로 물러나는 반면, 알고 자각하는 의식은 이런 명상 경험의 전면에 바로 드러나

---

3 4장 1절을 참조할 수 있다.

4 MN 112 at MN Ⅲ 32,33 (translated Ñāṇamoli 1995: 906) = MĀ 187 at T I 733a13 (translated Anālayo 2012c: 234); 이 두 경이 그 예이다.

5 이러한 용례는 바로 앞의 각주에 나오는 경의 다른 곳에서 찾을 수 있다; MN 112 at MN Ⅲ 31,16 (translated Ñāṇamoli 1995: 905) = MĀ 187 at T I 732c29 (translated Anālayo 2012c: 233).

자비와 공 ○

게 됩니다.

알고 자각한다는 성질은 정신적 경험에 고정적으로 주어져 있습니다. 그러나 이런 항상성으로 인해서 의식은 영원하다는 개념으로 쉽게 귀착됩니다. 「갈망하는 마음의 소멸 큰 경(Mahātaṇhāsaṅkhaya-sutta)」과 이에 대응하는 『중아함경』에서 붓다의 제자인 한 비구가 바로 그 동일한 의식이 다시 생을 얻게 된다는 결론에 도달한 이야기를 보고하고 있습니다. 이것을 들은 붓다는 비구에게 그것을 설명해 보라고 합니다. 『중아함경』에 실린 두 사람의 대화를 여기에 옮겨 봅니다.

> 세존께서 물으셨다. "너는 참으로 '나는 세존께서 "지금의 이 식(識)은 저 세상에 가서 태어나더라도 달라지지 않는다"라고 이렇게 설법하신 것으로 안다'라고 그와 같이 말하였는가?"
>
> 다제 비구가 대답하였다. "세존이시여, 저는 참으로 세존께서 '지금의 이 식은 저 세상에 가서 태어나더라도 달라지지 않는다'라고 이렇게 설법하신 것으로 알고 있습니다."
>
> 세존께서 물으셨다. "어떤 것이 식(識)인가?"
>
> "세존이시여, 이른바 식이란 말하고 깨달으며, 스스로 하고 남을 하게 하며, 일으키고, 함께 일어나는 것으로서 여기저기서 선한 업과 악한 업을 지어, 그 과보를 받는 것입니다."
>
> 세존께서 꾸짖어 말씀하셨다. "다제 비구여, 너는 어떻게 내가 그렇게 설법하였다고 알고 있으며, 너는 누구에게서 내가 그렇게 설법하더라고 들었느냐? 이 어리석은 사람아, 나는 전혀 그런 말을 하지 않았는데 너는 한결같이 그렇게 말하는구나. 이 어리석은

사람아."[6]

「갈망하는 마음의 소멸 큰 경」에서도 이와 유사하게 붓다가 강한 어조로 그 비구를 바보라고 하면서 꾸짖습니다. "바보"라는 표현은 이에 대응하는 산스끄리뜨 경전에도 고스란히 남아 있습니다.[7] 의식이 영원한 실체여서 한 생에서 다음 생으로 넘어간다는 생각을 붓다가 지지하지 않았다는 것은 분명한 사실입니다.

의식이 무상한 성질을 갖고 있다는 것을 또 다르게 비유한 것이 숲 속 원숭이의 비유입니다. 원숭이가 숲속에서 돌아다닐 때 한 나뭇가지, 그리고 다음 다른 나뭇가지를 붙잡는 것과 마찬가지로 의식은 지속적으로 변화하면서 한 대상을 취하고 그 다음에는 다른 대상을 취합니다.[8] 의식은 안정되어 있는 것처럼 보이지만 단지 의식되는 순간에 일어난 조건화된 흐름에 불과합니다. "의식(consciousness)"이라고 말하는 대신 명사의 사용에서 기인할 수 있는 안정성과 실체성의 뉘앙스를 피하기 위해서 "의식하기(consciousness-ing)"라고 말하는 것이 나을 듯합니다. 사실 마음의 인지 부분이 변화를 넘어서 있다면 어떤 한 대상을 아는 그 조건에 영원히 얼어붙을 수 있을 것입니다. 다른 대상들을 인지하는 바로 그 능력에는 이미 변화가 불가피하게 내포되

---

6   MĀ 201 at T I 767a6-a14.
7   MN 38 at MN I 258,18 (translated Ñāṇamoli 1995: 350); SHT V 1114b2; Sander and Waldschmidt 1985: 109.
8   SN 12.61 at SN II 95,5 (translated Bodhi 2000: 595) = SĀ 290 at T II 82a13 (translated Anālayo 2013c: 108) = 산스끄리뜨 단편 Tripāṭhī 1962: 117.

어 있습니다.

의식의 이런 흐름은 하나의 단일한 생을 넘어서 지속합니다. 이런 흐름의 지속성은 이전에 행하였던 행위의 결과가 상호 의존하여 발생한다는 전망을 열어 줍니다. 그러나 다시 태어나는 것은 동일한 의식이 아닙니다. 사실 현재의 순간과 그 다음에 이어지는 순간을 경험하는 것조차 같은 의식이 아닙니다. 그 대신 '의식하기'는 조건부로 발생한 아는 순간들의 흐름입니다.

3. 의존적 발생

경험은 조건 지어져 있다는 주제는 「공에 대한 짧은 경」과 이에 대응하는 경전의 가르침에서 어느 정도 바탕을 이루고 있습니다. 여기서 조건 지어져 있다는 것은 번잡함을 극복하는 것과 여전히 그곳에 번잡함이 있다는 것을 성찰하는 것을 뒷받침합니다. 예를 들면 무한한 의식의 경험은 연속적인 계기에서 이전의 단계들, 여기서는 땅과 무한한 공간의 지각으로 이어지는 조건들을 뒤로 하는, 그렇게 조건 지어져서 발생한 마음 상태의 경험입니다. 이렇게 땅과 무한한 공간의 부재와 무한한 의식의 지각에 집중하는 것은 현 단계에서 필요한 조건입니다. 이것에 주의를 기울임으로써 경전의 가르침은 현 순간의 경험에 대한 조건을 가리키고 있습니다.

경전에서 뒤에 남겨진 조건에 "피로(weariness)"라는 표현을 사용한 것은 주목할 만합니다. 이것은 조건 지어진 모든 것이 공유하는 한 측면을 말합니다. 즉 모든 사람은 궁극적으로 그것에 피로를 느끼게 마련입니다. 그리고 그 실제적인 경험이 초세간적인 것이라고 하여도 그것은 단지 조건 지어진 마음의 산물일 뿐이고 번잡한 그 무엇에 불과합니다. 모든 지각이 갖는 성질을 피로라는 형식으로 표현하는 것은 통찰력과 결합하여, 모든 경험은 궁극적으로 불만족스러운 괴로움[dukkha]이라고 바로 알아차리게 됩니다. 이것이 바로 조건 지어진다는 것의 의미입니다. 이런 단계론적인 접근은 공을 향한 점진적인 진입이라는 최종 목적에 대한 준비입니다. 이것은 바로 어떤 경험이든 그것에 대한 의존에서 벗어나는 것입니다.

어떤 형태의 경험에도 결코 의존하지 않는 수행에 대한 언급은 『앙굿따라 니까야』와 이에 대응하는 『잡아함경』에 나오는 두 개의 설법에 있습니다. 여기서는 그중 하나만을 번역해서 옮겨 봅니다.

> 이렇게 선정을 닦는 사람은 흙[地]을 의지해 선정을 닦지 않고, 물, 불, 바람, 허공, 의식, 무소유처(無所有處), 비상비비상처(非想非非想處)를 의지해서 선정을 닦지 않는다. 이 세상을 의지하지도 않고 저 세상을 의지하지도 않으며, 해나 달도 의지하지 않고, 보고[見], 듣고[聞], 깨닫고[覺], 인식하는 것[識]에도 의지하지 않고 얻음[得]에도 의지하지 않으며, 구함[求]에도 의지하지 않고, 거친 생각[覺]을 따르지도 않고 미세한 생각[觀]을 따르지도 않으면서 그렇게 선정을 닦는다.[9]

---

9   SĀ 926 at T II 236a11-a15. 이 유사한 경인 『앙굿따라 니까야』(11.10)는 해

이와 같은 독립적인 명상 형식은 이런 개별적인 지각들을 하나씩 놓아 버릴 수 있고, 실제로 그렇게 할 때 성취될 수 있습니다. 말할 필요도 없이, 이는 그런 것들에 대해서 환멸을 느껴야 할 수 있습니다. 공을 향해 점진적으로 진입하기 위해서는 개별적 지각들을 바로 뒤에 남겨 놓아야 할 뿐만 아니라 현재 경험하는 무한한 의식조차도 하나의 번잡한 것으로 명백하게 규정해야만 합니다. 사실 이런 번잡한 것들을 뒤에 남겨 놓아야만 진전이 이루어집니다.

가르침의 이런 측면은 공을 향한 점진적인 진입의 개별 단계가 단순히 하나의 디딤돌로 확인되는 것을 목표로 하는 듯이 보입니다. 심지어 무한한 의식의 고양된 그리고 초세간적인 경험조차도 하나의 번잡한 종류에 불과합니다. 정말로 이것은 앞 단계의 번잡함보다도 훨씬 정교한 것입니다. 그러나 그것이 아무리 심오하게 보인다고 하더라도 번잡한 그 무엇일 뿐입니다. 왜냐하면 그것은 여전히 조건화된 영역과 관련되어 있기 때문입니다. 그것은 단지 완전한 해탈을 통한 최상의 공을 향한 명상적 진전의 한 부분입니다.

의식의 조건성은 「대인연경(大因緣經, Mahānidāna-sutta)」과 이에 대응하는 경에서 다루고 있는 주요한 주제입니다. 경전의 연관되는 구절은 공을 향한 점진적인 진입의 현 단계에 부가적인 배경을 제공해 주고 있습니다.

현재 주제에서 특별히 홍미로운 점은 「대인연경」과 이에 대응하는

와 달을 언급하지 않고 있다; AN 11.10 at AN V 325,1 (translated Bodhi 2012: 1561, 9번). 이것들은 다른 유사한 경의 대응하는 부분에서 별과 함께 언급하고 있다; SĀ2 151 at T II 431a1.

경전에서 이름과 형태[名色] 사이의 상호 연관된 관계에서 조건 지어져 있는 의식을 보여 주고 있다는 것입니다. 여기서 '형태[色]'는 오온 중 색 (신체적 형태)에 해당되고, '이름[名]'은 의식과 별개인 마음의 기능에 해당됩니다. 다른 곳에서 이것들은 느낌·지각·의도·접촉 및 주의로 설명되고 있습니다.[10] 초기경전에서 '이름'은 의식을 포함하지 않습니다. 이것은 후기의 불교 전통에서 사용하는 것과는 대조적입니다.[11]

「대인연경」과 이에 대응하는 경전은 붓다가 의존적인 발생의 심오함을 강조하는 것에서 시작합니다. 여기서는 이런 초기 설법의 『중아함경』 구절을 옮겨 봅니다. 이 초기 설법은 이어지는 상세한 설명의 틀을 제공해 주고 있습니다.

> 세존께서 말씀하셨다.
> "아난아, 너는 '이 연기는 지극히 얕고도 얕다'라는 그런 생각을 하지 말아라. 무슨 까닭인가? 이 연기는 지극히 깊고 이해하기도 또한 매우 어렵기 때문이다."[12]

그 다음에 붓다는 이런 초기 설법에 이어서 의존적 발생[緣起, paṭiccasamuppāda]에 대해 역순으로, 즉 그 조건을 형성하는 개별 주제

---

10 명색(名色)의 정의에 대해서는 다음을 참조할 수 있다. 느낌·지각·의도·접촉·주의에 대해서도 정의하고 있다; cf., e.g., SN 12.2 at SN II 3,34 (translated Bodhi 2000: 535) = EĀ 49.5 at T II 797b28.
11 좀 더 자세한 설명은 아날라요(Anālayo 2015c)를 참조할 수 있다.
12 MĀ 97 at T I 578b15-b17.

를 추적하면서 상세히 설명하고 있습니다. 명색에서 시작하여 의식으로 나아가는 부분을 옮겨 보겠습니다.

"아난아, 만일 어떤 사람이 '명색에도 연(緣)이 있는가'라고 묻거든 마땅히 '명색에도 연이 있다'고 대답하라. 만일 어떤 사람이 '명색에는 어떤 연이 있는가'라고 묻거든 마땅히 '식(識)을 연으로 한다'고 대답하라. 이른바 '식을 연으로 하여 명색이 있다'고 마땅히 알아야 한다."

"아난아, 만일 식이 모태에 들어가지 않더라도 이 몸을 이루는 명색이 있겠는가?"

"없습니다."

"아난아, 만일 식이 태에 들어갔다가 곧 나온다면 명색이 정(精)을 만나겠는가?"

"만나지 못합니다."

"아난아, 만일 어린 소년과 소녀의 식(識)이 처음부터 끊어지고 부서져서 없다면 명색이 더 자랄 수 있겠는가?"

"없습니다."

"아난아, 그러므로 이 명색의 원인, 명색의 성취, 명색의 근본, 명색의 인연은 곧 이 식이라는 것을 마땅히 알아야 한다. 무슨 까닭인가? 식을 연으로 곧 명색이 있기 때문이다."

"아난아, 만일 어떤 사람이 '식에도 연이 있는가'라고 묻거든 마땅히 '식에도 또한 연이 있다'고 대답하라. 만일 어떤 사람이 '식에는 어떤 연이 있는가'라고 묻거든, 마땅히 '명색을 연으로 한다'고 대답하라. 이른바 명색을 연으로 식이 있는 것을 마땅히 알아야 한다."[13]

위 인용문은 초기불교에는 의식과 명색 사이의 조건적 관계는 다시 태어남을 포괄하고 있다는 것을 보여 주고 있습니다. 어머니의 자궁에 들어가는 것과 같은 의식에 대한 언급은 위의 경전 구절에 대응하는 경전에서도 유사하게 발견됩니다.[14] 초기불교에 관한 한, 의존적 발생의 다시 태어남의 측면을 부정하는 것은 거의 없습니다. 동시에 위의 인용문은 의존적 발생의 표준적인 설명에서 벗어나 의미 있게 전개되고 있습니다. 표준적인 설명에서는 의식에서 시작하여 대개 형성[行]으로 되돌아가고, 그 다음에는 무명으로 돌아갑니다. 그러나 현재의 구절에서는 명색으로 돌아갑니다. 이것은 의식과 명색 사이가 상호 조건화되어 있다는 것을 보여 줍니다. 서로가 서로를 조건짓습니다. 『중아함경』에서는 이런 상호 조건지움을 다음과 같이 요약하고 있습니다.

아난아, 이것은 명색(名色)을 연(緣)으로 식(識)이 있고, 식을 연으로 또한 명색이 있다고 하는 것이다.[15]

---

13 MĀ 97 at T I 579c14-c25.
14 DN 15 at DN II 63,2 (translated Walshe 1987: 226); DĀ 13 at T I 61b9; T 14 at T I 243b18; T 52 at T I 845b7.
15 MĀ 97 at T I 580a1f.

자비와 공 ○

이것은 분명하게 다시 태어남을 언급하고 있을 뿐만 아니라, 또한 일상적으로 조건 지어진 의식이 명색을 인식하고 있는 것이라고 보여 주고 있습니다. 이로써 또한 의존적 발생이 단순히 다시 태어남의 설명에 한정될 수 없다는 것을 분명히 하고 있습니다. 이 특별한 가르침의 주요 핵심은 이런 원리가 12연기의 형태로 특별히 드러나는 것뿐만 아니라 조건 지어짐의 기본 원리를 더욱 두드러지게 보이게 한다는 점입니다. 이것은 의존적 발생에 대한 가르침이 정말로 심오하다는 것을 드러냅니다. 이런 심오함은 직접적인 명상 경험으로 접근 가능합니다. 이런 심오한 가르침의 배후에 있는 기본 원리는 지금 여기 자신의 수행에서 경험될 수 있습니다. 여기에서 자신의 전생을 알게 되는 비범한 능력을 계발할 필요는 없습니다.

그러므로 경험의 세계는 의식을 경험하는 것과 외부 현상의 영향, 즉 '형태'와 함께 그런 현상을 마음이 처리하는 과정, 즉 '이름' 사이의 상호연관적인 조건 지어짐을 통해서 드러납니다. 이런 상호 연관적 조건 지어짐을 통해서 괴로움(dukkha)의 의존적 발생이 드러납니다.

의식과 명색 사이의 상호 연관된 조건 지어짐은 『상윳따 니까야』와 이에 대응하는 경전의 한 비유에서 그 모습을 찾을 수 있습니다. 이 비유의 산스끄리뜨 구절을 번역해 보겠습니다.

예를 들어 두 개의 갈대 다발이 서로 의지하여 서 있는 것과 같다.[16]

---

16 Tripāṭhī 1962: 110. SN 12.67 at SN II 114,17 (translated Bodhi 2000: 608) = D 4094 nyu 70a5 or Q 5595 thu 114b2. 이 경들은 두 개의 갈대 다발을 언급한다. 반면 다른 유사한 경인 『잡아함경』(288)은 세 개의 갈대 다발 가운데 하나

이렇게 두 개가 함께 묶여 있는 상황에서 다른 하나가 땅에 떨어지지 않고 하나를 빼내는 일은 불가능합니다. 마찬가지로 의식과 명색은 어쨌든 상호 연관된 조건 지어짐으로 서로에게 기대어 있어서 하나는 다른 것 없이 지탱할 수 없습니다. 서로 기대어 있어 둘은 상호의존적이며 어느 것도 어쨌든 독립적인 존재를 주장할 수 없습니다. 대신 이 것들은 단순한 묶음입니다. 이런 이미지는 각각이 갖는 복합적인 성격을 지적하고 있습니다. 이 묶음은 더군다나 서로에게 기대어 있습니다.

상호 연관된 조건 지어짐에서 의식과 명색은 경험의 모체로 기능합니다. 경험이 여러 다양한 현상으로 일어나는 것은 바로 이런 조건 지어진 모체에서 나옵니다. 그리고 애착, 번뇌, 갈망, 집착의 가능성이 발생합니다. 궁극적인 진실의 관점에서 보면 이런 번뇌가 의존하고 있는 기반은 땅으로 넘어질 수 있습니다. 그것은 마치 갈대의 두 묶음이 서로 더 이상 기댈 수 없을 때 땅으로 넘어지는 것과 같습니다.

조건 지어지지 않을 수 없지만, 조건 지어지지 않게 될 수는 있습니다. 마음은 어떻게 조건 지움에서 벗어날 수 있는가 하는 점이 붓다가 금욕승인 바히야(Bāhiya)에게 준 간명한 가르침의 주제입니다.

또는 둘이 빠지면 무너질 것이라고 말한다. 이 경에서는 맥락이 확정되어 있는 것으로 보이지 않는다. 왜냐하면 한 다발이 나머지 두 다발[名色]에 영향을 끼치지 않고서 빠져나올 수 있기 때문이다. 예를 들어 비물질적 영역의 세계에서 그러하다. 갈대 다발의 이미지는 하나의 다발이 명색에 대응할 때 가장 잘 작동한다. 이 경우에는 나머지 다발이 무너지지 않고 하나의 다발을 빼내는 것은 불가능하기 때문이다; SĀ 288 at T II 81b5.

자비와 공 ○

4. 바히야에게 주는 가르침

금욕승 바히야에게 주는 가르침은 『우다나(Udāna)』에 실려 있는 경전에 기록되어 있습니다.[17] 나는 먼저 『우다나』의 설법의 요약에 바탕을 두고 바히야 이야기를 제시한 후, 그 다음 말룽끼야뿟따(Māluṅkyaputta) 비구에게 주어진 동일한 가르침에 해당되는 『잡아함경』을 번역해 보겠습니다.

『우다나』의 이야기는 붓다가 사왓티의 제따 숲속에 거주하고 있는 것에서 시작됩니다. 그때 금욕승 바히야는 거기서 매우 멀리 떨어진 인도의 다른 지역, 즉 지금의 뭄바이 근처에 있었습니다. 바히야는 그 지역에서는 존경 받는 수행자였지만, 자신이 아라한의 경지에 있는지 궁금했습니다. 이런 사실을 안 천신(deva)은 바히야가 자신의 성취 단계를 과대평가하고 있다고 알려 주면서 그는 아라한의 길에조차 들지 않았다고 하였습니다. 그러자 바히야는 이 세상에서 누가 아라한인지, 누가 아라한의 길에 들어 있는지를 물었습니다. 천신은 그가 바로 붓다라고 말하면서 붓다의 행방을 알려 주었습니다.

천신이 알려 준 이런 사실에 크게 흔들린 바히야는 지체할 시간이 없었습니다. 바로 인도 아대륙의 반을 지나 사왓티를 향해 걸어갔습니다. 제따의 숲에 도착하였지만 붓다는 마을에 탁발을 하러 갔다는

---

17 지금 논의의 중요성 때문에, 하나의 전통보다 많은 전통에서 전승되는 경에 의존한다는 전제를 잠시 미루고자 한다. 비록 『우다나』의 이 구절과 유사한 경이 알려져 있는 것 같지 않지만 말이다. 그러나 바히야에게 주는 가르침은 『상윳따 니까야』에서 말룽끼야뿟따라는 이름의 비구와 연관되어 있다. 이와 유사한 경은 『잡아함경』과 티베트 경전에서도 볼 수 있다.

것을 알았습니다. 바히야는 즉시 붓다를 찾으러 가겠다고 결심하였습니다. 마을의 길가에서 붓다를 만난 바히야는 무릎을 꿇고 그 자리에서 즉시 가르침을 달라고 요청하였습니다. 그때 붓다는 탁발을 하고 있었기 때문에 지금은 가르침을 주기에 적당한 상황이 아니라고 대답하였습니다. 그러나 바히야는 단념하지 않고 가르침을 달라고 계속 간구하였습니다.

그러자 붓다는 바히야에게 간명한 가르침을 주었습니다. 이 가르침은 순수한 감각 경험만을 의식함으로써 괴로움을 넘어서는 방법이었습니다. 바히야는 그 자리에서 바로 아라한이 되었습니다.[18]

빨리어 경전에 있는 이 이야기를 읽으면 거의 선불교와 같은 느낌을 받습니다. 비불교도인 금욕승이 붓다를 처음 만나서 짧은 가르침을 받고 그 결과 바로 아라한이 되었습니다. 분명히 이 가르침이 바히야의 열망을 바로 채워 주었던 것입니다.

『상윳따 니까야』와 이에 대응하는 경전의 다른 설법에 나오는 이와 똑같은 간결한 가르침이 말룽끼야뿟따에게 설해졌지만 바히야와 동일한 효과를 즉시 발휘하지는 않았습니다. 말하자면 말룽끼야뿟따는 그 자리에서 즉시 아라한이 되지 않았습니다. 그럼에도 불구하고 그는 지속적인 수행을 통해서 결국은 완전한 해탈에 도달하였습니다. 이를 통해 알 수 있는 것은 이런 짧은 가르침이 갖는 잠재적인 변화의 힘이 바히야처럼 내적으로 높은 성숙의 단계에 도달하지 못한 사람에게도 미칠 수 있다는 것입니다. 실제로 여러 다른 경전에서 말룽끼야

---

18   Ud 1.10 at Ud 8,13 (translated Ireland 1990: 20).

자비와 공 ○

뿟따의 특징은 번잡한 철학적 사변에 사로잡혀 있으면서 다르마에 대한 이해가 부족한 사람으로 그려지고 있습니다.[19] 간단히 말해서 바히야에게 주는 가르침은 고도로 이미 계발된 사람만을 위한 것이 아닙니다.

『잡아함경』의 해당 설법에 의하면 그때 말룽끼야뿟따가 받은 가르침은 다음과 같습니다.

"볼 때는 보기만 하고, 들을 때는 듣기만 하고, 느낄 때는 느끼기만 하고, 인식할 때는 인식하기만 하라."
그리고 [붓다는] 게송으로 말씀하셨다.

"만일 네가 그것이 아니면
그것도 또한 이것이 아니네.
이것과 그것의 중간도 아니니
이것을 괴로움의 끝이라 한다네."[20]

---

19 초기의 붓다의 가르침에서 옆으로 미루어 둔 문제에 대해서 말룽끼야뿟따가 집착한 것은 다음의 경에서도 볼 수 있다; MN 63 at MN I 427,6 (translated Ñāṇamoli 1995: 533) = MĀ 221 at T I 804b11, T 94 at T I 917c2; T 1509 at T XXV 170a9. 말룽끼야뿟따가 붓다의 가르침 특히 잠재적인 번뇌에 관한 이해가 부족한 것은 다음의 경에서 볼 수 있다; MN 64 at MN I 432,11 (translated Ñāṇamoli 1995: 537) = MĀ 205 at T I 778c16; SHT V 1279V3-6; Sander and Waldschmidt 1985: 202; SHT IX 2155V3-5; Bechert and Wille 2004: 116; D 4094 ju 260a1 또는 Q 5595 thu 2a1.
20 SĀ 312 at T II 90a12-a16.

『잡아함경』의 첫 부분의 경전 구절은 어쨌든 이에 대응하는 『상윳따 니까야』의 해당 구절이 함축하고 있는 의미를 파악하는 데 도움이 됩니다. 『상윳따 니까야』에서 붓다는 다음과 같이 강하게 권고하고 있습니다. 즉 보인 것 안에는 보인 것만이 있을 뿐이며, 들린 것 안에는 들린 것만이 있을 뿐이며, 감각된 것 안에는 감각된 것만이 있을 뿐이며, 인식된 것 안에는 인식된 것만이 있을 뿐이다.[21]

이 가르침의 주요 함축적인 내용은 수행하는 사람은 순수한 경험을 자각하는 데 머물러야 하고, 인식하는 순수한 행위만을 정신적인 과정으로 제한해야 한다는 것입니다. 이렇게 경험의 자각에만 순수하게 머무는 것을 통하여 마음속에 항상 일어나는 번잡한 생각을 피할 수 있게 됩니다. 수행하는 사람은 형상을 보는 것만을 자각해야 합니다. 여기에는 보는 행위가 정상적으로 야기하는 마음속의 모든 속삭임이 없습니다.

『상윳따 니까야』에서는 다음과 같이 계속해서 설하고 있습니다. 즉 보인 것 안에는 보인 것만이 있을 뿐이며, 그대는 그것과 함께 있지 않다, 그대가 그것과 함께 있지 않으므로 그대는 그 속에 없다, 그대가 그 속에 없으므로 그대는 이 세상에도 저 세상에도 그 양자의 중간 세계에도 없다고 합니다. 『상윳따 니까야』의 설법 형식은 이에 해당하는 『잡아함경』의 구절들을 더 잘 이해하는 데 도움을 줍니다. 『잡아함경』은 붓다가 말한 것을 시구의 형식으로 보여 줍니다.

---

21 SN 35.95 at SN IV 73,5 (translated Bodhi 2000: 1175); D 4094 ju 241b3 or Q 5595 tu 276a2.

자비와 공 ○

이런 강력한 권고를 이해할 수 있는 한 가지 방법은 감각의 문에 바로 머무르는 것을 자각함으로써 '그것'에 휘둘리지 않는 것입니다. 그것은 지각 과정에 조건 지어지는 것과 욕망과 혐오에 따라 반응할 가능성에 대한 것입니다. 이를 통해 일단 많은 것이 성취되면, 또한 '그것 안'에 있지 않게 될 것이며, 그리하여 일어나고 있는 것과 동일화하지 않고, 심지어 욕망과 혐오로부터 자유로운 상태에서 성취한 이욕(離欲)과도 동일화하지 않게 됩니다.

일단 번뇌와 동일화하는 패턴이 차단되면 수행자는 여기나 거기 혹은 그 양자 사이에 진정으로 있지 않게 됩니다. 수행자는 감각이나 감각 대상, 혹은 이것들 사이에서 형태를 잡는 의식에도 자리를 잡지 않습니다. 또한 수행자는 과거나 미래, 이 둘 사이의 중간 지점인 현재의 순간에도 자리를 잡지 않습니다.[22] 핵심을 간단히 말하면, 수행자는 어떤 것에도 전혀 자리를 잡지 않는다는 것입니다.

이런 식으로 번뇌로 이끄는 번잡함으로 무성히 자라나는 명색을 허용하지 않는 경험의 의식적인 측면에 머무름으로써 수행자는 경험의 어떤 측면에도 반응하지 않거나 동일화하지 않으면서 어떤 것에 자리를 잡는 것도 피하게 됩니다.

이 간단한 가르침이 갖는 진정한 중심적인 함의는 경전의 나머지에서 볼 수 있습니다. 위에서 말한, 간단한 가르침을 받은 말룽끼야뿟따

---

22 이러한 접근법은 다음의 설명에서도 보인다. AN 6.61 at AN III 400,6 (translated Bodhi 2012: 951) = SĀ 1164 at T II 310c1.『숫따니빠따』(1042) 게송에서는 양끝과 가운데의 함의를 보여 주고 있다; Sn 1042 (translated Norman 1992: 117).

는 마침내 그것을 이해하였다고 선언합니다. 붓다는 이를 즉시 점검하면서 그에게 그것을 어떻게 이해하였는지 설명해 보라고 요청합니다. 이에 대한 대답으로 말룽끼야뿟따는 경전의 가르침이 불러일으킨 것이 틀림없는 자신의 깨달음을 표현하는데, 이것은 경전의 간단한 가르침이 갖는 의미를 상세하게 설명하는 몇 개의 시구로 나누어져 있습니다. 그의 시는 붓다의 인가를 받습니다. 이 시구는 붓다의 간명한 가르침이 갖고 있는 본질적인 함의를 잘 포착하고 있음에 틀림없습니다. 여기 말룽끼야뿟따가 표현한 시적인 설명의 첫 번째 부분을 『잡아함경』에서 옮겨 봅니다.

> 만일 눈으로 색을 보고
> 바른 알아차림[正念]을 잃어버리면
> 그는 곧 그가 본 색에서
> 사랑하고 사모할 모양을 취하네.
>
> 사랑하고 즐거워할 모양을 취하면
> 마음은 언제나 얽매이고 집착하며
> 갖가지 종류의 애욕을 일으켜
> 한량없는 색이 발생하게 된다네.
>
> 탐욕과 성냄과 해치는 생각은
> 그 마음을 소멸하여 물러나게 하고
> 온갖 괴로움을 자라게 하여

자비와 공 ○

영원히 열반(涅槃)을 여의게 하네.

색을 보아도 그 모양에 집착하지 않고
그 마음이 바른 알아차림을 따르면
나쁜 마음 애욕에 물들지 않고
또한 얽매여 집착하지도 않네.

저 모든 애욕을 일으키지 않으니
한량없는 색이 쌓이더라도
탐욕과 성냄과 해치는 생각이
그 마음을 무너뜨리지 못하네.[23]

시구는 계속하여 다른 감각의 문에 대해 유사한 표현을 하고 있습니다. 이것은 바히야에게 설한 간명한 가르침, 즉 보이는 것, 들리는 것, 느껴지는 것, 인식하는 것에 단지 그대로 경험하고 자각하며 머무르고 거기에 갈망과 번뇌와 연관된 정신적 반응을 일으키지 않는다는 것을 확인해 주고 있습니다.

이 가르침은 매일의 일상생활이라는 맥락에서 의존하여 일어남[緣起]과 함께 행하는 아주 실제적인 방법을 제시해 주고 있습니다. 공을 향한 점진적인 진입에서 무한한 의식의 단계를 함양하는 것에 기반을 두고 사물을 인식하는 행위는 자연스럽게 우리 경험에서 아주 현저해

---

23 SĀ 312 at T II 90a20-a29.

지고 또한 더 잘 알아차리게 됩니다. 반응을 일으키지 않고 마음의 이런 부분에 머무르는 것은 여러 종류의 도전적인 상황에서 공을 강력한 방법으로 사용하는 것이 됩니다. 실제 수행에서 수행자가 감각기관을 통해 들어와 경험되는 것에 바로 직접적으로 주의를 기울이자마자 그것은 자연스럽게 고요한 것이 되고, 정신적인 재잘거림은 사라집니다. 이런 식으로, 보인 것 안에는 보인 것만이 있을 뿐이고, 들린 것 안에는 들린 것만이 있을 뿐인 것 등으로 될 것입니다. 경험된 것에 정신적으로 개입하는 대신 단순히 경험하는 것에 머무르면서 자각할 뿐입니다.

이런 명상에 머무르는 것은 4장에서 언급한 시를 수행으로 옮기게 됩니다. 시에서는 이렇게 말하고 있습니다.

> 현재 존재하는 모든 것[法]
> 그것 또한 이렇게 생각해야 한다.
> 어떤 것도 견고하지 않음을 기억하라.
> 지혜로운 사람은 이렇게 안다.[24]

이 장의 나머지 부분에서 나는 공을 일상생활과 어떻게 연관 지을지에 대해서 더 상세히 탐색할 것입니다. 때로는 순수한 감각 자료에만 머물러 있는 것이 가능하지 않은 상황도 있습니다. 바히야에게 주는 가르침과 잘 어울리는 이전의 수행 훈련은 순수한 인식 다음에 올

---

24 4장 2절을 참조할 수 있다.

수 있는 여러 정신적 평가를 날카롭게 자각할 수 있게 해 줄 것입니다. 이것은 그런 상황에 상당히 도움이 될 것입니다. 이때는 순수한 감각 자료의 꼭대기에 더해지는 것을 더욱더 명백하게 자각하게 됩니다. 이에 더하여 일상의 상황에 공을 활용할 수 있는 다른 여러 상황들과 부가적인 상황들이 있습니다. 이어서 「공에 대한 긴 경」과 이에 대응하는 경전에서 볼 수 있는 이런 문제들에 대한 상세한 설명을 바탕으로 탐구할 것입니다. 그리고 6장에서 공을 향한 점진적인 진입의 또 다른 단계들을 다시 연구하게 될 것입니다.

5. 일상생활의 공

「공에 대한 짧은 경(Cūḷasuññata-sutta)」과 「공에 대한 긴 경(Mahāsuññata-sutta)」의 제목은 비슷합니다. 이 점은 공에 대해서(°suññata-sutta) 보다 짧은(Cūḷa°) 경전과 보다 긴(Mahā°) 경전 사이에 밀접한 관계가 있다는 것을 가리키고 있습니다. 이런 점은 이 경전들이 놓인 위치에서도 반영되고 있습니다. 즉 중간 길이의 경전 모음집이라고 할 수 있는 『맛지마 니까야』와 『중아함경』에서 서로 연이어서 나타나고 있습니다. 「공에 대한 짧은 경」과 「공에 대한 긴 경」(그리고 이에 대응하는 경전들) 사이에 보이는 이런 밀접한 관계는 제목과 위치뿐만 아니라 이 경전들의 내용이 모두 공에 대한 붓다 자신의 경험에서 시작하여 그 후 공에 대한 동일한 경험을 다른 사람들이 어떻게 함양할 것인가에 대해 서술하고 있다는 점에서도 나타납니다.

「공에 대한 짧은 경」과 이에 대응하는 경전에 의하면 붓다의 규칙적인 공 수행에 대한 아난다의 질문은 이런 명상 수행이 어떻게 이루어져야 하는지에 대한 상세한 설명으로 자연스럽게 전개됩니다. 반면 「공에 대한 긴 경」과 이에 대응하는 경전은 붓다가 지나치게 번잡한 사회생활을 비판하고 혼자 조용히 머무르는 수행을 강조하는 것에서 시작합니다. 그 다음 붓다는 자신이 공 수행에 머무르는 것을 언급하고 그 다음 내적으로, 외적으로 그리고 내외적으로 공에 머무르는 것을 자세히 묘사하고 있습니다. 이런 묘사에서 가장 핵심적인 주제는 공에 성공적으로 머물 수 있기 위해서는 정신적 평정에 강력하게 기반해 있어야 한다는 점입니다.

이렇게 정통적인 평정 수행에 대한 강조는 「공에 대한 짧은 경」과 이에 대응하는 경전을 보완해 줍니다. 이런 수행에 포함되는 것은 무색계와 관련이 있는 지각 경험이지만 네 가지 선정에 능통하게 무색계 선을 성취한 수행자들에게만 가능하다는 의미는 아닙니다. 이것은 낮은 단계의 집중에서도 공 수행에 대한 문이 열려 있지만 「공에 대한 긴 경」과 이에 대응하는 경전에서는 선정에, 이상적으로는 사선정에 드는 것은 공 수행에서 하나의 중요한 자질이라는 것 그리고 선정이 공 수행의 강력한 기반이라는 것을 분명히 하고 있습니다.

이런 기반이 없다고 해서 공을 향한 점진적인 수행을 멈출 필요는 없지만, 이런 수행과 더불어서 평정을 계발하는 것에 소홀하면 안 됩니다. 왜냐하면 결과적으로 수행은 완전한 깨달음을 동반한 공의 최고 실현으로 이어져야 하기 때문입니다.

여기에서 무량심의 함양을 추천할 수 있습니다. 무량심을 함양하

자비와 공 ○

는 것은 공을 향한 점진적인 수행과 함께 평정의 기반을 형성하는 하나의 알맞은 대안으로 추천할 수 있습니다. 위에서 언급한 바와 같이[25] 다른 형태의 집중 명상에 비해 사무량심이 갖고 있는 여러 가지 장점에 더하여 현재의 맥락에서 특히 유익한 장점으로 작용하는 것은 무량심이 갖는 한없이 무한한 성질이 무한한 공간[空無邊處]과 무한한 의식[識無邊處]의 한없는 경험으로 들어가는 쉬운 진입 지점이라는 점입니다. 이런 수행의 진전 과정은 7장에서 자세히 언급할 예정입니다. 7장에서는 사무량심에서 시작하여 공을 향한 점진적인 진입으로 향하는 명상 수행 과정을 제시할 것입니다.[26]

「공에 대한 긴 경」과 이에 대응하는 경전은 평정의 기반을 든든하게 할 필요성을 강조하는 것뿐만 아니라 이미 4장에서 강조한 것,[27] 즉 공은 외적인 것과 더불어 내적인 것을 모두 포함하고 있다는 점을 확인해 주고 있습니다. 초기불교 사상에서 공에서 벗어나 있는 것은 아무것도 없습니다.

「공에 대한 긴 경」과 이에 대응하는 경전은 내적인 공과 외적인 공에 머무르는 것이 평정의 수행과 어떻게 결합되어야 하는지를 자세하게 설명한 후 경전은 정통적인 공 수행이 일상생활의 다양한 측면과 관련될 수 있는 여러 방법들을 살펴보고 있습니다. 그런 여러 측면들 중 하나는 공식적인 좌식 명상의 바깥에서 어떻게 수행을 지속할까에 대한 것입니다. 여기에서 「공에 대한 긴 경」에 대응하는 『중아함경』

---

25 3장 3절과 3장 5절을 참조할 수 있다.
26 7장을 참조할 수 있다.
27 4장 1절을 참조할 수 있다.

의 관련 부분을 일부 인용하겠습니다.

> 아난아, 그 비구가 마음이 머무는 곳에 머물면서 거닐고자 하면, 그 비구는 선실(禪室)에서 나와 밖의 선실 그늘을 거닐며, 모든 근(根)을 안에 머물게 하고 마음이 밖으로 향하지 않게 하며, 뒤에도 앞의 생각을 계속해야 한다. 이와 같이 거닌 뒤 마음속에 탐욕과 슬픔과 선하지 않은 악법이 생기지 않으면, 이것을 바른 앎이라고 한다.
>
> 아난아, 그 비구가 마음이 머무는 곳에 머물면서 앉아서 선정에 들려고 하면, 그 비구는 거닐기를 그만두고 거니는 길머리로 가서 니사단을 펴고 가부좌를 하고 앉아야 한다. 이와 같이 앉아서 선정에 든 뒤 탐욕과 슬픔과 선하지 않은 악법이 생기지 않으면, 이것을 바른 앎이라고 한다.[28]

「공에 대한 긴 경」은 모두 네 가지 자세를 언급하고 있습니다. 그러나 걷기 명상과 좌식 명상의 방법에 대한 자세한 지침에 비견할 만한 자세한 설명을 하고 있지는 않습니다.[29] 이런 차이에도 불구하고 「공에 대한 긴 경」과 이에 대응하는 경전에서는 수행의 연속성은 번뇌를 저지함으로써 보장된다는 점에 동의하고 있습니다. 바히야에게 주는 가르침에서 잘 볼 수 있는 바와 같이 초기 불교에서 공 명상의 중심적

---

28 MĀ 191 at T I 739a12-a19.
29 MN 122 at MN III 112,31 (translated Ñāṇamoli 1995: 973).

자비와 공 ○

인 부분은 마음의 욕망과 혐오를 비우는 것입니다. 이것이 수행의 지속성을 보장하는 것이고, 이것이 공의 실현에서 진전이 드러나는 방식, 즉 마음이 점차로 번뇌에 덜 굴복하게 되는 것입니다.

내가 앞으로 언급하게 될 경전 구절뿐만 아니라 위의 경전 구절에서 올바른 이해의 존재를 참조하고 있는 것을 보면, 번뇌로부터 무관한 상태를 어느 정도 의식적으로 살펴보는 것이 필요하다는 것은 분명합니다. 동시에 바히야에게 주는 가르침이 보여 주는 바와 같이 그렇게 하기 위한 실제적인 노력은 내려놓는 것[放下着]입니다. 그런 내려놓기는 지적인 내려놓기입니다. 이를 위해서 현재의 정신적 상황에 마음챙김을 하고 그렇게 하여 내려놓기가 성공적으로 이루어지고 있는지 그리고 번뇌가 다시 힘을 떨치기 시작하는지를 식별하는 능력을 배양해야 합니다.

걷는 자세에서 행하는 수행은 좌식 명상의 튼튼한 기반을 이룹니다. 이것은 위의 인용문에서 잘 보여 주고 있습니다. 또한 여기에서 적절한 수행의 중심적 양상은 마음의 번뇌가 완전히 비워지는 것입니다. 이것은 공식적인 좌식 명상에서 뿐만 아니라 다른 일상적인 활동에서 수행의 연속성을 보장해 줍니다.

「걸식청정경(乞食清淨經, Piṇḍapātapārisuddhi-sutta)」과 이에 대응하는 『잡아함경』의 경전 구절에서 이를 보완하는 언급을 볼 수 있습니다. 「걸식청정경」과 이에 대응하는 경전 구절들은 또한 공에 머물러 있는 누군가를 기준으로 시작하여 이런 머무름을 다른 사람들이 어떻게 성취할 수 있는지를 보여 주고 있습니다. 그러나 「공에 대한 짧은 경」과 「공에 대한 긴 경」 그리고 각각에 대응하는 경전 구절들도 마찬가지입니다만, 이들 경에서 공에 머무는 것을 상세하게 설하는 사람은 붓다 자신이 아니라 사리뿟따입니다.

「걸식청정경」과 이에 대응하는 경전에서 공의 명상 수행을 하던 사리뿟따가 붓다를 뵈러 찾아왔습니다. 붓다는 이때를 사리뿟따처럼 공에 머물기를 원하는 사람들에게 추천할 만한 수행의 전범을 언급할 좋은 기회라고 생각하였습니다. 「걸식청정경」에 대응하는 『잡아함경』의 관련 구절을 아래에 번역해 보겠습니다.

> 만약 성으로 들어갈 때, 또는 걸식할 때, 또는 성에서 나올 때 마땅히 이렇게 생각해야 한다. '나는 지금 눈으로 색을 보고 있다. 혹 탐욕과 은애(恩愛)와 사랑하는 생각과 집착을 일으키지 않는가?'
>
> 사리불이여, 비구가 이렇게 관찰할 때 만일 안식(眼識)이 색에 대해 애착하는 마음과 물들어 집착하는 생각이 있으면, 그 비구는 악하고 선하지 않음을 끊기 위하여 의욕을 일으키고 늘 부지런히 방편을 써서 생각을 잡아매는 공부를 해야 한다. 비유하면 마치 어떤 사람이 불이 붙어 머리나 옷을 태울 때에 그 불을 끄기 위하여 마땅히 뛰어난 방편을 써서 힘써 그것을 끄려는 것과 같다. 저 비구도 또한 그와 같아서 마땅히 뛰어난 근면과 의욕과 방편을 써서 생각을 잡아매는 공부를 해야 한다.
>
> 만일 비구가 관찰할 때, 또는 길에서나 마을에서 걸식할 때, 또는 마을에서 나올 때 그 가운데 색에 대해 안식이 일어나 사랑하는 생각과 물들어 집착함이 없으면, 그 비구는 선근(善根)으로 기쁘

자비와 공 ○

고 즐거울 것이다. 밤낮으로 꾸준히 힘써 생각을 잡아매기를 닦고 익혀야 한다.[30]

「걸식청정경」과 상대적으로 유사한 경전 구절은 명시적으로 침착한 마음챙김에 대해 언급하지 않는다는 점에서 다릅니다.[31] 여기 『잡아함경』의 경전 구절에서 더욱 분명하게 밝히고 있는 것은 바히야에게 주는 가르침에서 또한 명확하게 하였던 것, 즉 마음챙김이 공식적인 공 수행을 일상생활의 수행으로 옮겨갈 때 중심적인 역할을 한다는 것입니다. 보인 것, 들린 것, 느껴진 것, 인식된 것에 바로 머무르기 위해서는 정확히 마음챙김의 확립을 통해야 합니다. 이것은 불이 붙은 모자를 피할 수 있게 해 주는 것, 즉 자신의 마음이 번뇌로 불타고 있는 것에서 시작하는 것입니다. 위에서 언급한 구절은 이런 원리를 특히 승가의 수행자들이 탁발을 하러 마을로 간 경우에 적용하였지만 같은 원리를 공 수행자에게도 적용할 수 있을 것입니다. 이런 수행자는 생계를 유지하기 위해서 여러 생업에 종사하지 않으면 안 되기 때문입니다.

유사하게 욕망과 혐오를 삼가야만 할 필요성은 고요한 명상에서 성취한 공의 이해를 생각에 적용할 때 전면에 나타납니다. 「공에 대한 긴 경」과 이에 대응하는 경전 구절에서는 공의 머무름에 헌신한 수행

---

30 SĀ 236 at T II 57b13-b24 (translated Choong 2004/ 2010: 7-9).
31 MN 151 at MN III 294,29 (translated Ñāṇamoli 1995: 1143). 두 경의 나머지 부분은 상당한 차이를 보여 준다. 이는 아날라요(Anālayo 2011a: 848)를 참조할 수 있다.

자는 마음의 사고 활동을 어떻게 다루어야 하는지에 대해서 언급하고 있습니다. 여기서는 『중아함경』 중 이에 해당되는 경전을 번역하고자 합니다.

> 아난아, 그 비구가 마음이 머무는 곳에 머물면서 무엇을 생각하고자 하면, 그 비구는 만일 그것이 욕심, 성냄, 해침의 세 가지 선하지 않은 악한 생각이면 그 세 가지 선하지 않은 악한 생각을 생각하지 말고, 만일 그것이 욕심 없음, 성냄 없음, 해침 없음의 세 가지 선한 생각이면 그 세 가지 선한 생각을 마땅히 생각하여야 한다. 이렇게 생각한 뒤 마음속에 탐욕과 슬픔과 선하지 않은 악법이 생기지 않으면, 이것을 바른 앎이라고 한다.[32]

여기서 정신적인 번뇌에 동떨어져 머무르라는 동일한 주제가 계속됩니다. 그러므로 공에 머무르는 것이라 해서 개념이 없는 정신적인 상태를 유지할 필요는 없습니다. 그런 상태에서는 어떤 생각이라도 결국 산만해지고 수행에 방해가 됩니다. 「공에 대한 긴 경」과 이에 대응하는 경전 구절에서 볼 수 있는 아주 실용적인 입장은 마음의 사고 활동을 공에 머무르게 하는 또 하나의 접근 방법을 보여 줍니다. 여기서 핵심은 함께 일어나는 생각을 단순히 피하는 것이 아니라 오히려 어떤 종류의 생각, 즉 불선한 생각을 피하는 것입니다. 이렇게 하여 마음이 생각으로 혼잡할 때도 공을 수행할 수 있습니다. 여기서 또

---

32 MĀ 191 at T I 739a20-a24.

자비와 공 ○

한 마음챙김은 핵심적인 역할을 합니다. 자신이 어떤 생각을 하는지 점검하는 것을 배우고 그렇게 하여 불선한 영역으로 들어가기 시작할 때를 인식할 수 있게 되는 것은 바로 마음챙김의 확립을 통해서입니다.

「공에 대한 긴 경」과 이에 대응하는 경전 구절이 갖는 실용적인 취지는 사고에서 말하는 것으로 계속 이어집니다. 이것은 경전의 초반부에서 은둔의 중요성에 대해 언급한 것과 대조를 이룹니다. 은둔은 명상의 진전을 위해서는 가장 중요한 요소입니다. 그러나 수행은 은둔에서 시작하여 은둔하지 않고 그리고 다른 사람과 대화하지 않으면 안 되는 상황까지 계속해서 쉬지 않고 이어집니다. 이것을 어떻게 이루어야 하는지에 대해서는 『중아함경』에서 다음과 같이 언급하고 있습니다.

> 아난아, 그 비구가 마음이 머무는 곳에 머물면서 무엇을 말하고자 하면, 그 비구는 만일 그 이야기가 성스럽지 않은 이야기로서 이치와 서로 걸맞지 않은 이른바 왕론(王論), 적론(賊論), 투쟁론(鬪爭論), 음식론(飮食論), 의복론(衣服論), 부인론(婦人論), 동녀론(童女論), 음녀론(淫女論), 세간론(世間論), 사도론(邪道論), 해중론(海中論), 여러 가지 축생론(畜生論)을 논하지 말라. 만일 그 이야기가 성스러운 이야기로서 이치와 서로 걸맞아 마음을 부드럽게 하고, 모든 장애가 없는 이른바 시론(施論), 계론(戒論), 정론(定論), 혜론(慧論), 해탈론(解脫論), 해탈지견론(解脫知見論), 점손론(漸損論), 불회론(不會論), 소욕론(少欲論), 지족론(知足論), 무욕론(無欲論), 단론(斷論), 멸

론(滅論), 연좌론(燕坐論), 연기론(緣起論)과 같은 사문의 이야기이 면 논하여야 한다. 이렇게 논한 뒤 마음속에 탐욕과 슬픔과 선하지 않은 악법이 생기지 않으면, 이것을 바른 앎이라고 한다.[33]

이 대응 구절들은 공 수행자에게 적절한 말의 종류와 적절하지 않은 말의 종류에 대해서 몇 가지 변화를 보여 주고 있습니다. 그러나 주요한 점은 아주 유사합니다. 대화는 이것저것에 대한 수다가 아니라 의미 있는 것이 되어야 합니다. 대화가 의미를 지니기 위해서는 그 대화가 수행의 길과 관련이 있어야 합니다. 「공에 대한 긴 경」에서는 수행자는 출리와 열반으로 이끄는 것에 대한 대화만 하여야 한다고 분명히 가르치고 있습니다. 이것이 심지어 대화라고 하여도 공의 향기가 배어 있게 할 수 있는 방법입니다.

다음으로 「공에 대한 긴 경」과 이에 대응하는 경전 구절은 주제를 감각적인 것으로 돌립니다. 이 구절을 보면 초기불교의 관점에서는 감각적인 것에 관여하는 것은 공의 순수한 수행과는 절대로 부합할 수 없다는 것을 너무나 명확하게 알 수 있습니다. 여기에 『중아함경』의 관련 구절이 있습니다.

---

33 MĀ 191 at T I 739a25-b5. 『맛지마 니까야』 122경은 이야기를 먼저 언급하고, 생각을 다음에 언급한다는 점에서 차이가 있다; MN 122 at MN III 113,12 (translated Ñāṇamoli 1995: 974). 티베트 경전은 『중아함경』 191경과 일치한다. 경전의 이 부분은 공식적인 명상에서 비공식적인 활동으로 나아가는 것이 일반적인 유형이다. 한역 경전과 티베트 경전은 생각에서 이야기로 나아가는 것이 보다 일반적인 유형이다.

자비와 공 ○

또 아난아, 즐거워할 만하고 마음으로 생각할 만하며 애욕과 서로 걸맞은 다섯 가지 욕(欲)의 공덕(功德)이 있다. 그것은 눈으로 색을 지각하고, 귀로 소리를 지각하며, 코로 냄새를 지각하고, 혀로 맛을 지각하며, 몸으로 촉감을 지각하는 것이다.

만일 비구의 마음이 거기에 이르면 그는 '이 다섯 가지 욕의 공덕은 욕의 공덕에 따라 내 마음에서 활동하는 것이다' 하고 관찰하여야 한다. 왜냐하면 이 다섯 가지 욕의 공덕은 앞도 없고 뒤도 없이 그 욕의 공덕을 따라 마음에서 활동하는 것이기 때문이다.

아난아, 만일 비구가 관찰할 때, 이 다섯 가지 욕의 공덕은 그 욕의 공덕을 따라 마음에서 활동하는 것임을 안다면, 그 비구는 이런 저런 욕의 공덕을 항상됨이 없다고 관찰하고, 쇠해서 없어지는 것이라고 관찰하며, 욕심낼 것이 없다고 관찰하고, 끊어 없애야 할 것이라고 관찰하며, 끊어 버리고 떠나야 할 것이라고 관찰할 것이다. 그리하여 만일 이 다섯 가지 욕의 공덕에 욕심이 생기고 물듦이 있으면, 그는 곧 그것을 없애 버릴 것이다.

아난아, 만일 비구가 이렇게 관찰할 때, 이 다섯 가지 욕의 공덕에 탐욕이 있고 물듦이 있는 줄 알아 그것을 이미 끊었다면, 이것을 바른 앎이라고 한다.[34]

「공에 대한 긴 경」은 다섯 가지 감각적 즐거움을 향한 유혹에 휩싸일 때 어떻게 해야 하는지에 대한 가르침을 언급하고 있지 않다는 점

---

34 MĀ 191 at T I 739b5-b15.

에서 위의 경전 구절과는 다릅니다.[35] 실제적인 관점에서 보면 위에서 언급한 가르침은 아주 도움이 됩니다. 왜냐하면 이것을 감각적 즐거움의 무상한 성질에 대한 통찰과 연관시켜 공의 수행을 강화할 수 있는 방법을 보여 주기 때문입니다.

4장에서 이미 언급한 바와 같이, 물질 현상이 공하다는 것을 올바르게 인식하는 것은 탐욕에서 멀어짐[出離, detachment]과 적정(寂靜, dispassion)을 지속적으로 일으킬 수 있습니다.[36] 이렇게 하기 위해서는 결국 매력적이고 유혹적인 모든 물질 현상들이 진정으로 공하다는 것을 단지 상기하기만 하면 됩니다. 하지만 이것만으로 충족되는 것은 아닙니다. 위의 경전 구절에서는 탐욕에서 멀어지는 것과 적정을 일으킨다는 동일한 목적을 위해서 동원할 수 있는 또 다른 도구를 제공하고 있습니다. 그 도구는 모든 현상의 무상한 성질을 알아차리는 것입니다. 무상과 변화에 대한 자각은 적정을 일으키고, 그리고 이것은 자연스럽게 내려놓는 태도로 나아가게 됩니다.

「공에 대한 긴 경」과 이에 대응하는 경전 구절은 이렇게 감각적으로 매력적인 것과 연관하여 내려놓기의 태도를 격려하는 것에 더하여 또한 동일화의 패턴을 내려놓을 필요성에 대해서도 다루고 있습니다. 동일화에서 벗어나기 위해서 이 경전들에서는 다섯 무더기[五蘊]의 내려놓기를 언급하고 있습니다. 이것이 갖는 공한 성질에 대해서 4장에서 비유를 들었습니다. 이것들은 포말, 물거품, 신기루, 파초의 껍질,

---

35   MN 122 at MN III 114,25 (translated Ñāṇamoli 1995: 975).
36   4장 4절을 참조할 수 있다.

마술과 같은 것입니다. 공을 오온 명상과 연관시킨 「공에 대한 긴 경」
과 이에 대응하는 『중아함경』의 구절을 살펴보겠습니다.

> 다시 아난아, 다섯 가지 성음(盛陰)이 있으니 색성음(色盛陰)과 각
> (覺)·상(想)·행(行)·식(識)의 성음(盛陰)이다. 이른바 비구는 '이것
> 은 색(色)이요, 이것은 색의 원인[色集]이요, 이것은 색의 멸[色滅]
> 이다. 각 상·행도 또한 그러하며, 이것은 식(識)이요, 이것은 식의
> 원인[識集]이요, 이것은 식의 멸[識滅]이다'라고 이와 같이 흥하고
> 쇠함을 관찰한다. 만일 이 다섯 가지 성음에 아만(我慢)이 있으면
> 그는 곧 그것을 없앤다. 아난아, 만일 어떤 비구가 이와 같이 관찰
> 할 때, 오음(五陰)에 아만이 이미 없어진 줄을 알면 이것을 바른
> 앎이라고 한다.[37]

「공에 대한 긴 경」은 무상의 자각이 공의 함양으로 이어질 수 있다
는 점을 유사하게 강조하고 있습니다. 우리를 구성하고 있는 모든 부
분들, 즉 신체적 몸에서 의식에 이르기까지 모든 것은 무상하고 결국
은 종식에 이를 것이라는 사실을 자각하는 것은 모든 동일화의 과정
을 진정으로 부수어 버릴 것입니다. 이에 대응하는 티베트 경전에서
는 오온과 관련하여 '나'라는 개념을 이루는 어떤 자만심 또는 성향
이 있는지를 먼저 자문하게 함으로써 위에서 언급한 대응 경전보다

---

37   MĀ 191 at T I 739b16-b21.

앞서 나가고 있습니다.[38] 이것은 실제 수행에 또 다른 도움을 주는 가르침입니다. 왜냐하면 오온의 명상을 그 완전한 가능성을 펼칠 수 있는 데까지 나아가게 되면, 우선 인정하지 않을 수 없는 사실은 어디서 어떻게든 동일화의 패턴을 지니지 않을 수 없다는 것입니다. 마치 의학적 치료를 위해서 진단 기반을 마련해야 하는 것처럼 자아동일성을 어디에서 만들어 내고 있는지를 인식하는 것이 그 자아동일성의 감각을 분쇄하는 기반이 되는 것입니다.

이렇게 「공에 대한 긴 경」과 이에 대응하는 경전 구절들에서 언급하는 오온에 대한 명상은 초기불교의 공의 중요한 의미, 모든 '나', '대상의 나', '나의 것'의 포기, 완전한 해방을 통해 최고의 공에 이르는 길로서 어떤 동일화도 내려놓는 것에 초점을 맞추고 있습니다.

6. 요약

「공에 대한 짧은 경」과 이에 대응하는 경전 구절에서 볼 수 있는 공의 실현으로 들어가는 점진적인 진입은 물질의 견고함을 해체하는 것에서 시작하여 모든 것을 포괄하는 의식의 경험과 함께 공간 개념조차 버리는 것으로 나아갔습니다. 모든 경험에 대하여 그런 의식이 고정적으로 주어져 있다고 할지라도, 그런 의식 자체는 무상하고 조건 지어진 것입니다.

---

38 Skilling 1994: 236,7.

마음에서 일어나는 조건화된 번뇌를 피하는 수행의 한 가지 방법은 마음의 인식 부분을 자각하고, 그리하여 감각을 통해 들어오는 것을 자각하면서 머무르고, 이것을 마음에서 산만한 생각으로 부풀리지 않는 것입니다. 일상생활에서 공을 통합하는 또 다른 측면은 걷고, 생각하고, 말하는 모든 경우에서도 행위들에 부착된 번뇌의 가능성을 공한 것으로 여기는 정신적 태도로 임하는 것입니다. 공을 성공적으로 함양하면 감각적인 것에 대한 모든 흥미 그리고 동일화와 자만의 모든 형태들을 버리게 됩니다.

VI_공한 자아

이 장에서 나는 「공에 대한 짧은 경」과 이에 대응하는 경
전 구절에서 언급된 공을 향한 점진적인 진입의 나머지 부
분을 탐구할 것입니다. 그 다음 명상의 전체적 진전에 대한
역동적인 면을 살펴보게 될 것입니다.

1. 무소유처(無所有處)

「공에 대한 짧은 경」에 대응하는 『중아함경』 구절의
가르침에서는 무한한 공간의 지각 다음에 오는 단계에 대해 다음과
같이 언급하고 있습니다.

다시 아난아, 비구가 만일 공을 많이 수행하려고 한다면 그 비구
는 한량없는 허공에 대한 생각도 하지 말고, 한량없는 식이 있는
곳에 대한 생각도 하지 말며, 오로지 아무것도 가지지 않는 곳에
대한 생각[無所有處想]만을 계속하라. 그는 이렇게 알아 한량없는
허공에 대한 생각도 비우고, 한량없는 식이 있는 곳에 대한 생각
도 비운다. 그러나 오직 아무것도 가지지 않는 곳에 대한 생각만
은 비우지 않는다.

한량없는 허공에 대한 생각 때문에 어떤 피로가 있다지만 나에게
는 그것이 없다. 또는 한량없는 식이 있는 곳에 대한 생각 때문에

어떤 피로가 있다지만 나에게는 그것이 없다. 피로가 있다면 오직
아무것도 가지지 않은 곳에 대한 생각 때문에 있다.

만일 그것에 그것이 없으면 그는 그것을 공하다고 볼 것이다. 그러
나 만일 거기에 다른 어떤 것이 있다면 그는 참으로 있다고 볼 것
이다. 아난아, 이것을 참으로 공을 수행하여 거꾸로 되지 않았다
고 한다.[1]

이 단계로서 공을 향한 점진적인 진입은 무색계의 궤적을 따라서
계속 이어집니다. 이전의 무한한 공간의 경험에서 귀착된 무한한 의식
이 현재의 접점에서 무소유의 지각으로 대체됩니다. 이런 대체는 의식
이 모든 점에서 실체가 없다는 것을 인식하면서 이루어집니다. 이것은
'아무것-없음(no-thing)'의 지각으로 이어집니다. 이 단계에서는 없음
그 자체를 대상으로 부를 수 있다면 없음이 이 접점의 단계에서 수행
대상이 됩니다.

공을 향한 점진적인 진입의 이전 단계와 비교하면 이 단계는 더욱
추상적으로 나아간 것입니다. 이전 공간의 추상적 개념을 제거한 다
음에 오는 것이 주관적이고 어떤 대상이라도 모두 떨쳐 버린 것과 전
적으로 연관된 경험입니다. 이제 주관적인 것조차도 없음이라는 개념
으로 대체되면서 내려놓게 됩니다.

현재의 맥락에서 이것은 바로 자아-아님[無我, not-self]의 방향으로
똑바로 나아가는 것을 가리킵니다. 그러나 무소유처라는 무색계의 단

---

1   MĀ 190 at T I 737b21-b29.

순한 성취만이 무아에 대한 통찰을 의미하는 것이 아니라는 것을 염두에 둘 필요가 있습니다. 붓다의 이전 스승인 알라라 깔라마(Āḷāra Kālāma)의 경우만 보더라도 무소유처의 경지에 이른 것만으로는 최종 목표에 도달하는 데 부족하다는 것을 잘 보여 주고 있습니다. 이것이 붓다가 될 사람이 완전한 자유의 추구를 위하여 알라라 깔라마를 떠난 이유입니다. 그럼에도 불구하고 자신이 추구한 최종 목표에 도달하여 금방 깨달음의 경지에 이른 붓다는 자신이 깨달은 바를 이전의 스승인 알라라 깔라마와 함께 나누기를 원하였습니다.[2] 무소유처의 성취에 도달하여 고도의 정신적 성숙에 도달한 알라라 깔라마야말로 모든 세간의 것들이 그 성질상 무아라는 진리로 쉽게 나아가서 깨달음에 도달할 수 있었을 것입니다. 요약해서 말하면 그러한 초기불교의 관점에서 보면 무소유처의 성취는 깨달음의 준비과정으로 작용하지만, 동시에 깨달음에 이르기에는 아직 부족한 단계입니다.

공을 향한 점진적인 진입이라는 맥락에서 무아에 대한 통찰을 함양하는 것은 무소유라는 현 단계를 시작하는 하나의 적합한 방법이라고 틀림없이 추정할 수 있습니다. 사실 때로는 경전들에서 '무소유'라는 표현을 열반을 지칭하는 데 사용하는 경우도 종종 있습니다. 『상윳따 니까야』와 이에 대응하는 『잡아함경』에서는 탐진치(lust, aversion, delusion)를 무엇이 있는 것(a something)으로 가르치고 있습니다.[3] 이것들을 제거한 사람은 없는 것[無所有]을 실현한 사람입니다.

---

2   MN 26 at MN I 165,10 (translated Ñāṇamoli 1995: 258); MĀ 204 at T I 776c1 (translated Anālayo 2012c: 28); 단편 331v8 in Liu 2010: 155.
3   SN 41.7 at SN IV 297,18 (translated Bodhi 2000: 1326) = SĀ567 at T II 150a8.

『법구경』과 이에 대응하는 경전 구절의 게송에 따르면 분노, 자만, 족 쇄를 여읨으로써 무소유를 획득하게(그리고 괴로움을 넘어서게) 됩니다.[4] 이렇게 공을 향한 점진적인 진입의 가르침은 무소유처의 지각을 언급 하고 있지만 다른 곳에서 볼 수 있는 '무소유'라는 용어 자체가 갖는 함축적인 의미는 깊은 수준의 통찰을 함양하기 위해서 이런 무소유 의 지각을 활용해야 한다는 것을 지적하고 있습니다.

현 단계를 실제 수행에 적용하는 데 도움이 되는 「흔들림 없음에 적합한 길 경(不動利益經, Āneñjasappāya-sutta)」과 이에 대응하는 경전 구절을 살펴보고자 합니다.

2. 흔들림 없음

「흔들림 없음에 적합한 길 경」과 이에 대응하는 경 전 구절은 한역과 티베트 번역이 모두 보존되어 있습니다. 여기에서는 정신적 부동의 경지를 획득하는 또 다른 접근 방법을 기술하고 있습 니다. 초기불교 사상에서 '부동'은 완전한 깨달음에 도달한 수행자가 갖는 부동의 정신적 상황뿐만 아니라 사선정의 힘에 도달한 깊은 집 중을 대표하고 있습니다.[5] 이 용어가 갖는 의미 범위에 보조를 맞추어

---

4   Dhp 221 (translated Norman 1997/ 2004: 34); Patna Dharmapada 238, Cone 1989: 164f; Gāndhārī Dharmapada 274, Brough 1962/ 2001: 163; Udānavarga 20.1, Bernhard 1965: 268.
5   좀 더 자세한 논의는 아날라요(Anālayo 2012c: 195–200)를 참조할 수 있다.

「흔들림 없음에 적합한 길 경」과 이에 대응하는 경전 구절에서는 흔들림 없음[不動]이라는 집중을 성취하는 방법, 그리고 무소유처와 비상비비상처로 나아가는 방법에 대해 서술하고 있으며, 마침내 깨달음에 이를 수 있는 방법을 보여 주는 것으로 나아가고 있습니다.

무소유처의 성취와 관련하여 「흔들림 없음에 적합한 길 경」과 이에 대응하는 경전 구절에서는 취할 수 있는 세 가지 대안적인 길을 제시하고 있습니다. 여기에서는 이런 세 가지 접근 방법들 가운데 두 번째 것을 「흔들림 없음에 적합한 길 경」에 대응하는 『중아함경』의 구절에서 번역해 보겠습니다.

> 또 많이 들은 성스러운 제자는 이렇게 관찰한다. '이 세상은 공한 것이다. 신(神)도 공한 것이요 신의 소유도 공한 것이며, 유상(有常)도 공하고 유항(有恒)도 공하며, 장존(長存)도 공하니 공한 것은 바뀌지 않는다.'
>
> 그는 이렇게 행하고 이렇게 배우며, 이렇게 닦아 익혀서 널리 편다. 그는 곧 그 자리에서 마음이 깨끗해지고, 그 자리에서 마음이 깨끗하게 된 비구는, 또는 여기서 소유한 바가 없는 곳[無所有處]에 들어가게 되거나, 또는 지혜로써 해탈한다. 그는 뒷날 몸이 무너지고 목숨이 끝난 다음 본래의 뜻 때문에 반드시 소유한 바가 없는 곳에 이른다.[6]

---

6   MĀ 75 at T I 542c18-c29 (translated Anālayo 2012c: 210).

「흔들림 없음에 적합한 길 경」에서 이에 해당되는 성찰의 구절은 보다 짧습니다. 단지 "이것은 자아가 공하고, 자아에 속한 것은 공하다"는 것입니다.[7] 세 가지 대안적인 길 중 세 번째 접근 방법을 취하는 티베트 번역은 영원한 것에서 세상은 공하다는 등으로 언급하고 있고 또한 위에서 번역한 『중아함경』의 구절과 유사하게 무상이라는 주제를 도입하고 있습니다.[8]

현재 나의 핵심적인 목표는 「흔들림 없음에 적합한 길 경」과 이에 대응하는 경전에서 말하는 무소유처에 대한 명상을 통해서 이 경험 세계의 자아가 공하고, 자아에 속한 것도 공하다는 것을 아는 것입니다. 이것은 「공에 대한 짧은 경」과 이에 대응하는 경전 구절에서 공을 향한 점진적인 진입을 위해 주목할 만할 실제적인 관련성을 갖습니다. 「흔들림 없음에 적합한 길 경」과 이에 대응하는 경전 구절에서 제시하고 있는 것은 이런 점진적인 진입의 전체적 역동성에 발맞추어 자연스럽게 무소유처로 접근하게 해 주고, 특별하게 힘 있는 모습으로 그 통찰의 잠재성을 가져오는 것입니다. 이렇게 하여 공을 향한 점진적인 진입에서 무한한 의식[識無邊處]의 지각 다음 단계로 나아가는 것은 무한한 의식의 체험인 자아라는 어떤 것도 없고 자아에 속한 어떤 것도 없다는 점을 깨달으면서 아무 것도 없는 무소유 단계의 명상을 체험하게 됩니다.

이런 실제적인 가르침에 더하여 위의 경전 구절은 또한 도움이 되

---

7 MN 106 at MN II 263,26 (translated Ñāṇamoli 1995: 871).
8 D 4094 ju 228b6 또는 Q 5595 tu 261a6.

는 다른 가르침도 제공하고 있습니다. 그중 하나는 공에 대한 명상, 즉 자아가 공한 것으로 세상을 보는 것은 무색계의 무소유처를 성취하는 하나의 방법으로 기능할 수 있다는 점입니다. 「흔들림 없음에 적합한 길 경」과 이에 대응하는 경전 구절에서 이것을 두 가지 가능한 결과들 중의 하나로 분명히 간주하고 있습니다. 그것은 무소유처의 성취와 이에 상응하는 영역[界]에서 환생하는 것입니다. 최후의 해방으로 이끄는 지혜는 동일한 수행의 또 다른 결과입니다.

이렇게 하여 「흔들림 없음에 적합한 길 경」과 이에 대응하는 경전 구절은 통찰로써 생긴 결과가 평정을 계발한다는 것을 보여 주었습니다. 이런 통찰의 이점은 보다 깊은 수준의 집중에 도달하기 위하여 극복할 필요가 있는 마음의 요소들을 단순히 자각하는 것뿐만이 아닙니다. 통찰은 명상의 지혜 그 심장부에 있는 주제, 즉 무아에 대한 명상을 일으킵니다. 바로 이 주제는 무색계의 성취로 인도하는 길을 이룹니다.

그러므로 「흔들림 없음에 적합한 길 경」과 이에 대응하는 경전 구절은 3장에서 간단히 다룬 평정과 통찰의 주제에 많은 도움을 줍니다.[9] 「쌍 경(Yuganaddha-sutta)」과 이에 대응하는 『잡아함경』의 경전 구절은 깨달음에 이르는 초기불교 수행의 길이 갖는 이런 두 가지 중심적인 성질이 서로 각각 결합될 수 있는 대안적인 방법들이 있음을 이미 보여 주고 있습니다. 이 경전에서 제시된 것을 보면 수행자가 두 가지, 즉 평정 또는 통찰 가운데 하나를 우선 여일하게 수행한 다음 다

---

9   3장 5절을 참조할 수 있다.

른 것을 함양하기 위한 수행으로 돌아서는 것을 생각할 필요가 없다는 것이 분명해집니다. 「쌍 경」과 이에 대응하는 경전 구절은 두 가지 중 하나를 희생하고 하나만을 계발하는 것을 결코 권하지 않습니다. 대신 평정과 통찰은 순차적으로 또는 동시에 수행할 수 있는 상호 연관된 자질로 나타납니다.

어떤 면에서는 「흔들림 없음에 적합한 길 경」과 이에 대응하는 경전 구절에서 아주 분명하게 드러난 평정과 통찰 사이의 밀접한 관계가 함축하고 있는 실제 수행의 측면들을 끄집어내게 됩니다. 이런 점은 「쌍 경」과 이에 대응하는 경전 구절에서도 마찬가지입니다. 일단 이런 밀접한 관계가 인정되면 「흔들림 없음에 적합한 길 경」과 이에 대응하는 경전 구절에서 언급된 바와 같이 평정을 함양하기 위해 통찰 지각을 사용하는 것은 더 이상 놀랄 만한 일이 아닙니다. 이를 보완하는 실제 예를 「공에 대한 짧은 경」과 이에 대응하는 경전 구절에서 발견하게 됩니다. 여기에서는 통찰의 진전을 위해서 평정 명상에서 기인하는 지각들을 활용합니다. 이런 두 가지 보완적인 전망들은 초기불교 사상에서 평정과 통찰은 완전한 해방으로 이끄는 상호 협력적인 자질이라는 것을 확증하고 있습니다.

「흔들림 없음에 적합한 길 경」과 이에 대응하는 경전 구절에서 보여 주는 또 다른 의미 있는 측면은, 무아의 명상이 깨달음이라는 결과 대신 무색계의 무소유처를 단순히 성취하는 데로만 이끌 수 있다는 것입니다. 그러므로 경전에서 드러나고 있는 것은 모든 것의 자아가 공하다고 명상하는 것을 통해서 공의 심오한 경험을 할 수 있음에도 불구하고 그것이 해탈의 성질을 변함없이 갖는 것은 아니라는 점입니다. 초기불교의 관점에서 보면 무소유처를 성취한다고 해도 최종적인 해탈의 경지에 도달하기에는 확실히 부족하였던 것입니다.

동일한 관점이 또한 「공에 대한 짧은 경」과 이에 대응하는 경전 구절에서도 나타납니다. 여기에서는 다양한 공의 경험을 묘사하고 있습니다. 이런 경험들을 적절하게 사용하면 깨달음에 이르는 잠재적인 가능성을 갖게 되지만 그것 자체로는 최종적인 해탈에 이르기에는 부족합니다. 그 차이는 번뇌를 없애는 데에 있습니다. 번뇌가 선한 것을 위해 극복될 때만 진정한 해탈에 이르고 그럼으로써 공의 최고 형태를 획득하는 것입니다. 이 점은 「흔들림 없음에 적합한 길 경」의 끝에 명확하게 나옵니다. 『중아함경』에 나오는 연관되는 구절들을 번역해 보겠습니다.

> 아난아, 많이 들은 성스러운 제자는 이렇게 관찰한다. '현세의 탐욕이나 후세의 탐욕이나, 또는 현세의 색이나 후세의 색이나, 또는 현세의 탐욕이란 생각이나 후세의 탐욕이란 생각이나, 또는 현세의 색이란 생각이나 후세의 색이란 생각, 움직이지 않는 생각, 소유한 바가 없는 곳이란 생각, 상이 없다는 생각 등 이러한 모든 생각은 곧 무상한 법이요 괴로움이며 소멸되는 것이다. 이것을 자기유(自己有)라고 한다. 만일 자기가 존재하는 것이라면 이것은 생겨나는 것이요, 이것은 늙는 것이며, 이것은 병드는 것이요, 이것은 죽는 것이다.'
> 아난아, 만일 이 법이 있어 일체가 멸해 다하여 남음이 없고 다시 존재하지 않는 것이라고 하면, 그는 곧 태어나고 늙고 병들고 죽

자비와 공 ○

는 것이 없을 것이다. 성스러운 제자는 이렇게 관찰한다. '만일 존재하는 것이라면 이것은 반드시 해탈의 법이요, 만일 남음이 없는 열반이 있다면 그 이름은 감로(甘露)일 것이다.'

그가 이렇게 관찰하고 이렇게 보면 반드시 욕심의 번뇌[欲漏]에서 마음이 해탈할 것이요, 존재의 번뇌[有漏]와 무명의 번뇌[無明漏]에서 마음이 해탈할 것이다. 해탈한 뒤에는 곧 해탈한 줄을 알아 생이 이미 다하고 범행(梵行)이 이미 섰고 할 일을 이미 마쳐, 다시는 후세의 몸을 받지 않는다는 것을 참되게 안다.[10]

「흔들림 없음에 적합한 길 경」에 해당되는 동일한 경전 구절에서는 생로병사를 언급하고 있지 않습니다.[11] 그럼에도 불구하고 대응하는 경전 구절들의 기본 대조 모음은 동일합니다. 이런 대조의 한 측면에는 자아 동일화를 창출하는 여러 양식들이 있습니다. 이런 자아 동일화는 감각적 지각 경험과의 동일화에 기반을 두고 있거나, 무색계의 출세간적 지각 경험과의 동일화에 기반을 두고 있습니다. 이런 대조의 또 다른 측면에는 그것이 무엇이든 간에 이런 모든 동일화를 거부하는 불후의 열반이 있습니다.

모든 종류의 동일화를 넘어서는 것에 이렇게 강조점을 두는 것은 「공에 대한 짧은 경」과 이에 대응하는 경전 구절에서 묘사된 공을 향한 점진적인 진입이라는 주요 목적에 잘 부합하고 있습니다. 이런 경

---

10 MĀ 75 at T I 543b9–b20.
11 MN 106 at MN II 265,30 (translated Ñāṇamoli 1995: 873). 생로병사가 티베트 번역에서는 언급되고 있다; D 4094 ju 230a5 또는 Q 5595 tu 263a1.

지는 결국 모든 것이 종착되는 지점입니다. 이것이 최고의 부동 또는 최상의 공 등 어떤 개념으로 표현된다고 하여도 마찬가지입니다. 결국 이것은 '나' 만들기와 '나의 것' 만들기를 포기하는 것입니다.

3. 무아(無我)

수행의 현 단계를 더욱더 잘 평가하기 위해서 계속해서 무아의 가르침 그리고 초기불교 사상에서 오온과 연관하여 자아와 동일시하여 일어날 수 있는 다양한 양상들을 점검할 것입니다.

1장에서 사성제의 가르침을 간단히 논의하였습니다. 불교 전통에 의하면 사성제는 붓다가 깨달음을 얻은 후 자신의 이전 수행 동료였던 다섯 명에게 설한 첫 가르침이라고 합니다.[12] 바로 이어서 행한 또 다른 설법으로 다섯 제자는 완전한 깨달음에 도달하였다고 기록되어 있습니다. 이것이 기록된 경전에서는 무아의 가르침을 그 중심에 두고 있습니다. 『잡아함경』에 있는 이 설법의 첫 부분을 옮겨 보겠습니다.

> 색에는 나[我]가 없다. 만일 색에 나가 있다면 색에는 응당 병이나 괴로움이 생기지 않아야 하며, 색에 대하여 '이렇게 되었으면' 한다든가, '이렇게 되지 않았으면' 하고 바랄 수도 없을 것이다. 색에는 나가 없기 때문에 병이 있고 괴로움이 생기는 것이요, 또한 색

---

12 1장 3절을 참조할 수 있다.

에 대하여 '이렇게 되었으면' 한다든가, '이렇게 되지 않았으면' 하고 바라게 되는 것이다. 수·상·행·식도 그와 같다.[13]

이 경전 구절은 무아의 가르침이 전달하고자 하는 자아 개념의 종류를 명확히 하고 있습니다. 즉 여기서 말하는 자아의 개념은 무엇이든지 조절하는 위치에 있고, 바라는 모든 것을 가질 수 있는 존재입니다. 위의 경전 구절은 이것이 사실이 아니라는 것을 더욱더 분명히 하고 있습니다. 몸은 병들 수 있고, 감정은 때로 고통스럽고, 지각은 항상 즐겁지 않고, 내린 결정이 항상 원하는 결과를 낳지 않고, 의식은 자신이 원하는 것만을 변함없이 경험하는 것이 아닙니다. 우리 모두는 일어나는 일들에 대해 어느 정도 영향을 미칠 수는 있지만, 그것을 완전히 통제할 수는 없습니다.

설법은 묻고 답하는 형식으로 계속 이어집니다. 그 과정에서 붓다의 첫 다섯 제자들은 오온 모두가 무상하고 변할 수밖에 없다는 것을 확신하게 됩니다. 온들은 무상하기 때문에 괴로움(dukkha)입니다. 지속적인 만족을 줄 수 없다는 의미에서 괴로움입니다. 온들은 괴로움이기 때문에 진정한 자아라고 여겨질 수 없다는 설법이 이어집니다. 이것은 어떤 종류의 자아라고 하여도 의심스럽다는 것을 더욱더 분명하게 설명해 주고 있습니다. 여기서 설명하는 의심스러운 자아는 영원하고 순수한 행복의 원천이 되는 자아입니다. 붓다는 다음과 같이 다섯 제자들에게 설법하면서 마무리 짓고 있습니다.

---

13 SĀ 34 at T II 7c14–c18 (translated Anālayo 2014e: 5f).

그러므로 비구들이여, '존재하는 모든 색은 과거에 속한 것이든 미래에 속한 것이든 현재에 속한 것이든, 안에 있는 것이든 밖에 있는 것이든, 거칠든 미세하든, 아름답든 추하든, 멀리 있는 것이든 가까이 있는 것이든, 그 일체는 모두 나[我]가 아니요, 나의 것[我所]도 아니다'라고 사실 그대로 관찰하라. 수·상·행·식도 그와 같다.

비구들이여, 많이 들은 성스러운 제자는 이 오취온을 나[我]도 아니요, 나의 것[我所]도 아니라고 관찰한다. 모든 세간에 대해서 전혀 취할 것이 없게 되고, 취할 것이 없기 때문에 집착할 것이 없게 되며, 집착할 것이 없기 때문에 스스로 열반을 깨달아 '나의 생은 이미 다하고 범행은 이미 섰고 할 일은 이미 마쳐, 후세의 몸을 받지 않는다'고 스스로 안다.[14]

이에 대응하는 『상윳따 니까야』에 따르면 열반을 향한 진전은 오온을 있는 그대로 보는 데서 일어난다고 합니다. 온들을 있는 그대로 보게 되면 환멸을 느끼고 평온해지고 해방됩니다.[15] 간단히 말하면 경험의 어떤 측면과도 동일화하지 않는 것, 즉 몸, 감정, 지각, 형성, 의식은 자유로 가는 길입니다.

「흔들림 없음에 적합한 길 경」과 이에 대응하는 경전 구절의 마지막 부분에서 더욱 명확히 언급하는 바와 같이 무아에 대한 통찰을 확립하는 것이 명상 경험과의 동일화를 피하게 해 줍니다. 최종적인 해

---

14 SĀ 34 at T II 7c24-8a2.
15 SN 22.59 at SN III 68,20 (translated Bodhi 2000: 902). 다른 유사한 구절에 대해서는 아날라요(Anālayo 2014e: 5 n.3)를 참조할 수 있다.

자비와 공 ○

방은 명상시의 경험이 아무리 세밀한 것이라고 하여도 그것과 동일화하지 않고 그 세밀한 경험을 자아와 동일화하는 것[有身, sakkāya]을 창출하는 의지처로 전환하지 않을 때 일어납니다.

'유신'이라는 용어는 '동일감(identity)' 또는 '인격(personality)'을 이루는 그 무엇인가의 느낌을 전달합니다. 이 단어는 단독으로 또는 '견해'와 결합하여 사용됩니다. 이런 '동일화에 대한 견해[有身見, sakkāyadiṭṭhi]'는 초기경전의 표준적인 설명에 의하면 오온과 관련하여 자아를 20가지 서로 다른 견해로 위치지운다고 합니다. 「교리문답의 짧은 경(Cūḷavedalla-sutta)」과 이에 대응하는 『중아함경』 경전 구절로부터 이런 20가지에 대한 자세한 설명을 보도록 하겠습니다.

> 그는 색이 곧 신[色是神]이라고 보고, 신은 색을 소유한다[神有色]고 보며, 신 속에 색이 있다[神中有色]고 보고, 색 속에 신이 있다[色中有神]고 본다. 이와 같이 각(覺)·상(想)·행(行)에 대해서도 마찬가지 견해를 가지고 있고, 식(識)을 신이라고 보고, 신은 식을 소유한다고 보며, 신 속에 식이 있다고 보고, 식 속에 신이 있다고 본다. 이것을 자기 몸이 있다고 보는 견해라고 한다.[16]

그러므로 유신견은 이런 기본적인 네 가지 양식에서 옵니다. x를 오온 중의 하나라고 해 봅시다.

---

16 MĀ 210 at T I 788a28-b2 = MN 44 at MN I 300,7 (translated Ñāṇamoli 1995: 397); D 4094 ju 7a2 또는 Q 5595 tu 7b7 (translated Anālayo 2012c: 43).

- x는 자아이다.
- 자아는 x를 갖는다.
- x는 자아의 일부이다.
- 자아는 x의 일부이다.

「흔들림 없음에 적합한 길 경」과 이에 대응하는 경전 구절의 언명, 즉 세계는 "자아는 공하고, 자아에 속한 것도 공하다"라는 것이 이런 모든 가능한 개념들을 포괄합니다.

동일화 또는 인격의 견해를 견지하는 것[有身見, sakkāyadiṭṭhi]은 흐름에 듦[預流, 須陀洹]으로써 극복됩니다. 그러나 철저히 무아를 꿰뚫고 들어가는 과제는 더욱 많은 것을 요구합니다. 수행자의 정신적인 지각과 반응에서 이런 진리를 완전히 통합하는 것으로 나아가기를 요구합니다. 무아라는 진리로 완전히 꿰뚫고 들어가는 것은 오온과의 동일화를 넘어서고 그리하여 '동일감[有身, sakkāya]'에 어떠한 집착의 흔적을 남기는 것도 넘어섭니다. 예류와 완전한 깨달음에 이르는 여러 수준의 차이는 「케마까 경(Khemaka-sutta)」과 이에 대응하는 『잡아함 경』의 비유에서 볼 수 있습니다.

그것은 마치 유모가 옷을 세탁하는 집에 주면 여러 가지 잿물로 때를 빼고, 그래도 여전히 남는 냄새가 있을 때는 여러 가지 향 연기로 냄새를 없애는 것과 같다.

이와 같이 많이 아는 성스러운 제자들도 오취온을 떠나 '그것은 나가 아니요, 나의 것도 아니다'라고 바르게 관찰하지만 그 오취

자비와 공 ○

온에서 아직은 나라는 교만과 나라는 탐욕과 나라는 번뇌를 끊지 못하고, 알지 못하며, 떠나지 못하고, 뱉어 버리지 못한다.[17]

『잡아함경』의 대응 구절은 옷이 어떻게 더러워지는지에 대해서는 언급하고 있지 않습니다.[18] 이 비유에서 세탁하고 난 다음의 문제는 옷에서 여전히 세탁물의 냄새가 난다는 것입니다. 이 냄새를 없애기 위해서 옷 주인은 다시 옷을 향기가 나는 통에 넣습니다.

더러운 옷의 비유가 전하고자 하는 것은 다음과 같습니다. 즉 수행자는 자아, 즉 더러운 때의 존재를 명백하게 보는 것에서 더 나아갈 필요가 있을 뿐만 아니라 마음에서 동일화라고 하는 깊이 뿌리내린 양상, 즉 더러운 때가 이미 제거된 다음에도 옷에 여전히 남아 있는 냄새를 여읠 필요가 있다는 것입니다. 여전히 냄새를 풍기는 것과 마찬가지로 사물과 동일시하고 그것을 나의 것으로 집착하는 경향은 예류에 도달하여 자아가 존재하지 않는다는 것을 의심할 여지없이 명확하게 한 다음에도 여전히 남아 있습니다.

그러나 여기서 수행이 더 진전되어 간다고 해서 영원한 자아가 존재하지 않는다는 것을 보았다는 것에서 나아가 아무것도 존재하지 않는다는 개념으로 이어져야 한다는 것은 아닙니다. 완전한 탈동일화의 과제는 "나는 이것이다"라는 자만과 '나의 것'으로 사물을 다루는 것에서 드러나는 집착의 결박을 단절하는 것입니다. 연민과 관련하

17　SĀ 103 at T II 30b24-b29 (translated Anālayo 2014f: 9) 두 곳에서 교정을 하고 난 이후에 번역을 하고 있다; cf. Anālayo 2014f: 9 n.16, n.17.
18　SN 22.89 at SN III 131,8 (translated Bodhi 2000: 945).

여 이미 4장에서 언급한 바와 같이,[19] 후기 불교 전통에 따르면 연민의 대상으로 올바르게 간주할 수 있는 유정(有情)은 진정으로 존재하지 않습니다. 그러나 초기불교 사상에서 무아는 살아 있는 존재가 전혀 없다는 것을 의미하지 않습니다. 이것은 단지 살아 있는 존재는 영원한 자아를 갖지 않는다는 것을 의미합니다.

'무소유처'의 현재 맥락에 적용하면 무소유처라는 용어가 나름대로 갖는 함축성에도 불구하고, 현재의 수행 과제는 아무것도 전혀 존재하지 않는다는 개념에 도달하는 것이 아닙니다. 무소유처가 경험된다는 바로 그 사실은 무엇인가 여전히 거기 존재한다는 것, 즉 자각의 조건화되고 영원하지 않은 흐름이 무소유처라는 지각을 경험한다는 것을 보여 줍니다. 그러나 명확히 해야만 하는 것은 이 흐름은 자아가 아니라는 것입니다. 이런 초세간적인 경험과 결코 동일화되지 않아야 할 뿐만 아니라 '나의 것'이라는 소유 의식을 갖고 거기에 매달려서도 안 된다는 것입니다.

4. 지각도 아니고 지각이 아닌 것도 아닌 것
[非想非非想處]

공을 향한 점진적인 진입이라는 과정에서 「공에 대한 짧은 경」은 무소유처의 지각에서 무색계의 네 번째 단계인 비상비

---

19 4장 5절을 참조할 수 있다.

자비와 공 ○

비상처로 나아갑니다. 「공에 대한 짧은 경」에 대응하는 두 경전에서는 이것에 대해서는 전혀 언급하고 있지 않습니다.

이런 차이를 고려하면서 반드시 염두에 두어야 하는 것은 공을 향한 점진적인 진입에 대한 오늘날의 묘사는 통찰을 목적으로 무색계에 해당되는 지각을 언급하고 있다는 점입니다. 명상의 진전은 이런 무색계들을 단순히 성취하는 데 있는 것이 아닙니다. 다른 초기경전에서 무색계의 이런 네 가지 단계를 모두 함께 일정하게 언급하고 있는 것은, 원래 세 가지 단계만을 언급한 경전 구절에 네 번째 단계가 추가된 결과입니다. 이렇게 추가되는 것은 구전 전승에서는 자연스러운 일일 수 있습니다. 역으로 생각해서 만약 처음부터 원래 정말 네 가지 단계로 되어 있었다고 한다면 네 번째 단계를 의식적으로 빠뜨리는 이유를 생각하기 어려울 것입니다. 그리고 우연히 빠뜨렸다고 생각하기도 어렵습니다.

또 다른 경전 「말룽끼야뿟따 긴 경(Mahāmāluṅkyaputta-sutta)」의 빨리어본과 한역본에서는 통찰 명상을 단지 네 가지 색계 선정과 첫 세 가지 무색계 성취와만 관련시키는 데 동의하고 있습니다. 그러므로 그 경전들에서는 비상비비상처의 성취로 나아가지 않고 무소유처까지만 언급하고 있습니다.[20]

「앗타까나가라 경」에서도 같은 경우를 봅니다. 그 경전에서도 '불사

20 　MN 64 at MN I 436,28 (translated Ñāṇamoli 1995: 541) = MĀ 205 at T I 780a17.

의 문(doors to the deathless)', 즉 완전한 깨달음의 명상적 접근을 서술하고 있습니다. 여기서 기반을 두고 있는 것은 네 가지 선정, 사무량심, 무색계의 첫 세 가지입니다. 「앗타까나가라 경」은 무소유처에서 그 설명을 멈춥니다.[21] 그러나 이에 대응하는 두 가지 한역 경전들에서는 네 번째 무색계를 언급하면서 계속 이어가고 있습니다.[22]

『앙굿따라 니까야』에서 언급된 구절에 따르면 해방의 지식을 관통해 들어가는 것은 지각을 포함하는 성취에서만 일어날 수 있다고 합니다.[23] 이 경전에 대응하는 경전 구절은 알려져 있지 않지만 유사한 언급을 『아비달마법온족론(阿毘達磨法蘊足論, Dharmaskandha)』과 『대승아비달마집론(大乘阿毘達磨集論, Abhidharmasamuccaya)』의 인용구에서 볼 수 있습니다.[24] 『유가사지론(瑜伽師地論, Yogācārabhūmi)』에서도 다소 유사하게 다음과 같이 설명하고 있습니다. 즉 무소유처의 성취와 대조적으로 비상비비상처를 루(漏, āsava)를 제거하는 데 사용할 수 없다는 것입니다.[25] 이런 경전들에서 모두 동의하고 있는 것은 네 번째 무색계 성취인 비상비비상처는 너무나 미세하여 통찰의 목적으로 사용될 수 없다는 것입니다.

이런 점은 다음과 같은 가능성을 생각해 볼 수 있습니다. 즉 「앗타까나가라 경」에 대응하는 한역 경전 구절에서 네 번째 무색계 성취를

---

[21] MN 52 at MN I 352,18 (translated Ñāṇamoli 1995: 458).

[22] MĀ 217 at T I 802b27 and T 92 at T I 916c8.

[23] AN 9.36 at AN IV 426,9 (translated Bodhi 2012: 1301).

[24] T 1537 at T XXVI 494b3; Pradhan 1950: 69,15.

[25] T 1579 at T XXX 859a13; 좀 더 자세한 논의는 슈미트하우젠(Schmithausen 1981: 224 and 229)을 참조할 수 있다.

기준점으로 넣은 것은 기계적인 추가라는 점, 즉 네 가지 무색계 성취의 완전한 구성을 맞추기 위해서라는 것입니다.[26]

공을 향한 점진적인 진입의 경우에 위와 같은 동일한 가능성을 생각할 수 있습니다. 이런 가정을 바탕에 두고 「공에 대한 짧은 경」에 대응하는 한역과 티베트 역은 이런 관점에서 공을 향한 점진적인 진입에서 선호하는 경전을 선택해 보존하였을 것입니다. 비상비비상처를 포함하지 않는 것도 마찬가지입니다.

동일한 문제가 그 다음 단계에서도 일어나는데, 빨리어 경전에서는 무상(無相) 삼매를 두 번 거론하는 반면 이에 대응하는 경전들에서는 한 번만 거론합니다. 「공에 대한 짧은 경」의 이 부분은 경전의 나머지 부분에서 관찰된 양상과 더 이상 일치하지 않습니다. 경전의 나머지에서 각 단계는 이전 단계의 피로를 극복하고, 이로써 다른 종류의 지각으로 나아가게 됩니다. 이것이 현재의 경전 구절에는 해당되지 않습니다.

더구나 이미 「공에 대한 짧은 경」에서 첫 번째로 일어나는 무상(無相) 삼매의 지점에서 신체와 여섯 감관이 생명 기능과 함께 하나의 장애 또는 피로로 여전히 존재한다고 언급하고 있습니다.[27] 이에 대응하는 경전에서는 이런 기준은 완전한 해방에 도달하였을 때만 일어납니다. 이것은 정말로 더 의미 있는 위치 설정으로 보입니다. 일단 그런 해방에 도달하게 되면 감각적 경험과 신체의 존재는 실제로 남은 피

---

26 Cf. Maithrimurthi 1999: 97 n.136.
27 MN 121 at MN III 108,4 (translated Ñāṇamoli 1995: 969).

로 또는 장애의 유일한 형태입니다.

위와 같은 점들에 기반을 두면 나는 한역 경전과 티베트 역 경전에 서술된 공을 향한 점진적인 진입의 진전 과정을 따르는 것을 더 선호합니다. 이것은 무소유처에서 무상(無相)으로 나아가는 것이고, 더 나아가서 깨달음의 실현에 도달합니다. 이런 두 가지 단계는 나중에 점검해 보겠습니다.

5. 무상(無相)

「공에 대한 짧은 경」과 이에 대응하는 『중아함경』의 해당 구절에서 무상에 대한 가르침은 다음과 같습니다.

다시 아난아, 비구가 만일 공을 많이 수행하려고 한다면 그 비구는 한량없는 식이 있는 곳에 대한 생각을 하지 말고, 아무것도 가지지 않는 곳에 대한 생각도 하지 말며, 오로지 〈무상심정(無相心定)〉만을 계속 생각하라.

그는 이렇게 알아 한량없는 식이 있는 곳에 대한 생각을 비우고, 아무것도 없는 곳에 대한 생각도 비운다. 그러나 오직 〈무상심정〉만은 비우지 않는다.

한량없는 식이 있는 곳에 대한 생각 때문에 어떤 피로가 있다지만 나에게는 그것이 없다. 또는 아무것도 가지지 않은 곳에 대한 생각 때문에 어떤 피로가 있다지만 나에게는 그것이 없다. 피로가 있다면 오직 〈무상심정〉 때문에 있다.

만일 그것에 그것이 없으면 그는 그것을 공하다고 볼 것이다. 그러
나 만일 거기에 다른 어떤 것이 있으면 그는 참으로 있다고 볼 것
이다. 아난아, 이것을 참으로 공을 수행하여 거꾸로 되지 않았다
고 한다.[28]

위의 경전 구절에서 나는 '무상(無相, signless)'을 꺾쇠괄호에 넣었
습니다. 이렇게 괄호에 넣은 이유는 원본인 한역에 '무상(無想, non-
perception)'으로 되어 있는 것을 '무상(無相)'으로 교정하였음을 표
시하기 위해서입니다. 일반적으로 한역에서는 '상(相, sign)'과 '상(想,
perception)'을 반복해서 혼동하고 있습니다.[29] 이 두 한자는 유사하게
보이고, 동일하게 발음됩니다. 또한 이 두 한자들은 유사한 맥락에서
나타나므로 때로 서로 뒤섞여서 표기되는 것이 그렇게 놀랄 일은 아
닙니다. 분명히 여기서도 이에 해당됩니다. 사실 여기에 대응하는 빨
리 경전과 티베트 경전에서는 '무상(無相)'이라는 표현을 사용하고 있
습니다.[30]

'상(相)'이라는 단어는 빨리어로는 니밋따(nimitta)입니다. 니밋따는

---

28 MĀ 190 at T I 737c1-c9.
29 그러한 혼돈이 일어나는 것으로 보이는 몇 곳에 대한 조사는 아날라요
(Anālayo 2011a: 274 n.54)를 참조할 수 있다.
30 『맛지마 니까야』 121경은 '상(相) 없는 마음의 삼매(animitta cetosamādhi)'로
표현하고 있다. 티베트 역에서는 무상(無相)의 요소를 'mtshan ma med pa'i
dbyings'라고 하고 있다; MN 121 at MN III 107,28 (translated Ñāṇamoli 1995:
968); Skilling 1994: 172,5.

사물의 외면적인 특징을 말할 수 있다는 의미에서 하나의 상(相)입니다. 이런 특징들은 사물들을 인식하게 해 줄 수 있는 상들(相, the signs)이고 신호들(the sign-als)입니다.

니밋따가 사물의 특징을 드러내는 의미로 사용된 것은 말룽끼야뿟따(Māluṅkyaputta)가 읊은 시에서 볼 수 있습니다. 예를 들면 거기에서 그는 바히야에게 준 가르침을 설명하고 있습니다.[31] 보이는 것에 단지 보이는 것만 있다면, 보인 것이 단지 보는 것에만 한정된다면, 그러면 보이는 형태(visible forms)의 니밋따를 갈망이라는 생각과 함께 잡지 않는다고 합니다. 즉 갈망으로 형태의 외적 특성을 잡지 않는다는 것입니다.

동일한 용어인 니밋따가 원인의 뉘앙스로도 사용될 수 있습니다. 빨리 경전에서는 니밋따가 때로 니다나(nidāna), 헤뚜(hetu), 빳짜야(paccaya)와 동등한 용어로 사용되고 있는데, 모두 유사하게 원인과 조건을 나타내는 용어들입니다.[32] 동일하게 원인의 뉘앙스가 또한 말룽끼야뿟따가 읊은 시의 바탕을 이루고 있습니다. 여기에서는 니밋따에 일단 사로잡히는 것이 갈망과 애착의 발생 원인이 됩니다. 니밋따가 원인의 뉘앙스를 갖는 또 다른 예는 사마타니밋따(samathanimitta) 또는 사마디니밋따(samādhinimitta)라는 표현에서도 볼 수 있습니다. 이들 용어는 수행자가 평정 또는 집중에 이르게 되는 원인을 말하고 있습니다.

---

31 5장 4절을 참조할 수 있다.
32 그러한 용례는 『앙굿따라 니까야』(2.8)에서 찾을 수 있다; AN 2.8 at AN I 82,17 (translated Bodhi 2012: 172).

이런 원인의 뉘앙스는 현대의 명상 모임에서 사용하는 니밋따의 경우에도 분명히 보입니다. 여기서 이것은 종종 빛의 내적 경험 또는 어떤 명상 대상의 정신적 상(像)을 나타냅니다.[33] 이런 니밋따는 집중과 깊이가 밀접하게 연관된 조건적 관계를 나타냅니다. 즉 니밋따에 드는 것은 정신적 평정을 획득하는 원인이 될 수 있습니다.

일반적인 지각 과정과 연관해서 니밋따는 무엇인가를 인식하게 해 주는 것입니다. 니밋따의 이런 기능을 잘 보여 주는 예는 「랏타빨라 경(Raṭṭhapāla-sutta)」에 묘사된 상황에서 볼 수 있습니다. 랏타빨라는 부모의 소망을 거역하면서 출가하였습니다. 오랜 시간이 흐른 뒤 그는 자신의 고향을 방문하기로 결심합니다. 그곳에 도착한 후 탁발을 하기 위해 부모의 집으로 갑니다. 멀리서 아들을 바라보고 있던 그의 아버지는 아들을 알아보지 못하고 심하게 대하면서 삭발한 수행자들이 자신의 유일한 아들을 유혹하여 자신에게서 멀리 떨어지게 하였다고 분노를 터뜨렸습니다. 랏타빨라는 바로 돌아서서 아버지를 떠났습니다.

여기서 그의 아버지는 자기 아들의 특징, 즉 니밋따를 인식할 수 없었습니다. 그 이유는 아마도 그가 수행승으로서 가사를 입고 삭발을 한 자신의 아들을 알아보지 못했기 때문일 것입니다. 랏타빨라는 외부의 자태가 달라졌을 뿐만 아니라 이전에 자기 집에서 살았을 때보다 더 절제된 태도로 걸었을 것입니다. 이런 모든 차이와 함께, 그 아

---

33 자세한 논의는 『청정도론』을 참조할 수 있다; Vism 125,1 (translated Ñāṇamoli 1956/ 1991: 124).

버지가 단지 멀리서 아들을 한 수행승으로서만 바라보았다는 사실들이 합쳐져서 그를 알아보기 어려웠을 것입니다.

이야기는 여기서 끝나지 않습니다. 하녀가 집에서 나와 오래된 음식물을 버리려고 합니다. 랏타빨라는 그녀에게 다가가 그 음식물을 버리는 대신 자신에게 주기를 간청하였습니다. 하녀는 음식물을 받기 위해 자신에게 다가온 사람이 집주인의 아들이라는 것을 알았습니다. 「랏타빨라 경」과 『중아함경』에 남아 있는 이에 대응하는 경전은 니밋따 그리고 이에 해당되는 한자를 이런 맥락에서 사용하는 것을 허락하고 있습니다. 말하자면 그 하녀는 랏타빨라의 손과 발의 니밋따뿐만 아니라 그의 목소리의 니밋따를 통해서 랏타빨라를 알아보았던 것입니다.[34]

이런 사실에서 보면 니밋따의 기능이 기억과 인식의 조작적 메커니즘(operational mechanism)에서 중요한 기능을 하고 있다는 것을 알 수 있습니다. 바로 이런 니밋따의 도움으로 상온(想蘊)은 감각기관을 통해 받아들인 정보를 개념·생각·기억들과 잘 조합할 수 있게 되는 것입니다.

초기불교의 관점에서 보면 개념을 사용한다는 단순한 사실이 반드시 문제가 되었던 것은 아닙니다. 어느 정도의 개념적 인식 없이 지혜와 해탈을 위한 통찰에 도달하는 것은 불가능하였을 것입니다. 그러나 문제가 되는 것은 이런 신기루 같은 지각의 능력으로 인해서 사물을 애착으로 지각하는 것입니다. 말룽끼야뿟따가 자신의 시에서 강조

---

34 MN 82 at MN II 62,10 (translated Ñāṇamoli 1995: 682); MĀ 132 at T I 624c10.

자비와 공 ○

한 바와 같이 이런 일은 니밋따를 갈망으로 붙잡을 때 일어납니다.

지각 과정에서 갈망으로 붙잡으려고 하는 니밋따는 애착 또는 혐오와 연결될 수 있습니다. 아름다움 또는 갈망의 상(相), 즉 수바니밋따(subhanimitta)에 주의를 기울이게 되면 감각적 욕망의 발생을 일으키게 될 것입니다. 혐오 또는 불안의 상(相)인 빠띠가니밋따(paṭighanimitta)에 주의를 기울이게 되면 분노의 발생을 야기하게 될 것입니다. 이런 두 가지 점을 미연에 방지하기 위해 바히야에게 주는 가르침은 잠재적으로 강력한 힘을 가질 수 있습니다.

니밋따에서 생기는 또 다른 문제는 랏타빨라 이야기에 잘 나타나 있습니다. 그의 아버지는 멀리서 그를 알아보지 못하였지만, 하녀가 그를 알아볼 수 있었던 것은 랏타빨라가 변하지 않은 니밋따를 갖고 있었기 때문입니다. 그의 머리모양, 옷, 걷는 모습은 달라졌을지 모릅니다. 그러나 그의 손과 발의 형태는 변하지 않았고 목소리도 변하지 않았습니다.

그러므로 인식하는 능력은 특히 가장 변화에 덜 취약한 니밋따에 의존하고 있습니다. 모든 성공적인 인식 행위는 안정적으로 남아 있기 쉬운 상들을 판별하는 이런 인식 능력을 바로 강화시킵니다. 이것은 결국 세계를 지각적으로 평가하는 데 경험의 가장 항구적인 측면에 강조점을 두는 것으로 이어집니다. 이런 식으로 인식의 기본 능력에서 필수적인 요소인 니밋따는 사물에 항구적이고 영원한 무엇이 있다는 식의 잘못된 개념에 쉽게 도달할 수 있습니다. 이런 경향은 항구적이고 영원하지 않은 니밋따에 주의를 집중하는 것으로 균형을 잡을 필요가 있습니다. 말하자면 변화의 특성에 의도적으로 주의를 기울여서 집중하는 것입니다.

어떤 니밋따도 없다는 것은 집중의 형태로 나타나는데, 이는 "상(相) 없는 마음의 삼매(animitta cetosamādhi)"입니다. 이런 "상 없는 마음의 삼매"에 도달하는 기본적인 절차는 「교리 문답의 긴 경(Mahāvedalla-sutta)」과 이에 대응하는 『중아함경』의 구절에 묘사되어 있습니다. 경전의 가르침은 수행자는 상에 주의를 기울여서는 안 되며 그 대신 상 없는 요소에 주의를 기울여야 한다는 것입니다.[35]

이런 간명한 가르침이 갖는 함의를 추출하여 보면 어떤 상에도 주의를 기울이는 것을 피하라는 가르침의 첫 부분은 바히야에게 주는 가르침과 유사한 듯 보입니다. 그러나 상 없는 삼매를 함양할 때 정신적인 생각의 증식과 반응이 없는 정도는 어떤 개념 또는 관념이 무엇이든 간에 그것이 전혀 없는 집중된 마음의 상태에 도달하는 수준까지 이르러야만 합니다.

상 없는 삼매에 주의를 기울여야만 한다는 가르침의 두 번째 부분은 무상의 체험과 비상비비상처의 체험 사이에는 미세하지만 중요한 차이가 있다는 점을 반영하고 있습니다. 비상비비상처의 경우는 지각 그 자체가 존재하는지 또는 아닌지를 말하기 어렵게 될 정도로 약화된 상태입니다. 반면 상 없는 삼매의 경우에는 지각이 약화된 것은 아니라 지각의 대상이 없습니다. 즉 어떤 상도 없습니다.

그러므로 공을 향한 점진적인 진입의 맥락에서 상 없는 삼매에 들

---

35 MN 43 at MN I 296,33 (translated Ñāṇamoli 1995: 393) = MĀ 211 at T I 792b12 (이 경은 한역에서 相과 想을 혼동하는 또 다른 예이다). 무상삼매에 대한 자세한 논의는 하비(Harvey 1986)를 참조할 수 있다.

자비와 공 ○

어간다는 것은 이미 이전 단계에서 분명해진 추상화의 궤적을 지속하는 것입니다. 무한한 공간에서 시작하여 무한한 의식을 거쳐 무소유에 이르고 무상(無相)에 도달합니다. 무상이라는 현재의 접점에까지 이른 명상은 모든 개념이 없어진 철저한 추상의 경지에 이른 것입니다. 모든 세계가 자아에서 공하고 자아가 속한 것들이 공하다는 개념조차도 이 지점에서는 여의게 되는 것입니다.

이와 같이 뒤에 무엇인가를 남겨 놓는다는 것의 예는 유명한 뗏목의 비유에서 찾을 수 있습니다.[36] 강을 건너는 목적을 이룬 후에는 뗏목을 뒤에 남겨 놓는 것처럼, 무아가 초기불교의 핵심적 가르침이라 할지라도 그것은 건너편 강둑으로 이끌어 주는 역할만을 할 뿐입니다. 말하자면 집착해야 할 어떤 것도 아니고 머리에 이고 다녀야 할 어떤 것도 아닙니다. 이 지점에서 점진적으로 공으로 나아가면 공이라는 개념 없이도 공을 경험하게 됩니다.

니밋따가 없다는 것은 또한 열반 경험의 특징입니다. 이것과 함께 열반에서는 욕망이 없고 공한 것이 특징이기도 합니다. 무상(無相)과 접촉하는 경험은 지각과 감정의 소멸이라는 성취에서 옵니다.[37] 4장에서 다룬 「우다나 품」의 관점에서 보면 완전히 해방된 사람의 영역에

---

36 뗏목의 비유는 다음의 경전에서 볼 수 있다. MN 22 at MN I 134, 30 (translated Ñāṇamoli 1995: 228) = MĀ 200 at T I 764b19, EĀ 43.5 at T II 760a13; D 4094 nyu 74b6 또는 Q thu 119b7.

37 MN 44 at MN I 302,22 (translated Ñāṇamoli 1995: 400) = MĀ 211 at T I 792a19; D 4094 ju 9a6 또는 Q 5595 tu 10a8. 이 경과 유사한 경은 접촉의 구체적인 종류에 대해서는 차이를 나타낸다. 『맛지마 니까야』 44번째 경은 공의 접촉과 무원(desireless)의 접촉을 이야기하는 반면, 한역 경전과 티베트 경전은 부동의 접촉과 무소유의 접촉을 이야기한다.

서는 공과 상이 없습니다.[38]

　이런 가르침에서 분명해진 것은 상 없는 삼매의 마음은 열반의 경험과 아주 가까운 경험을 가리키고 있다는 점입니다. 이런 식으로 이해하면 공을 향한 점진적인 진입은 실제 수행의 측면에서 모든 상을 내려놓고 마음을 열반으로 기울이는 것을 요구합니다.

　「왓차곳따 긴 경(Mahāvacchagotta-sutta)」과 이에 대응하는 경전 구절의 비유는 마음이 열반으로 향하는 생각을 잘 평가하는 데 도움을 줍니다. 그 비유에서 비불교도인 유랑 수행자가 재가의 남녀 수행자들뿐만 아니라 수많은 비구와 비구니들이 높은 수준의 해탈에 도달한 것을 본 다음 붓다의 가르침이 모든 점에서 완벽하다는 사실을 확신하였다는 것을 표현하고 있습니다. 그 유랑 수행자는 비유를 통해 말한 후 수행승으로 출가하여 또한 아라한이 되었습니다.

　여기 붓다가 설한 가르침이 어떻게 열반으로 향하게 하는지를 보여주는 비유가 있습니다. 이에 대응하는 『잡아함경』의 구절 가운데 하나를 번역하겠습니다.

　　비유컨대 하늘에서 큰비를 내리면 내리는 대로 물이 흘러서 큰 바다로 들어가듯이, 당신의 교법도 마찬가지로 남녀노소와 아주 늙은이에 이르기까지 모두 불법의 비를 맞아서 오래 지나면 모두 열반으로 나아가게 된다.[39]

38　4장 4절을 참조할 수 있다.
39　SĀ² 198 at T II 446c17-c19.

244

　　　　　　　　　　　　　　　　　　　　　　자비와 공　○

이 비유에 해당되는 『맛지마 니까야』의 경전 구절에서는 더 구체적으로 대양으로 흘러들어 가는 갠지스 강에 대해 말하고 있습니다.[40] 공을 향한 점진적인 진입의 한 단계로서 이 비유를 무상의 현재 맥락에 적용해 보면, 상에 관한 모든 것은 열반을 향해 앞으로 나아가는 무상의 이런 자연스러운 흐름이라는 경향을 허용하기 위해서 내려놓아야 한다는 것입니다. 이런 경향은 마치 가르침이라는 커다란 비를 맞은 작은 시내에서 자연스럽게 일어나는 과정과 같습니다. 이런 작은 시내조차도 시간이 흐르면서 반드시 열반의 실현이라는 대양으로 흘러들어가 강력한 강이 되는 것입니다.

그러나 상 없는 삼매를 경험하는 것 자체가 최종 해탈에 이미 도달하였다는 것을 의미하지 않는다는 것은 지적할 필요가 있습니다. 「왓차곳따 긴 경」과 이에 대응하는 경전 구절에서 보는 비유의 용어들을 통해서 보면, 비록 강력한 강이라고 하여도 아직 대양은 아닙니다. 붓다의 가르침을 보여 주기 위해서 대양이 갖는 여러 성질들을 언급하는 또 다른 비유에서, 대양의 모든 물이 소금에 침투된 것과 마찬가지로 모든 가르침은 해탈의 향기로 침투되어 있다고 지적합니다.[41] 이것을 현재의 맥락에 적용해 보면 열반으로 향하는 무상은 여전히 해탈

이 갖는 소금 성질을 결여하고 있습니다. 이것은 강이 대양에 흘러들어 갈 때에만 그리고 모든 물이 바닷물의 소금 맛으로 침투될 때에만 일어납니다.

상이 없는 삼매가 그 자체로는 해탈에 못 미친다는 것은 또한 『앙굿따라 니까야』와 이에 대응하는 『중아함경』의 구절에서도 분명히 밝히고 있습니다. 아래에서 『중아함경』의 해당 구절을 번역해 보겠습니다.

> 어떤 이가 무상심정을 얻었다고 하자. 무상심정을 얻은 뒤에는 곧 스스로 편안하게 머물면서 다시 구하여 아직 얻지 못한 것을 얻으려 하지도 않고, 거두지 못한 것을 거두려 하지도 않으며, 증득하지 못한 것을 증득하려 하지도 않는다. 훗날 그는 속인들과 자주 어울려 잡담하고 잘난 체하며 여러 가지로 떠들어 댄다. 그런 뒤에는 마음에 욕심을 낸다. 마음에 욕심을 낸 뒤에는 몸이 뜨거워지고 마음도 뜨거워지며, 몸과 마음이 뜨거워진 뒤에는 곧 계율을 버리고 도를 파한다.[42]

이에 대응하는 『앙굿따라 니까야』의 구절에서는 어울리고 잘난 체하고 잡담을 하는 것을 언급하고 있지는 않습니다.[43] 그러나 이런 약

---

42 MĀ 82 at T I 559a21-a27.

[43] AN 6.60 at AN Ⅲ 397,13 (translated Bodhi 2012: 949). 『앙굿따라 니까야』(6.60)는 무상삼매를 수행하는 수행자와 관련하여 좀 더 자세하게 이야기하고 있다. 이들은 비구, 비구니, 남녀 재가수행자일 수 있다. 왕이나 대신뿐만 아니라 다른 종교의 스승과 제자일 수도 있다.

자비와 공 ○

간의 차이에도 불구하고 두 경전들은 이 수행자의 곤경을 드러내는 데는 일치하고 있습니다. 그리고 숲속에서 귀뚜라미의 울음소리를 취하는 비유도 함께 언급하고 있습니다. 어느 왕과 군대가 숲에서 하룻밤을 지낸다고 하면 거기에서는 온갖 종류의 소리가 들릴 것입니다. 그렇지만 아주 작은 귀뚜라미의 소리는 들리지 않을 것입니다. 그러나 작은 귀뚜라미의 울음소리가 결코 다시 들리지 않을 것이라고 결론내리는 것은 옳지 않습니다. 왕과 군대가 떠나고 나서 그 장소가 조용해지면 귀뚜라미의 울음소리는 다시 들릴 것입니다.

이 경전 구절이 주는 경고는 공을 향해 점진적으로 나아가는 것과 관련이 매우 깊습니다. 공의 특별한 경험이 아무리 깊다고 하여도 그것은 변화하기 마련입니다. 이런 특별한 경험이 왕과 그의 군대가 도달하는 것만큼 강력한 것이라고 하여도, 번뇌가 그 특별한 경험의 순간에 없었다고 해서 그 후 다시 나타나지 않으리라는 보장은 없습니다. 왕과 그 군대가 떠나기 마련인 것처럼 공의 가장 강력한 경험조차도 변화하기 마련인 것입니다. 정말로 중요한 것은 공의 경험이 강력하다는 것에 있는 것이 아니라 마음에서 귀뚜라미의 울음소리를 완전히 제거하는 데에 그 경험이 미치는 효과입니다. 귀뚜라미의 울음소리가 마음에서 다시 나타날 수 있는 가능성을 확실히 제거하기 위한 방법이야말로 공을 향하여 점진적으로 나아가는 것에서 언급하게 되는 마지막 단계의 주제입니다.

6. 공의 실현

　　　　　『중아함경』에 상이 없는 삼매를 성취한 다음 수행의 진전에 대한 언급이 있습니다. 이것은 공을 향한 점진적인 진입의 마지막 시도입니다.

> 그는 이렇게 생각한다. '나는 〈무상심정(無相心定)〉을 이미 행하였고, 이미 생각하였다. 이미 행하고 이미 생각한 것이라면, 나는 그것을 즐기지도 않고 그것을 구하지도 않으며, 거기에 머무르지도 않는다.'
> 그는 이렇게 알고 이렇게 보아 탐욕의 번뇌[欲漏]에서 마음이 해탈하고, 존재의 번뇌[有漏]에서 마음이 해탈하며, 무명의 번뇌[無明漏]에서 마음이 해탈한다. 해탈한 뒤에는 곧 해탈한 줄을 알아, 생은 이미 다하고 범행은 이미 섰고, 할 일은 이미 마쳐 다시는 후세의 몸을 받지 않는다는 것을 사실 그대로 안다.
> 그는 이렇게 알아 탐욕의 번뇌를 비우고 존재의 번뇌를 비우고 무명의 번뇌를 비운다. 그러나 오직 생명이 있는 자기 몸의 육처(六處)만은 비우지 않는다. 그는 이렇게 깨닫는다.
> '탐욕의 번뇌 때문에 어떤 피로가 있다지만 나에게는 그것이 없다. 또는 존재의 번뇌 때문에 어떤 피로가 있다지만 나에게는 그것이 없다. 피로가 있다면 오직 생명이 있는 내 몸의 육처 때문에 있다.'
> 만일 그것에 그것이 없으면 그는 그것을 공하다고 볼 것이다. 만

일 거기에 다른 어떤 것이 있다면 그는 참으로 있다고 볼 것이다. 아난아, 이것을 참으로 공을 수행하여 거꾸로 되지 않았다고 하는 것이다. 왜냐하면 번뇌가 다하여 번뇌가 없어지고 함이 없는 마음으로 해탈하였기 때문이다.[44]

「공에 대한 짧은 경」에서 언급하고 있는, 완전한 해탈에 들어가기 위해 사용되는 실제 통찰 명상은 마음의 상 없는 삼매가 조건 지어지고 따라서 영원하지 않다는 성질을 지니고 있다는 점에 주의를 기울인다는 점에서 다릅니다.[45] 티베트 번역은 위에서 언급한 『중아함경』의 번역 구절과 유사합니다.

여기서 주요 핵심은 무상의 경험은 여전히 조건 지어진 것의 영역에 있다는 것을 인식하는 것입니다. 이런 경험이 어떤 상에 관한 것에서 떨어져 있고 어떤 개념에서도 자유롭다고 하지만, 그럼에도 불구하고 여전히 자신의 마음이 만든 그 무엇에 불과하다는 것입니다. 이 것은 자신의 의도가 인위적으로 구성한 산물입니다.

이렇게 인식하게 되면 무상의 경험은 영원하지 않다는 것이 드러납니다. 이 점은 빨리 경전에서 아주 분명하게 보게 됩니다. 조건 지어지고 영원하지 않은 것은 진실로 기쁨과 연결되지 않습니다. 이런 점은 한역과 티베트 역에서 잘 드러나 있습니다. 이와 다르지만 보완적인 방식으로 이에 대응하는 경전에서 지적하고 있는 내용은 위라가

---

44 MĀ 190 at T I 737c9-c21.
45 MN 121 at MN III 108,15 (translated Ñāṇamoli 1995: 969).

(virāga)라는 용어에 가장 잘 요약되어 있습니다. 이 용어는 '사라짐(=영원하지 않음)'뿐만 아니라 '냉정(=기쁨이 없음)'을 의미합니다. 실제 수행의 관점에서 보면 영원하지 않음과 기쁨이 없음은 같은 동전의 양면으로 간주될 수 있습니다.

영원하지 않은 것과 조건 지어진 것에 냉정하게 되면 완전한 해탈로 뚫고 들어갈 수 있습니다. 이 지점에서 남겨진 피로—이렇게 부를 수 있다면—는 단지 삶이 지속된다는 것뿐입니다. 이것은 신체와 감관으로 상징화됩니다.

「공에 대한 짧은 경」과 이에 대응하는 티베트 역에서는 공의 "능가할 수 없는 최고" 현상인 루(漏, influxes)의 파괴가 갖는 질적인 특성을 지적하고 있습니다.[46] 이것은 공이 정말 무엇인가를 보여 주고 있습니다. 즉 공은 마음이 모든 번뇌로부터 벗어나는 것입니다. 이런 능가할 수 없는 최고의 공에 도달하면 귀뚜라미의 울음소리는 조용해집니다. 마음은 진정으로 고요해집니다.

세 가지 경전은 모두 과거·현재·미래에 최고의 공에 머물렀고, 머무르고, 머물 어떤 사람이라도 모두 이 동일한 공에 머문다는 점을 강조하고 있습니다. 경전은 붓다가 아난다에게 공을 향해서 점진적으로 나아가기 위한 수행을 하도록 격려하는 것으로 결론을 맺고 있습니다.

---

46 MN 121 at MN III 109,1; Skilling 1994: 178,2. 이와 유사한 『중아함경』 190번째 경은 동일한 함의를 담고 있다. 참으로 공을 실현한 사람은 루를 파괴함으로써 공을 실현하고 있다; MĀ 190 at T I 737c21.

자비와 공 ○

7. 공의 역동성

공을 향해서 점진적으로 나아가는 여러 단계에 대한 연구를 마무리 짓기 위하여 나는 이 시점에서 전체 수행의 궤적과 각 단계가 갖는 의미를 요약하고자 합니다.[47] 주요한 단계들을 열거하면 다음과 같습니다.

1) 동물과 재산에 공하지만, 승가 공동체에는 공하지 않은 단계
2) 승가를 포함해 사람들에게는 공하지만, 숲에는 공하지 않은 단계
3) 숲에는 공하지만, 땅에는 공하지 않은 단계
4) 고체성으로 땅에는 공하지만, 무한한 공간에는 공하지 않은 단계
5) 무한한 공간에는 공하지만, 무한한 의식에는 공하지 않은 단계
6) 무한한 의식에는 공하지만, 무소유에는 공하지 않은 단계
7) 무소유에는 공하지만, 무상에는 공하지 않은 단계
8) 루에는 공하지만, 여섯 감관을 가진 신체와 생명 기능에는 공하지 않은 단계

---

47 스킬링(Skilling 2007: 240)은 공으로 점진적으로 나아가는 것은 "유가행과 여래장 사상에서 공을 계발하는 것의 기초가 된다"고 지적한다. 비록 현재의 연구 범위 안에서 그러한 발전 과정을 따라갈 수는 없지만 켄포(Khenpo 1986/ 1988)가 기술하고 있는 공에 관한 일련의 명상은 『맛지마 니까야』 121번째 경과 그와 유사한 경에서 상세하게 기술하고 있는 공으로 점진적으로 나아가는 단계와 상당한 유사성이 있다는 점은 주목할 만하다.

1) 이 단계들의 첫 번째에서는 현재의 상황에 주의를 기울이고 이것을 디딤돌 삼아 공을 향해 점진적으로 진입해 들어갑니다. 이 단계에서 승가 공동체의 거주 장소에서 볼 수 있는 통일적인 모습에 주의를 기울입니다. 즉 다른 수행승들의 존재입니다. 삭발한 머리와 유사한 가사들로 수행승들은 어느 정도 통일된 대상으로 보일 수 있습니다. 이런 통일된 상(像)은 마을에 있을 때와 여러 동물 등을 볼 때 지각되는 다양한 것들과 대조를 이룹니다.

2) 두 번째 단계에서 수행승들이라는 통일된 지각은 수행승보다 더 안정된 무엇에 기반을 둔 유사하게 통일된 지각으로 대체됩니다. 숲의 지각은 더 포괄적입니다. 왜냐하면 풍경의 전체성은 숲의 지각이라는 제목 아래 포괄될 수 있기 때문입니다. 반면 앞 단계인 수행승의 지각은 현재 상황에서는 보다 더 제한적인 대상이 됩니다.

상징적인 차원에서 숲의 지각은 은둔이라는 주제로 들어갑니다. 이것은 공을 향해서 점진적으로 나아간 이후 이어지는 단계가 요구하는 보다 깊은 정신적 평정과 통찰을 함양하는 데 중요한 하나의 기반이 됩니다. 전체적으로 보다 포괄적이고 안정된 지각을 향하여 변환을 이루는 것이 이 지점의 핵심적인 측면입니다.

3) 세 번째 단계에서는 숲에서 땅으로 나아갑니다. 땅의 표면에 있는 초목이나 일정하지 않은 어떤 울퉁불퉁한 것들을 모두 사상하고 앞으로 나아가게 됩니다. 대신 수행자는 땅을 쫙 펴진 언덕이나 평편한 손바닥을 보는 것처럼 완전히 펴져 있는 것이라는 통일된 관점으

자비와 공 ○

로 땅에 대한 지각을 계발합니다. 여기서 과제는 땅을 단단함이라는 개념의 대표로 지각하는 방식으로 나아가는 것입니다.

이 지점에서 나아간다는 것은 관점의 양식이 추상화되기 시작한다는 의미입니다. 추상 개념의 동원은 눈으로 지각된 것을 넘어서서 어느 정도 나아가는 것이고, 이 경우는 단단함이라는 개념이 이에 해당합니다. 이것은 이런 특별한 단계가 명백하게 기여하고 있는 특징으로 보입니다.

4) 다음으로 단단함의 개념은 무한한 공간으로 대체됩니다. 공을 향한 점진적인 진입의 이런 부분은 무색계 명상의 궤적을 따릅니다. 단단함이라는 땅에 대한 통합적인 지각은 이제 땅이 차지한 공간으로 대체되기 시작합니다. 이 공간이 더욱 발전하면 무한한 공간의 지각으로 귀착됩니다.

이렇게 하여 사물에 대한 경험을 여의고, 수행자의 명상 경험은 거기에 어떤 장애 또는 한계가 없는 감각으로 나아갑니다. 공을 향해 점진적으로 나아가는 것에서 이런 명상의 단계를 밟는 것은 물질적 대상을 아름다움 또는 추함 등과 같은 내적인 성질을 갖는, 그 나름대로 단단하고 독립적으로 존재하는 것처럼 지각하는 마음의 경향을 해체하는 잠재적인 능력을 갖고 있습니다.

5) 그 다음 단계는 동일한 역동성을 따릅니다. 이것은 무색계의 성취로 나아갑니다. 이제는 마음 자체에 주의를 기울여야 합니다. 공간의 개념을 여의고 공간을 인지하는 마음에 주의를 기울이게 되면 무

한한 의식의 지각을 계발하게 됩니다.

　이런 수행 단계에서 공간은 여의어지고 무한한 의식은 명상 경험에 골고루 퍼져 있는 주제가 됩니다. 이 단계는 의식이 주관적 경험의 바로 그 기반으로 기능한다는 것을 드러냅니다. 그 통찰의 잠재성은 자신의 경험에 대한 정신적 투사와 평가가 미치는 영향에 주의를 기울이는 것입니다. 이것은 바로 그런 것들이 마음이 만들어낸 것임을 드러냅니다.

　6) 여섯 번째 단계에서 무색계 성취의 동일한 과정이 지속적으로 일어납니다. 무한한 의식의 경험이 이제는 모든 점에서 실체가 있는 것은 아무것도 없다는 것에 주의를 기울이게 됩니다. 이것은 결국 아무것도 존재하지 않는다는 개념으로 귀착됩니다. 이렇게 하여 무소유의 지각이 계발됩니다.

　「흔들림 없음에 적합한 길 경」과 이에 대응하는 경전에서 언급된 무소유로 진입하는 여러 방법들 중의 하나에 의하면, "이것은 자아가 공하고, 자아에 속하는 것이 공하다"라는 성찰은 무소유의 지각을 발생시킬 수 있다는 것입니다. 이렇게 진행되어 나아가 무소유에 들어서게 되면 자아라고 할 만한 것은 전혀 존재하지 않는다는 것, 자신의 것으로 동일화할 수 있는 것 또는 자신의 것으로 평가할 수 있는 것은 전혀 존재하지 않는다는 것을 깨닫게 됩니다. 이런 소유하지 않음 또는 가지지 않음이라는 개념은 공을 향한 점진적인 진입의 이 단계에 침투합니다. 그리하여 '나' 또는 '나의 것'이라는 개념과 미세하게 있을지 모르는 것들을 여의게 됩니다. 이 단계의 명백한 특징은 무아에 대한 통찰을 심화시키는 것입니다.

7) 일곱 번째 단계는 무색계 성취의 패턴에서 벗어나게 됩니다. 지각 자체의 성질이 승화되는 지점까지 추상화를 지속하는 대신, 수행은 마음이 무상으로 나아가면서 무소유의 개념을 넘어서는 것입니다. 간단하게 말하자면, 무상에 들어서는 것은 사물을 인식하는 대상의 외양과 상(相)을 무시하는 것을 의미합니다.

무상은 깨달음의 한 측면이지만, 이는 명상 경험의 여러 수준과 연관되어 일어날 수도 있습니다. 이런 경험에서 인식하는 마음의 성향은 초월됩니다. 현재의 단계는 보다 정제된 지각을 통해서 이전의 단계를 완성시킵니다. 과제는 마음에서 일어나는 어떤 것에 대해서든 개념 또는 관념을 여의는 것입니다. 이것이 이 특별한 단계를 특징짓습니다.

8) 지각을 점진적으로 공하게 만드는 여덟 번째 단계에서 수행자는 해탈적 통찰의 최종 단계의 준비에 이르게 됩니다. 여기서의 핵심은 무상의 경험이 조건 지어진 성질이라는 것을 인식하는 것입니다. 그러므로 그것은 영원하지 않음을 알고, 그것에 즐거워하는 것을 피해야 합니다. 이 지점에서 공의 어떤 경험에 대해서도 가장 미세하게 붙잡는 것조차도 포기함으로써 최상의 공에 대한 진정한 실현이 나타나기 시작합니다. 앞 단계에서 점진적으로 공함을 지각하는 것은 최상의 공을 위한 준비 단계를 이룹니다.

이런 점진적인 진전을 통하여 현재의 접점에서 자리 잡았던 핵심적인 주제, 즉 조건화는 명상적 경험 덕분에 극복되거나 또는 여전히 존재하는 피로의 종류라는 측면에서 지속적으로 존재하게 됩니다. 조건화에 대한 수행자의 반복적인 자각의 지향은 공의 실현과 연기 사이의 밀접한 관계를 지적해 줍니다.[48] 현재의 마지막 단계에서 공을 향해 점진적으로 진입하는 모든 단계의 조건화된 성질은 조건을 떠난 것의 실현을 통해서 여의게 됩니다. 공을 이렇게 최종적으로 확립한 후에 남는 것은 단지 삶의 연속성뿐입니다. 이것은 신체와 감각기관이 함께 하는 생명의 기능을 말합니다.

1-8) 종합해서 말하면 이런 서로 다른 단계에서 경험은 점진적으로 정화됩니다. 현재의 상황에서 시작하여 명상은 먼저 물질을 여의고 그 다음, 공간으로 나아갑니다. 그 다음, 경험하는 마음과 동일화하는 것을 내려놓습니다. 그 다음, 개념의 형성에 필요한 상조차 여의게 됩니다. 이것은 지금까지의 모든 공한 경험을 여의게 되는 것으로 귀착됩니다. 그러나 아무리 고귀한 것이라고 하여도 단지 마음의 조건화된 산물로 생각하여야 합니다. 그래야만 번뇌에서 마음이 해방되는 최상의 공에 도달하게 됩니다. 앞의 단계들은 지각적 경험의 영역 안에서 점진적으로 내려놓고 여의는 과정을 필요로 합니다. 이것은 바로 함양해야 하는 역동적인 과정입니다. 그리하여 마지막 단계에서는 경험 자체를 내려놓게 됩니다.

---

48 이와 연관된 초기경전에 대한 연구를 기초로 스후이펑(Shì Huìfēng 2013: 196)은 "공과 연기는 처음부터 다르마의 핵심 부분으로 연관되어 있다"고 결론내리고 있다.

8. 요약

공을 향해 가는 점진적 과정은 무한한 의식에서 무소유의 지각으로 나아갑니다. 이것은 자아라고 할 만한 것은 아무것도 없다 또는 자아에 속한 것은 아무것도 없다는 것에 대한 명상으로 귀착될 수 있습니다. 「공에 대한 짧은 경」에 대응하는 한역과 티베트역은 무상(無相)으로 이어집니다. 여기에서는 지각의 경험이 인식하는 모든 특징적인 양상을 내려놓은 것을 말합니다.

결국 경험되는 것은 조건 지어진 것이라고 통찰하여 보아야 합니다. 그러므로 그것은 영원한 것도 아니고 기뻐해야 할 가치도 없는 것입니다. 이로써 완전한 해탈과 함께 최상의 공으로 들어갑니다. 마음은 이로써 번뇌에서 영원히 벗어납니다.

공을 향해서 점진적으로 나아가는 것의 전체 궤적은 세상을 경험하는 평균적인 방식의 단계적인 해체로 나아갑니다. 이런 해체에서 이어진 지각의 점진적인 정화는 물질 그리고 외적 대상의 마지막 흔적인 공간, 그 다음에는 체험 주체인 식의 개념, 그리고 결국에는 모든 개념을 여의는 방향으로 나아갑니다. 마지막 단계는 지각과 경험 밖으로 발걸음을 옮겨 완전한 깨달음인 최상의 공을 바로 실현하는 것으로 나아가는 것입니다.

VII _ 실제적 가르침

이 장에서 나는 연민 수행에서 공 수행으로 나아가는 한 가지 방법을 제시할 것입니다. 내가 서술하는 수행 방식은 사무량심의 함양이라는 맥락 안에 연민을 설정하고, 이후 계속해서 공을 향해 점진적으로 나아가게 됩니다. 첫 시작은 무한한 공간의 경험에서 이루어집니다. 말할 필요도 없이, 여기서 내가 제시하는 것은 실제 수행을 위한 하나의 영감을 제공하는 것에 불과합니다. 이것이 공을 향한 수행의 유일한 방법이라고 주장하지는 않겠습니다. 수행자들은 각자의 요구와 성향에 따라서 내가 제시한 것을 자유롭게 이용할 수 있습니다.

1. 기반을 놓다

1장에서 번역한 「업에서 생긴 몸 경」과 이에 대응하는 『중아함경』의 구절에서 분명히 알 수 있는 것은 윤리적 행위가 무량심의 명상 수행이 성공하기 위한 필수적인 기반을 제공한다는 사실입니다.[1] 연민은 다른 사람에게 해를 끼치는 행동에서 물러서 있는 것에서 드러납니다. 몸, 말, 정신적 행위에 친절함을 결합함으로써 본격적인 수행을 위한 기반을 형성하게 됩니다. 동시에 이것은 좌식 수행이라는 틀을 떠나서 명상 수행이 어떻게 실제 생활에서 드러나는지를 보여 주는 것이기도 합니다.

명상 수행을 위한 기반의 다음 단계는 장애에 대한 것을 파악하는 것입니다. 초기경전에서 언급하는 표준적인 장애의 종류는 다음과 같습니다.

---

1   1장 6절을 참조할 수 있다.

    자비와 공 ○

1) 감각적 욕망

2) 분노

3) 나태와 혼침

4) 불안과 근심

5) 의심

기반 형성의 수준에서 취하는 첫 번째 단계는 솔직한 인정입니다. 이런 목적을 달성하기 위하여 나는 위의 장애 가운데 어떤 것이 마음속에 있는지를 간단하게 점검하면서 실제 수행을 시작하기를 권합니다. 때로는 장애가 있다는 것을 인정하는 것만으로도 그 장애가 일시적으로 중지되기도 합니다. 그러나 어떤 특정 장애가 어느 정도의 힘을 발휘하고 있다면, 그 장애를 극복하기 위한 일정 정도의 대처방안이 필요합니다. 대처방안에는 다음과 같은 것이 있습니다. (1) 감각적 욕망을 야기하는 것이 갖는 매력적이지 않은 측면을 마음속으로 가져온다, (2) 분노를 극복하기 위해 자애를 함양한다, (3) 나태와 혼침에서 벗어나기 위해 수행에 에너지를 더한다, (4) 불안과 근심을 여의기 위해 마음을 평온하게 한다, (5) 의심을 버리기 위해 선한 것과 선하지 않은 것에 대한 성찰을 한다.[2]

이런 표준적인 접근 방법에 더하여 개별적인 사무량심 또한 장애를 저지하는 데 기여할 수 있습니다. 평정(equanimity)은 (1) 감각적 욕

---

2 염처 수행에서 다섯 가지 장애에 대한 자세한 논의는 아날라요(Anālayo 2003: 182-200, 2013c: 177-194)를 참조할 수 있다.

망을 극복하는 데 특히 도움이 됩니다. 감각적 욕망은 감각기관을 통하여 경험되는데 종종 시각적 이미지 등의 결합에 기반하여 성장하고, 욕망의 에너지를 내적으로 형성하게 됩니다. 감각적 욕망을 야기하는 것이 매력적이지 않다는 것을 깨닫게 되면 첫 번째 측면은 어느 정도 다룰 수 있으나 두 번째 측면, 즉 욕망의 에너지에 대한 것에는 그렇게 효과를 보지 못합니다. 평정은 이 두 번째 측면에 제대로 효과를 발휘합니다. 왜냐하면 평정은 내적으로 즉각적인 거리두기를 할 수 있게 해 주고 그 결과 감각적 욕망이 갖는 추진력을 제거하여 에너지의 균형을 잡게 해 주기 때문입니다. 감각적 욕망이 실제로 일어날 때 효과를 발휘하는 것은 평정뿐만이 아닙니다. 다른 세 가지 무량심 또한 효과가 있습니다. 특히 더불어 기뻐함(sympathetic joy)이 그러합니다. 더불어 기뻐함은 감각적이지 않은 기쁨의 선한 것들을 일으키게 되어 내적인 행복감의 원천이 됨으로써 외적인 행복을 추구하지 않게 해 줍니다. 외적인 행복은 마음에서 일어나는 원함과 불만족의 주요 원천입니다.

첫 번째 무량심은 두 번째 장애인 (2) 분노 또는 나쁜 의도에 대한 표준적인 치료제입니다. 자애뿐만 아니라 연민 또한 유사한 도움을 줄 수 있습니다. 왜냐하면 다른 사람들이 어떤 해로움 또는 괴로움으로부터 자유로워지기를 바라는 소망은 바로 분노와 나쁜 의도에 대항하기 때문입니다. 더구나 자신을 포함하여 모든 살아 있는 존재들이 고통에서 자유로워지기를 바라는 연민의 소망은 분노가 자신에게 야기하는 괴로움에서 벗어나기 위한 강력한 자극이 될 수 있습니다. 감각적 욕망의 경우와 마찬가지로 평정은 또한 내적인 거리두기로 이어집니다. 이

자비와 공 ○

것은 특히 분노가 바로 터져 나올 때 즉각적인 해독제로 유용합니다. 이런 상황에서 마음은 바로 즉시 자애 또는 연민으로 이어지기가 어렵기 때문입니다. 여기서 평정한 상태에 머무르는 것은 초기 완충제로 기능하여 분노로 반응하는 것을 피하게 해 줍니다. 일단 이것이 성취되고 마음이 하나의 무량심으로 평정의 확산을 통해 넓어지게 되면 마음이 자애 또는 연민을 확산시키는 것으로 쉽게 움직이게 됩니다.

(3) 나태와 혼침의 발생 원인 가운데 하나는 영감의 결핍과 수행에 대한 지루함입니다. 귀착되는 마음의 둔감함에 대항하기 위하여 더불어 기뻐함을 권유합니다. 왜냐하면 더불어 기뻐함은 강한 영감을 주는 성질을 갖고 있기 때문입니다. 이런 영감은 연민으로부터 또 다른 지지를 받을 수 있습니다. 이런 지지는 다른 사람에게 유익함을 주기 위해 부과된 자신의 명상 수행의 이타적인 차원을 마음에 부여해 줍니다. 이것은 단지 자신의 유익함만을 목표로 하는 수행에 비해서 지루함을 적게 야기합니다.

(4) 불안과 근심의 반대에 서는 입장에서 자애와 평정의 두 무량심은 특히 적절해 보입니다. 여기서 자애는 자신에 대한 기본적인 친절함을 가져옵니다. 그리하여 불안으로 이끌 수 있는 과도하게 노력하는 태도를 부드럽게 하여 먼 길을 갈 수 있게 해 줍니다. 평정은 이 장애의 또 다른 측면인 근심을 치유하여 줍니다. 왜냐하면 평정은 근심을 야기하는 어떤 것에도 내적인 거리두기를 하게끔 해 주고 정신적인 균형을 잡게 해 주기 때문입니다.

(5) 의심은 여러 형태로 나타날 수 있습니다. 그리고 몇몇 의심의 형태들은 명상 회기 동안 해결될 수 없지만 이후에 명료하게 드러내기

위해서 따로 챙겨놓아야 합니다. 그러나 명상 수행에 들어가는 의미에 대한 의심은 특히 연민으로 대응해야 하며 나태와 혼침의 경우와마찬가지로 이런 연민은 자신의 명상이 갖는 이타적인 차원을 두드러지게 나타내 줍니다. 자신의 성실한 의도가 다른 사람뿐만 아니라 자신에게도 유익한 것이 되는 이상, 그런 의도를 갖고 이루어지는 수행의 각 단계는 확실히 의미가 있고 이에 따른 선한 결과는 조만간 자연스럽게 나타나게 됩니다.

2. 연민과 다른 무량심들

일단 마음에 어떠한 장애도 없으면 이런 장애가 없다는 것을 알아차리면서 잠시 틈을 내어서 의식적으로 장애가 없는마음 상태를 즐기는 것도 도움이 될 수 있습니다. 경전은 이런 목적을 명백하게 의미하는 일련의 비유를 보여 주고 있습니다. 이런 다섯가지 장애가 있는 상태를 빚지고 있는 상태, 병든 상태, 묶여 있는 상태, 노예가 된 상태, 위험한 여행을 하고 있는 상태에 비유하고 있습니다.[3] 이런 비유들은 장애가 없는 것이 기쁨의 순간이라는 것을 드러내는 버팀목으로 사용될 수 있습니다. 장애에서 벗어난 마음은 빚을 다갚은 상태, 질병에서 회복된 상태, 구속이나 노예에서 풀려난 상태, 위

---

3   DN 2 at DN I 71,31 (translated Walshe 1987: 101); Saṅghabhedavastu, Gnoli 1978: 241,19 (translated with discussion Anālayo 2013c: 192f).

험한 여행을 안전하게 마친 상태에 비유할 수 있습니다. 이렇게 수행
과 선한 마음 상태에서 기쁨의 의도적인 요소를 결합하게 되면, 이후
에 다시 마음의 장애가 일어나는 것이 굉장히 어려워집니다. 동시에
이것은 집중을 깊게 하는 훌륭한 기반이 됩니다. 그리하여 일단 기쁨
의 선한 형태가 마음에 있게 되면 이런 깊은 집중은 자연스럽게 일어
납니다.

장애에서 벗어난 마음에서 생긴 선한 기쁨과 함께 무량심의 마음
은 여러 방식으로 일어날 수 있습니다. 두 가지 접근법의 주요 기반은
개별적인 사무량심의 느낌을 표현하는 특정한 경전 구절을 동원하거
나[4], 또는 예를 들면 어린 아이, 강아지, 새끼 고양이와 같은 정신적 이
미지 또는 그림을 사용하는 데에 있습니다.[5] 자신의 마음에서 일어나
는 최고의 것이 무엇이든 간에 그에 해당되는 무량심의 정신적 태도
는 무한한 확산을 위한 출발점이 될 수 있습니다.

만약 경전 구절로 정신적 성찰을 시작하기로 결정한 경우라면, 처
음에는 이 구절을 가장 짧고 간결하게 간직합니다.[6] 성찰과 정신적 이

---

4 샐즈버그(Salzberg 2002: 30)는 '위험에서 벗어나기를, 정신적·육체적으로 행복
하기를, 평화롭고 행복하게 살기를'이라는 문구를 자애명상의 한 방법으로 추
천한다.

5 브람(Brahm 2006: 66f)은 새끼 고양이 이미지를 자애명상의 출발점으로 사용
하는 것을 언급하고 있다.

6 인다카(Indaka 2004: 7)는 "우리는 가능한 한 단어를 적게 말해야 하고, 문구와
문장을 짧게 말해야 한다. 그 이유는 짧고 간결한 문장이 자애가 강해지는 것
을 도와주기 때문이다. … 너무 많은 말을 하게 되면 강력한 자애를 계발하기
가 쉽지 않다. 왜냐하면 이 문구를 기억하고 암송하는 데 많은 노력을 들여야
하기 때문이다. … 만약 단어가 공상으로 빠지기 쉬우면 단어 자체에 갇혀 버
리게 된다."고 강조한다.

미지는 무량심을 일으키는 데 유익한 수단이 될 수 있습니다. 그리고 일단 이런 구절이 자신의 과업을 충족한 다음에는 그것들은 여의게 됩니다. 이런 도구들은 스스로 더 이상 필요하지 않게 되는 수행의 단계로 나아가게 하는 지지대입니다.

초기경전에서 경전 구절 또는 이미지의 사용은 무량심과 관련해서는 전혀 언급되고 있지 않습니다. 예를 들면 성찰은 회상[念, sati]의 수행과 관련해서 나타납니다.[7] 그리고 정신적 이미지는 신체의 염처(念處, satipaṭṭhāna) 명상의 부분으로서 묘지 명상과 연관해서 나타납니다.[8] 그러므로 경전에서 사무량심과 연관해서 이와 같은 성찰 또는 정신적 이미지들을 사용하지 않는다는 사실은 이런 보조적인 방법을 전혀 추천하지 않는다는 것이 아니라, 사무량심의 함양을 위한 서술 방식의 특징 때문입니다. 경전의 가르침에서 어떤 마음의 상태는 사무량심과 반대된다는 점을 지적하고 있습니다. 이 주제에 대해서는 아래에서 다시 언급할 것입니다.

그러나 경전 구절 사용의 선구적인 모습은 상좌부 불교에서 수행론의 집대성이라고 할 수 있는 『빠띠삼비다막가(Paṭisambhidāmagga, 無碍解道)』에서 볼 수 있습니다. 『빠띠삼비다막가』에서 자애를 서술하면서 모든 살아 있는 존재들을 향해 네 가지 측면의 소망을 공식화합니다. 『빠띠삼비다막가』에서는 이 모든 것을 자애와 연관시키지만, 나는 실제적인 관점에서 보면 네 가지 무량심 모두를 일으키는 데 사용할

---

7   4장 2절을 참조할 수 있다.
8   자세한 것은 아날라요(Anālayo 2013c: 97-116)를 참조할 수 있다.

자비와 공 ○

수 있다고 생각합니다. 살아 있는 모든 존재들을 위한 네 가지 소망은 다음과 같습니다.

- 증오에서 벗어나는 것
- 괴로움에서 벗어나는 것
- 편안해지는 것
- 그들 자신의 행복을 보살피는 것[9]

첫 번째 구절은 모든 살아 있는 존재들이 "적개심에서 벗어나기(averā hontu)"를 소망합니다. 여기서 말하는 적개심은 자신의 내면에 거주하는 것뿐만 아니라 다른 사람의 적개심으로부터 영향을 받는 것도 해당됩니다. 이것은 자애의 두 가지 측면, 즉 보호하고 보호받는 것을 효과적으로 잘 드러내고 있습니다. 이 두 가지는 자신과 만나는 모든 사람들을 친구로 맞이할 준비를 하도록 해 주는 친절과 유익함의 태도에서 나옵니다.

모든 살아 있는 존재들이 "괴로움에서 벗어나기(avyāpajjhā hontu)"를 바라는 열망은 두 가지 측면에서 또한 생각할 수 있습니다. 즉 고통 받지 않기와 다른 사람에게 고통을 주지 않는 것을 말합니다. 이것은 앞에서 언급한 자애의 경우처럼 내적 및 외적인 차원의 동일한 상호연관성을 가집니다. 위아빳자(vyāpajjhā)라는 용어는 사실 위아빠다(vyāpāda)와 어원적으로 밀접한 관련을 갖고 있습니다. 후자의 용어는

---

9 Paṭis II 130,23 (translated Ñāṇamoli 1982: 317).

다른 사람의 고통을 바라는 정신적인 악의를 정확하게 지칭합니다. 이렇게 하여 고통에서 벗어나기를 소망하는 것은 연민의 주요 핵심을 간결하게 표현하고 있습니다.

모든 살아 있는 존재들이 "편안하게 되기(anīghā hontu)"를 바라는 소망은 약간 자세한 설명을 필요로 합니다. 이런 소망은 무엇이 진정한 편안함으로 이끄는가에 대한 이해와 결합되어야만 합니다. 진정으로 편안하게 되는 것은 단지 선한 것의 영역 안에서만 일어납니다. 불선한 행동은 순간적인 쾌감을 일으킬지 모르지만 이것은 진정한 정신적 편안함으로 귀착될 수 없습니다. 그러므로 다른 사람들이 최고로 편안하게 되라는 소망은 다른 사람들이 선한 방식으로 편안하게 되라는 소망과 선한 것을 행위하고 의도하는 데서 기쁨을 발견하기를 원하는 형태를 취하게 됩니다.

평정이라는 네 번째 무량심은 모든 살아 있는 존재들이 "그들 자신의 행복을 잘 보살피기(sukhī attānam pariharantu)"를 소망한다는 적당한 표현에서 잘 드러나 있습니다. 이 공식에서 명확한 것은 이 태도가 무관심이 아니라 오히려 스스로 책임을 지고 다른 사람들을 방해하지 않고 자신이 원하는 것을 하는 모습을 보인다는 점입니다. 그러나 동시에 다른 사람들이 행복하기를 소망합니다.

이런 네 가지의 구절은 원어인 빨리어로 사용할 수도 있고, 번역어로도 사용할 수 있으며, 자신의 개인적 기호에 최적으로 잘 맞는 구절을 사용하여 마음이 이에 해당되는 사무량심에 머물 수 있도록 격려를 받을 수도 있습니다. 위에서 이미 언급한 바와 같이 어떤 경전 구절이라고 하더라도 결국은 버려져야 하며 단순히 바로 그에 해당되는

자비와 공 ○

사무량심에 머물러야 합니다.

위에서 취하는 방법 대신 단지 자신이 함양하고자 하는 사무량심이라는 그 자체만을 사용할 수도 있습니다. 간단히 단어 멧따를 마음에 간직해 두는 것이 이에 해당되는 무량심에 실제로 머무르게 되는 기반이 될 수 있습니다. 그리고 동일한 방법을 까루나, 무디따, 우뻭카에도 개별적으로 사용할 수 있습니다.

정신적 정화의 길로 나아가기 위해서 무량심의 발생과 함께 개별적인 무량심과 특별히 반대되는 그런 정신적 방해물을 상기하게 되면 매우 도움이 될 수 있습니다. 앞에서 언급한 바와 같이 무량심과 반대되는 마음의 상태에 대한 설법은 이미 경전에서 보입니다. 자애, 즉 멧따의 경우 이 무량심에 머무는 것은 어떤 악의도 없다는 사실에 주의를 기울이고 있다는 것입니다. 연민, 즉 까루나는 어떤 형태의 잔인함도 극복하였다는 것을 함축하고 있습니다. 더불어 기뻐함, 즉 무디따는 어떠한 질투와 불만족에서도 멀리 떨어져 있는 상태입니다. 평정, 즉 우뻭카는 어떠한 욕정은 물론 혐오에도 움직이지 않는다는 것을 내포합니다. 극복하게 되는 정신적 방해물, 그것에 주의를 기울이는 것은 사무량심이 가지고 있는 해방적 잠재성을 실현하고 이것과 반대되는 것에 굴복하는 것을 피하겠다는 결심을 강화하는 데 도움을 줄 수 있습니다.

오랫동안 산만한 시간을 보내어서 무량심이 완전히 상실되었을 때, 사무량심을 일으키고자 하는 목적으로 사용되는 어떤 보조물이라도 다시 간단히 자신이 명상에 머무르기를 재구축하는 데 활용할 수 있습니다. 그러나 그런 계기가 형성되었을 때 실제 수행의 형태는 마음이 바로 자애, 연민, 더불어 기뻐함, 평정에 흠뻑 젖어 있게 되는 바로 그 상태입니다. 수행이 진전되어 가면서 우리가 선택하게 되는 어떤 도구라고 하여도 그 유용성이 점차 약화되면서 결국은 경전 구절의 언어들을 형성하거나 또는 이미지를 마음에 불러일으키는 도움 없이 본인이 원하는 대로 개별적인 무량심을 발생시키는 것이 가능하게 됩니다.

개별 무량심을 실제로 경험하는 것은 그것에 대해서 뚜렷한 느낌을 갖게 합니다. 그리고 이런 뚜렷한 느낌에 친숙해지는 것이야말로 마침내 수행자가 어떤 경전 구절 또는 이미지에 의존할 필요 없이 개별적인 무량심을 발생할 수 있게 합니다. 개별 무량심의 뚜렷한 성질과 이것이 모든 방향으로 확산되는 것을 잘 드러내기 위해서 나는 태양의 비유를 드는 것을 좋아합니다. 이 비유가 바탕에 두고 있는 것은 추운 지역에 살고 있는 사람을 생각하는 것입니다. 그에게 햇빛은 압박적인 것이 아니라 즐겁고 편안한 어떤 것으로 경험됩니다.

네 가지 무량심과 관련이 있는 비유의 한 측면은 햇빛이 발생하는 방식에 그 기반을 두고 있습니다. 태양의 중심에서는 핵융합 반응이 지속적으로 이루어지고 있습니다. 이런 융합 반응은 결국 광자를 방출하게 되고, 그 광자가 공간으로 퍼져 나가는 것이 햇빛이 됩니다.

실제 명상 수행에서도 이와 비슷한 결합이 있습니다. 즉 마음의 집중을 내적으로 융합하여 결국은 개별적인 무량심의 형태로 외적으로 퍼져 나가게 됩니다. 마음이 깊은 집중, 즉 선정으로 융합되면 될수록 개별적인 무량심이 퍼져 나가는 것도 더욱 강력해지고 편재적이 됩니다.

자비와 공 ○

태양이라는 비유의 맥락에서 개별적인 무량심의 뚜렷한 성질에 대해 언급하자면 자애는 구름 없는 하늘에 떠 있는 한낮의 태양과 같습니다. 그 태양은 모든 것을 평등하게 비추고 모든 방향으로 따뜻함을 제공합니다. 마치 태양이 높은 것과 낮은 것, 깨끗한 것과 더러운 것 모두에게 비추듯이 그렇게 자애는 어떤 구별도 하지 않고 모든 것을 비춥니다. 태양은 그 햇빛이 어떻게 받아들여지는지에 상관없이 계속해서 비추고 있습니다. 태양은 사람들이 햇빛으로 더 따뜻해지기 위해서 밖으로 나온다고 해서 더 많이 비추는 것도 아니고 또한 실내로 되돌아 들어간다고 해서 적게 비추는 것도 아닙니다. 마찬가지로 자애는 화답에 따라서 변하지 않습니다. 자애가 갖는 친절함의 빛은 내적인 힘에서 나와 다른 사람들을 비추는 것입니다. 이런 내적 힘은 되돌아오는 보상을 기대하지 않고 신체적 행동·말·생각 전체에 스며들어 있습니다. 심장의 중심에서 자애는 만나는 누구에게나 그 빛을 비춥니다. 그것은 마치 태양이 하늘의 중심이라는 위치에서 모든 방향으로 비추는 것과 같습니다.

다음에 나오는 연민은 바로 일몰 전의 태양과 같다고 할 수 있습니다. 어둠이 가까이 오고 거의 손에 잡힐 듯이 가까이 오고 있지만 태양은 여전히 비추고 있습니다. 사실 태양이 질 때 더 화려하고 아름답게 채색되면서 비춥니다. 마찬가지로 연민의 정신적 태도는 괴로움과 고통에 직면할 때 세상의 모든 어둠에 아무런 방해를 받지 않으면서 더욱 찬연히 빛납니다. 해가 질 때 마치 아래로 움직이는 듯이 보입니다. 마찬가지로 연민은 행복하지 못한 처지에 놓인 사람들에게 손을 내미는 것입니다.

태양의 이미지를 계속해서 사용해 보면 더불어 기뻐함은 이른 아침 태양이 떠오르는 것에 비교할 수 있습니다. 새들은 즐겁게 노래 부르고, 공기는 신선하고, 주변은 떠오르는 태양에 밝게 빛나고 마치 빛나는 즐거움에 가득 찬 듯이 보입니다. 때로는 태양의 빛은 꽃 또는 나무의 이슬에 접촉하여 신기루 같은 색채로 분해됩니다. 마찬가지로 다른 사람의 기쁨이 내 자신에게 기쁨이 넘치는 신기루 같은 즐거움의 원천이 될 수 있습니다. 해가 뜰 때 태양은 마치 궤적을 그리면서 위로 떠오르는 것 같이 보입니다. 이것은 더불어 기뻐함의 성향이 다른 사람에 대한 긍정적인 감정으로 향하도록 하는 것을 반영합니다. 이때 다른 사람들은 나 자신보다 더 나은 위치에 있습니다.

무량심의 네 번째인 평정은 구름 없는 밤에 뜬 보름달과 같습니다. 태양과 달이 모두 광활한 하늘에 떠 있는 것처럼 네 가지 무량심은 하늘처럼 광활하게 된 마음의 무한한 성질을 서로 공유합니다. 달은 태양과 달리 그 자체로 빛의 원천은 아닙니다. 그러므로 평정은 다른 세 가지 무량심이 하는 방식처럼 다른 것에 능동적으로 관여하지는 않습니다. 그러나 동시에 달은 태양의 빛을 반사합니다. 이것은 마치 평정이 그 자체 안에서 다른 세 가지 무량심의 긍정적인 성향을 반영하는 것과 같습니다.

3. 확산 수행

무량심의 초기 발생에서 그 무한한 확산으로 나아

자비와 공 ○

가기 위해서는 개별적인 무량심에 당분간은 깊이 몰두할 것을 권합니다. 이것은 개별 무량심이 또 다른 무량심으로 이동하기 전에 잘 확립될 때까지 계속 이어집니다. 이렇게 하면 곧 그 수행은 비록 짧은 좌식수행에서라도 자연스럽게 모든 네 가지 무량심으로 나아가게 됩니다.

자애의 발생은 가슴의 중심 어딘가에서 부드러움의 따뜻한 느낌으로 신체적으로 느껴질 수 있습니다.[10] 그러면 그 자애가 심장에서 다른 방향으로 잘 확산되도록 그저 허용만 하면 됩니다. 확산의 실제 수행은 앞으로 나아가는 것에서 시작하여 오른쪽, 뒤쪽, 왼쪽의 방향으로 이어집니다. 이런 식으로 네 방향으로 확산되어 편재하는 것이 확립되면 자애를 위쪽으로, 그 다음에는 아래쪽으로 확산시킵니다. 여기서 참조하기 쉽도록 「업에서 생긴 몸 경」과 이에 대응하는 『중아함경』의 가르침을 옮겨 보겠습니다.[11]

> 자애로 가득 찬 마음으로 한 방향으로 나아간다. 그리고 같은 방식으로 두 번째 방향, 세 번째 방향, 네 번째 방향, 네 가지 중간 방향, 위 방향, 아래 방향, 그리고 완전하면서 모든 곳으로 나아간다.

이런 자애의 확산은 이들 방향으로 억지로 밀어 넣듯이 하는 것이 아니라 아주 부드럽고 온화합니다. 확산하는 그 성질은 빛의 원천이 모든 방향으로 커튼에 감겨져 있는 것에 비유할 수 있습니다. 이 빛이

---

10   위말라람시(Vimalaraṃsi 2012: 144)는 "자애의 점점 따뜻해지는 느낌이 신체적으로는 가슴 중앙에서 확산된다"고 말한다.

11   8장 1절을 참조할 수 있다.

모든 방향으로 비추게 하기 위해서는 천천히 그리고 부드럽게 커튼을 들어 올려야 합니다. 자애의 빛이 즉시 얼마나 멀리 비칠 수 있는가 하는 것은 전혀 문제가 되지 않습니다. 과제는 단지 어떤 경계를 제거하여 빛이 무한하게 퍼져 나가도록 하는 것입니다. 지속적인 수행으로 내적인 빛은 점점 강해져 가는 힘으로 비출 것이고, 그 밝은 빛은 더 멀리 퍼져 나갈 것입니다. 그러나 퍼져 나가는 빛이 짧게 가든 멀리 가든지에 상관없이 확산이 모든 방향으로 무한하게 되자마자 마음은 일시적인 해방이 갖는 기본적인 상태에 도달합니다.

다음으로 자애로 이룩한 정신적 해방의 공간성에 단순히 머무르기만 하면 됩니다. 개별적인 방향에 주의를 기울일 필요가 없습니다. 비유로 말하면, 커튼을 부드럽게 제거하면 이제 빛은 바로 모든 방향을 비추게 됩니다. 참조하기 쉽게 여기에 경전 가르침의 다음 부분을 인용합니다.

마음의 족쇄, 분노, 악의, 언쟁 없이 마음은 아주 광활하고, 크고, 무한하고, 잘 확립된 자애로 가득 차 있으므로 수행자는 온 세상 모두에 퍼져 나가 머문다.

마음의 그런 공간성 안에서는 어떤 산만함, 심지어 짜증 또는 다른 어떤 장애의 순간적인 일어남도 남아 있을 가능성은 없습니다. 산만함을 알아차리자마자 마음은 바로 그 공간성으로 다시 돌아가서 번뇌를 동반한 마음의 협소함은 간단히 사라져 버립니다.

오랜 시간 동안 수행에 헌신을 한 다음에는 정신적 평온함이 점차

로 강화되고 결국은 선정으로 들어가게 됩니다. 이것은 자애의 정신
적 느낌에 기반을 두고 있습니다.[12] 이와 동일한 과정들은 다른 세 가
지 무량심에도 적용됩니다. 마찬가지로 연민, 더불어 기뻐함, 평정이
모든 방향으로 확산됩니다.

여기서 언급된 무량심의 명상 수행에 대한 주요한 단계들은 다음과
같습니다.

1) 무량심을 일으키는 단계, 대개는 경전 구절의 성찰 또는 정신
   적 이미지의 도움을 받습니다.
2) 무량심이 심장에서 솟아나는 단계
3) 무량심이 여러 방향으로 확산되는 단계
4) 무량심의 무한한 확산 상태에 머무는 단계

어떤 사람들은 무량심 하나하나를 함양하는 데 거의 비슷한 시간
을 바치면서 네 가지 무량심 모두에 동일한 방식으로 관심을 기울일
수도 있습니다. 이와는 달리 만약 연민에 주안점을 두고자 소망하는
사람이라고 하여도 연민을 꽃피우기 위한 가장 적합한 상황을 확실히

---

12 브람(Brahm 2006: 71)은 분별된 존재의 지각으로부터 "자유롭게 된 마음에 기
    반을 두는 자애를 수반한 선정의 성취로 나아가는 과정을 기술하고 있다. 당신
    의 마음에 남아 있는 모든 것은 체화되지 않은 자애라고 내가 부르는 것이다.
    … 당신은 이것을 멋진 황금빛의 영역으로 마음의 눈으로 경험한다. 이것은 니
    밋따이다. 이것은 자애의 니밋따이다. … 그것은 너무 매혹적이어서 그러한 강
    력한 축복에 머물기를 거부할 수 없다. 그러나 금세 빛나는 황금빛을 띤 자애
    의 니밋따는 고요해지고 당신은 선정에 들게 된다. 이것이 자애명상이 당신을
    선정으로 이끄는 방법이다."

만들기 위해서 다른 세 가지 무량심에도 또한 어느 정도 관심을 두는 것이 바람직하게 여겨집니다. 그런 경우 실제적인 의미에서도 나는 연민에 대해 좌식 수행을 하는 만큼 세 가지 다른 무량심에게도 그 정도 시간의 좌식 수행을 할 것을 권합니다.

이런 확산 수행에 더 깊은 통찰을 더하고자 소망하는 사람들은 다음과 같은 깨달음의 요소를 함양하는 수행을 결합하게 되면 자신이 바라는 통찰을 얻을 수 있습니다. 그 깨달음의 요소들[七覺支]은 다음과 같습니다.

1) 마음챙김
2) 법에 대한 탐구
3) 에너지
4) 기쁨
5) 평온
6) 집중
7) 평정

이렇게 하나의 무량심을 함양하는 맥락에서 (1) 마음챙김은 무량심이 실제로 일어나는 동안 그것을 자각하는 기반으로 기능합니다. 마음에 무량심이 확립된 것은 (2) 법에 대한 탐구로써 추적할 수 있고 이것은 흥미로운 관찰의 태도를 의미합니다. 이런 탐구는 지속적이고 무한한 확산이 상실되는 것에 즉각적으로 경각심을 가지기 위해서 충분한 (3) 에너지가 필요합니다. 그리하여 이런 에너지에 넘치는 탐

276   자비와 공 ○

구가 (4) 기쁨에 이르기 위해서는 온화해야만 합니다. 그래야만 정신적인 긴장을 피할 수 있습니다. 이렇게 일어난 선한 기쁨은 너무 들떠 있어서는 안 됩니다. 오히려 기쁨이 갖는 위안의 형태로 머물러야 합니다. 이런 기쁨은 (5) 평온으로 이어집니다. 몸과 마음의 평온은 자연스럽게 (6) 마음의 집중으로 나아갑니다. 그리하여 깨달음의 요소들의 확립은 결국 (7) 정신적 평정의 균형에서 절정을 이룹니다.

이렇게 하여 무량심에 머물면서 일곱 가지 깨달음의 요소들을 함양할 수 있습니다. 처음에는 실제 확산 수행과 함께 일곱 가지 정신적 요소들을 계속 추적해서 파악하는 것이 다소 힘들어 보일지도 모릅니다. 이런 경우 마음챙김과 지속적인 관심을 같이 결합하게 되면 기반을 형성하는 데 충분합니다. 일단 이것이 노력을 들이지 않고 자연스럽게 이루어지게 되면, 거기에 평정의 균형을 향한 목표를 더할 수 있습니다. 반복적인 수행을 통해서 깨달음의 요소를 함양하는 것에 더욱 친숙해지면 사무량심 수행을 하는 동안 모든 일곱 가지 깨달음의 요소들을 힘들이지 않고 함양하는 것이 결국 가능하게 될 것입니다.

해탈의 통찰을 위한 이런 일곱 가지 깨달음의 요소를 위해서 여기에 네 가지 통찰과 관련된 주제들을 결합할 필요가 있습니다.

1) 은둔에 의존하여,
2) 적정에 의존하여,
3) 끊어짐에 의존하여,
4) 내려놓음으로 나아가는 것.

그리하여 확산에 머무르는 시간이 일단 끝이 나면 마음은 장애로 부터 (1) 물러서게 되고, 거기에서도 깨달음의 요소들은 여전히 같이 있습니다. 금방 경험한 일시적인 정신적 해방의 출세간적인 경험과 연관하여 (2) 적정이 일어납니다. 그러나 모든 방향으로 하나의 무량심을 확산하는 이런 아름다운 정신적 경험이 깊고 집중되고 기쁘고 균형 잡힌 것이라고 하여도, 다른 모든 정신적 상태와 마찬가지로 (3) 중단되게 마련이라는 것을 인식합니다. 어떤 특별한 명상적 경험이 아무리 평화스럽더라도 그것을 (4) 내려놓게 됩니다.

4. 공의 명상

그러나 이렇게 무량심들의 명상적 함양에 대한 결론을 내리는 대신, 공을 향한 점진적인 진입으로 나아가는 것 또한 가능합니다. 무량심의 수행으로 마음은 이미 통합되어 있기 때문에―공을 향한 점진적인 진입이 땅의 지각으로 첫 단계들을 통해서 일어난 상태―수행은 무한한 공간의 지각으로 바로 나아갑니다. 앞에서 언급한 바와 같이 공을 향한 점진적인 진입은 무한한 공간 영역의 성취가 아니라 무한한 공간 지각의 함양만을 필요로 하는 듯이 보입니다.

실제 수행에서 네 번째 무량심인 평정심의 무한한 확산에서 무한한 공간의 지각으로 전환하는 것은 놀랄 정도로 아주 매끄럽습니다. 이것은 하나의 무량심에서 다음의 무량심으로 전환하는 것, 또는 공을 향한 점진적인 진입의 연속적인 단계들 사이에서 일어나는 전환보다 더 매끄럽게 일어납니다. 이런 모든 전환들은 하나의 태도 또는 지각에서 확실히 뚜렷하게 다른 태도 또는 지각으로 옮겨갑니다. 그러나 현재의 전환에서는 그 차이라고 할 수 있는 것이 단지 네 번째 무량심에서는 무한함보다 평정의 태도에 좀 더 초점을 맞춘다는 것입니다. 반면 무한한 공간에서는 평정에 머무르는 것을 통해서 도달한 무한함에 좀 더 초점을 맞추고 있습니다.

그래서 무한한 공간의 경험은 평정의 무량심으로 가득 찬 무한한 공간에 직접 주의를 기울임으로써 일어납니다. 때로는 그 전환이 너무 매끄러워서 무한한 공간의 한없는 상태에 즉시 머무를 수 있습니다. 또 다른 경우에는 무한한 공간의 지각에 확고하게 자신을 확립하기 위해서 앞에서 무량심에서 사용되었던 것과 동일한 과정을 이용하기도 합니다. 이런 식으로 앞에서, 오른쪽에서, 뒤에서, 왼쪽에서 위와 아래에서 공간을 자각하게 됩니다. 무량심의 패턴과 마찬가지로 서로 다른 방향에서 공간을 자각하게 되는 것에서 수행은 전체 공간성에 바로 머무르는 단계까지 나아갑니다. 그 전체 공간은 무한하고 한이 없고 어떤 경계도 없습니다.

이와 같은 종류의 수행으로 시작하게 된다면, 우선 이런 방향들로 확산해서 나아가는 것에 주의를 기울이고, 그런 다음 자신의 신체에 주의를 기울여서 자신의 신체가 용해되게 하는 것은 더 쉽게 될 것입니다. 그 이유는 자신의 앞에 있는 실제 공간은 신체보다 공간으로 쉽게 경험될 수 있기 때문입니다. 우리는 신체를 견고한 것으로 간주하는 데 익숙합니다. 그러나 반복적인 수행을 통해서 무한한 공간의 지각에 어느 정도 친숙하게 되면 자신의 신체를 공간 속에서 용해시키는 일이 쉬워질 것입니다.

신체에서 시작한 동일한 과정이 산만함이 일어날 때에도 도움이 될 수 있습니다. 이런 식으로 우선 자신이 현재의 순간에 자리 잡는 한 가지 방법인 신체로 돌아와서, 그 다음 신체를 공간 안으로 용해시키고, 그 다음 귀착된 공간성을 모든 방향으로 편재시키게 됩니다. 이렇게 무한한 공간의 내적인 차원에서 외적인 차원으로 나아가게 되면 마음을 안정화하고 다른 산만함에 굴복되는 것을 피하는 것이 쉬워집니다.

산만함이 짧게 있는 경우, 무한한 공간의 경험으로 즉시 되돌아갈 수 있습니다. 여러 방향으로 침투하는 것을 통해서 이런 경험을 확립할 필요가 있는 경우는 단지 오랫동안 산만할 때와 마음이 자연스럽게 그리고 별 다른 노력 없이 그 공간적 상태로 돌아가지 않을 때입니다.

산만함이 오래가고 강하다면, 그리고 마음이 오랫동안 휘둘리게 되면 무한한 공간으로 가게 되는 앞 단계로 잠깐 돌아가는 것이 바람직할 수 있습니다. 이런 식으로 마음에 무엇인가 할 일을 주고 이것이 마음을 차지하여 이전의 산만한 상태로 빨리 되돌아갈 가능성을 줄이게 합니다. 무량심을 거쳐 가는 접근 루트를 취하였다고 하면 바로 평정에 머무르게 돌아갑니다. 이런 과정을 마음이 무한한 상태에 도달할 때까지 개별적인 방향으로 재빨리 형성할 수 있으며 거기에서 무한한 공간의 경험에 새롭게 다시 접근하게 됩니다. 공을 향한 점진적인 진입에서 그 다음 수준의 실질적인 산만함이 일어나면, 그 앞 단계로 돌아가 모멘텀을 얻기 위해서 거기에서 수행을 하는 것이 마찬

자비와 공 ○

가지로 도움이 될 것입니다.

　이런 방법이 산만함으로부터 마음을 지키는 데 충분하지 못하다면, 때로는 마음이 무엇인가를 하기 위해서 심지어 처음부터 다시 출발해야 할 결심을 해야 할지도 모릅니다. 실제로 산만함으로 향하는 마음에는 일정 시간 동안 네 가지 모든 무량심을 빠르게 지나가게 하면서 마음을 바쁘게 하는 것도 도움이 될 수 있습니다. 서로 다른 방향으로 개별적인 무량심을 확산하고, 산만함을 완전히 없애기 위해서 이전에 이미 수행한 공을 향한 점진적인 진입의 단계들을 통과하게 됩니다.

　이와 같은 공간성의 실제 경험이 공을 향한 진입의 단계가 되기 위해서는 이렇게 다양하고 견고한 모든 피곤함을 여의어야 합니다. 그리고 지각적 경험은 공해야 한다는 이해와 함께 가야 할 필요가 있습니다. 처음에는 적어도 실제적 경험에 들어가기 바로 전 그리고 거기에서 빠져나오는 바로 그 순간 스스로 이런 측면을 상기할 만한 어느 정도의 정신적 성찰을 사용할 필요가 있습니다. 그러나 지속적인 수행을 하면 이런 종류의 이해는 경험 자체에 영향을 미치게 될 것입니다. 「공에 대한 짧은 경」과 이에 대응하는 경전에서 수행을 기술할 때 성찰은 공을 향한 점전적인 진입에서 실제적 단계에 머물기 바로 전 또는 바로 후인 여러 종류의 피곤함 위에 놓습니다. 그런 성찰은 수행에 하나의 방향을 제시할 수 있습니다. 비록 수행 자체가 전체 마음의 고요함이라는 상태에서 일어난다고 해도 그렇습니다.

　이제 공을 향한 점진적인 진입은 잘 다루어야 할 필요가 있는 지각적 경험을 포함합니다. 이런 경험들의 깊이가 공포를 야기하기도 하고 유혹적이기도 합니다. 공포가 일어나면 사무량심은 제자리를 잡고 서 위력을 발휘합니다. 그러나 만약 이런 경험들이 유혹적이면 피곤함 의 측면이 더 강조되어야 합니다. 공을 향한 점진적인 진입의 목적은 대단한 명상가라는 자부심의 구성요소들을 제공하는 것이 아닙니다. 목적은 어떤 형태의 자부심과 동일화가 있다면 그것들을 해체하는 것 입니다. 「흔들림 없음에 적합한 길 경」의 마지막 구절에 나온 바와 같 이, 모든 동일화의 감정을 내려놓음으로써 죽음 없는 곳에 이를 수 있 습니다.[13] 그러나 공을 향한 점진적인 진입을 하면서 만나게 되는 여러 경험이 깊으면 해탈은 더욱더 깊어집니다. 순수한 수행의 이러한 마지 막 목표는 항상 마음속에 명확하게 품고 있어야 합니다.

일상적인 삶의 차원으로 돌아가 봅시다. 무량심의 경우, 일상생활 에서 무량심이 갖는 명상적 함양을 통합시키는 방법은 주로 몸, 언어, 마음의 친절함을 통해서입니다. 공의 경우에는 점진적인 접근의 개별 적인 단계들은 일상적인 활동과 특별한 연관성을 갖습니다. 이것들은 또한 공과 일상의 삶을 통합하는 여러 측면들이 됩니다. 이것은 「공에 대한 긴 경」과 이에 대응하는 경전에 기술되어 있습니다.[14]

무한한 공간 지각의 경우에 공식적인 명상 수행은 실제적인 좌식 수행을 하는 이외의 시간 동안 공간을 자각함으로써 보완됩니다. 세 상에는 여러 사물 주위에 많은 공간들이 있습니다. 그렇지만 대개는 사물들 사이 및 사물들 주위의 공간에 주의를 기울이지 않고 이런

---

13 6장 2절을 참조할 수 있다.
14 5장 5절을 참조할 수 있다.

자비와 공 ○

사물들 자체만을 염두에 둡니다.[15] 심지어 지금 이 순간에도 눈과 책 사이의 공간만을 알아차립니다…. 소리 사이의 침묵, 들숨과 날숨 사이의 고요는 동일한 방향을 가리키는 또 다른 표식자이고, 언제든지 가능할 때 광활한 하늘을 쳐다보는 것도 물론 마찬가지입니다.

이렇게 눈에 보이는 공간에 주의를 기울이는 것에 더하여 모든 물질적인 것들이 갖는 종국적으로 비실체적인 성질의 대부분은 공간인 것을 스스로 상기함으로써 또 다른 차원을 탐구하게 됩니다. 이것은 여러 힘든 상황에서 정신적인 균형을 잡는 데 도움이 될 수 있습니다. 이렇게 수행하면 동일함의 맛이 스스로의 경험을 침투하게 됩니다.

공간에 주의를 기울이게끔 자신을 스스로 훈련하는 것은 대인관계의 방식과도 연관성을 가질 수 있습니다. 이것은 다른 사람들과 그들의 걱정에 공간을 주는 것을 말합니다. 이것은 「고싱가살라 짧은 경」과 이에 대응하는 경전 구절에 서술되어 있는 공동생활의 조화로운 방식과 연관성을 가집니다. 이런 조화는 자신이 원하는 것을 내려놓고 다른 사람들과 함께 살아가고자 함으로써 성취될 수 있습니다.[16] 언어적 행위라는 점에서 다른 사람에게 공간을 준다는 것은 다른 사람의 말을 끊고 자신이 하고 싶은 말을 한다거나, 말만 많이 해서 어떤 논의를 지배하는 대신 기꺼이 많이 들어주는 것을 의미입니다. 이렇게 일상생활에서 공간의 공한 성질이 갖는 여러 측면들은 공을 향

---

15 캐서린(Catherine 2008: 196)은 다음과 같은 수행이 가능하다고 제안한다. "사물 사이의 공간을 알아차려라. 호흡 사이의 멈춤을 알아차려라. 생각 사이의 빈 공간을 알아차려라. 공간을 지각하면 쉬어라. 언제 어디서든 있든 공간을 알아차려라."
16 2장 2절을 참조할 수 있다.

한 점진적인 진입에서 이런 특별한 단계의 실제적인 수행에 대한 이해를 증진시킵니다.

공을 향한 점진적인 진입에서 취할 수 있는 가장 좋은 접근법은 처음부터 한꺼번에 전 과정을 향하여 돌진하려고 하지 않는 것입니다. 오히려 개별적이고 하나인 지각이 충분히 좋게 확립되고 명확해지고 성숙하기 위해서는 충분한 시간과 수행이 필요한 법입니다. 현재의 상황에서 무한한 공간의 지각을 함양하는 것과 동시에 이에 대한 통찰적 함의를 가지게 되면 공을 향한 점진적인 진입의 다음 단계, 즉 무한한 의식의 단계로 나아가는 것이 보다 쉬워질 것입니다. 이렇게 하기 위해서는 무한한 공간에 주의를 집중하고, 이를 통해서 발생하는 마음의 공간성에 바로 주의를 기울여야 합니다.[17]

성취한 정신적 안정성의 정도에 따라서 때로는 무한한 의식의 경험으로 바로 전환하는 것이 가능할 때도 있습니다. 또 다른 경우에는 이것과 동일한 과정을 무량심과 무한한 공간을 활용하여 이룰 수 있습니다. 그리하여 앞쪽, 오른쪽, 뒤쪽, 왼쪽, 위와 아래를 자각하게 되고, 무한하게 된 의식의 차원들을 경험하게 됩니다.

이런 형태의 수행에 친숙하지 않은 사람에게는 처음에는 이것이 어렵게 보일 수도 있습니다. 그러므로 우선 눈을 뜨고, 앉아 있는 장소의 앞에 있는 공간을 쳐다보는 것으로 시작합니다. 계속 응시하게 되면 마음은 뒤로 또는 안으로 움직이게 되어서 그 봄을 아는 것, 눈을

17　캐서린(Catherine 2008: 198f)은 "공간을 아는 것을 지각하도록 주의를 돌려라. 이것은 경계 없이 존재하는 것을 알아차리는 것을 드러낸다."고 설명한다.

자비와 공 ○

통해서 들어오는 시각 정보를 받아들이는 것을 자각하게 됩니다. 또다른 접근법은 청각에 의한 것입니다. 이를 위해 가장 이상적인 것은 손뼉을 치는 것과 같은 다소 짧고 날카로운 소리입니다. 이상적으로는 눈을 감는 것이 좋은데, 그런 상태에서 소리를 들은 후 외부 어딘가 소리가 나는 장소를 파악하려는 통상적인 경향 대신 귀에 그냥 소리가 닿도록 하는 것입니다. 그러고 나서 어떤 면에서는 동일하게 내면으로 계속 오게 하여 그 소리를 아는 것을 자각하게 합니다. 이런 저런 방식으로 일단 의식을 인식하게 되면 이것을 공식적인 명상에서 계발하는 것이 가능할 것입니다. 이것은 이미 친숙하게 된 무량심과 무한한 공의 수행 모델을 따르는 것입니다.

무한한 의식의 지각이 공을 향한 점진적 진입으로 들어가게 될 때 딱딱함의 피로와 공간의 피로를 여의는 명상 경험을 하게 되며, 또한 이를 바탕으로 하는 이해를 획득하게 됩니다. 이 경험은 텅 비어 버린 상태입니다. 여전히 남은 것은 단지 마음뿐입니다. 이 지점에서 내적인 것과 외적인 것은 하나로 모아지고 주체가 자신의 대상이 되어 버립니다.

일상의 삶에서 수행은 이 세상에서 마음이 작용하는 역할을 점점 더 잘 자각하는 것으로 귀착됩니다. 무한한 의식의 경험은 그 성질상 마음이 우리들의 경계를 설정하지 않는 이상 어떠한 경계도 없다는 것을 분명하고 명확하게 해 줍니다. 공식적인 명상을 하는 동안에 의식에 직접적으로 주의를 기울인 결과 일상의 상황에서 자신의 의도와 정신적 반응, 그뿐 아니라 경험된 것을 어떻게 지각하는가에 대한 정신적 평가로 인한 여러 판단들을 더욱더 민감하게 알아차립니다. 또한 다른 사람들을 동기화시키는 것에 대해 더 예민하게 되고 그들의 걱정을 더 잘 알아차리고 이해하게 됩니다. 결국 정말 중요한 것은 마음이라는 깨달음이 분명해지기 시작합니다.

어떤 상황에서 수행을 하더라도 바히야에게 주는 가르침을 그 모델로 들 수 있습니다.[18] 이와 같이 바로 알아차리는 것을 잠깐 멈춤으로써 집착과 애착의 경향과 그것에 물든 마음의 평가를 감각적 경험의 원래 재료에 투사하는 것에 직접 대항하여, 마음을 탈조건화시켜 주는 간명한 가르침의 가능성이 드러납니다.

그리고 공을 향한 점진적인 진입에서 더 진전하기 위해서는 무한한 의식에서 무소유로 나아가야 합니다.[19] 내가 6장에서 「흔들림 없음에 적합한 길 경」과 이에 대응하는 경전에 기초하여 언급한 바와 같이, 이 단계에서 모든 것은 자아가 공하고 자아에 속한 것이 공하다는 명상을 통하여 현재의 맥락에서 이루어질 수 있습니다. 자신이라고 인정할 만한 것도, 소유할 만한 어떤 것도, 동일화할 수 있는 어떤 것도

---

18 5장 4절을 참조할 수 있다. 이러한 수행에 도움이 되는 것을 성엄 스님(Sheng Yen 2008: 23)이 선 수행을 위해서 한 조언에서 볼 수 있다. "직접적인 방법으로는 과거를 지나가게 하고, 미래를 투사하지 않고, 과거와 미래 사이의 '공간'에 고정되지 말라. 현재 순간에 대해서 명료함과 무집착을 유지하라. 마음은 어디에도 '머물' 수 없다." 또는 슈미트(Schmidt 1990: 69)가 번역한 구루린포체인 롱첸빠에 의한 델마에 의하면 "네가 보는 모든 것을 향하여 이렇게 하라. 밖이든, 안이든, 주변이든 사물이든, 모든 사물을 보이는 동안 집착하지 않고 남겨 두어라." 이와 유사하게 "네가 듣는 모든 것을 향하여 이렇게 하라. 모든 소리를 듣는 동안 거칠든 부드럽든 판단 없이 공하게 남겨 두어라."라고 한다.

19 캐서린(Catherine 2008: 201)은 "무한한 의식에 대한 지각을 넘어서 남는 것을 알아차려라. 무가 남는다. 아무것도 없음을 직접적으로 지각하라. … 없음의 개념은 주의를 요구하는 섬세한 대상이 될 것이다."라고 설명한다.

자비와 공 ○

없습니다. 이 지점에서 공간과 의식의 피로함은 여의고 결국 완전한 공을 체험합니다. 예외가 되는 것은 단지 피로함의 마지막 흔적, 즉 무아의 개념입니다.

일상적인 삶에서 공을 향해 점진적으로 진입해 들어가는 단계의 수행은, 자신의 것으로 사물을 평가하는 경향과 동일화의 느슨함으로 나타납니다. 자아라는 느낌의 부담은 점차로 줄어들고 편안함과 균형감이 자신의 경험에 침투합니다. 이 편안함은 언제나 다른 사람을 만날 때마다 긍정적으로 다시 그 모습을 드러내고 특히 어떤 일이 일어나더라도 연민 또는 다른 무량심으로 반응할 수 있는 능력이 늘어나게 됩니다.

그 후 공을 향한 점진적인 진입의 지속적인 궤적은 무상(無相)으로 나아가게 됩니다. 이 지점에서 무아의 개념조차 사라지게 됩니다. 공을 향한 점진적인 진입에서 이전의 단계들에서 누적된 모멘텀 덕분에 마음은 철저히 공하게 되어서 어떤 기준도 없는 상태에 힘들이지 않고 쉽게 머무르게 됩니다. 이렇게 하여 마음은 무아의 개념뿐만 아니라 인식하는 주체의 개념에서도 공하게 됩니다. 남은 것은 최상의 공함을 향한 경향뿐입니다.

공을 향한 점진적인 진입의 한 단계로서 무상의 일상적 차원은 모든 활동과 경험을 가로지르는 심오한 의미인 내려놓기에서 잘 드러납니다. 어떤 것도 진정으로 마음을 어지럽히지 못하고, 자유를 향한 진전만이 우선권을 가질 뿐입니다.

이렇게 완전히 비어 있는 깊은 무상(無相) 명상의 최상 단계조차도 아직 공을 향한 점진적인 진입의 마지막 목표는 아닙니다. 이 마지막 목표는, 모든 경험들의 영원하지 않은 성질을 통찰하면서 그것 안에서 어떤 기쁨도 얻지 않는 것을 요구합니다. 가능한 한 가장 철저한 방식으로 들어가는 것, 어떤 예외도 없이 모든 것을 제거하는 것이 열반으로 들어가는 돌파구가 되게끔 합니다. 열반은 진정으로 공의 최상입니다.

열반은 이 장과 이전 연구를 결론짓는, 경전에서 언급된 간명한 구절의 주제입니다. 이것이 공을 향한 점진적인 진입에서 마지막 단계를 함양하는 실제적인 초석으로 작용하기를 희망합니다.[20]

이것은 고요하고 이것은 수승하다. 이것은 모든 만들어진 것들[行]이 가라앉음[止]이요, 모든 재생의 근거를 놓아버림[放棄]이고, 갈애의 멸진이고, 탐욕의 사라짐[離欲]이고, 소멸[滅]이고, 열반이다.

---

20 MN 64 at MN I 436,1 (also translated in Ñāṇamoli 1995: 540): etaṃ santaṃ etaṃ paṇītaṃ, yadidaṃ sabbasaṅkhārasamatho sabbūpadhipaṭinissaggo taṇhakkhayo virāgo nirodho nibbānaṃ. 나는 상카라(saṅkhāra)를 "형성"으로 번역하는 대신 "만들어진 것"으로 번역하고자 한다. 열반이 만들어지지 않은 것이라는 암시와 연결하기 위해서이다. 열반은 지각의 해체로 나아가는 길을 가리키는 지표의 역할을 한다. 우빠디(upadhi)와 관련하여 "자산", "획득"으로 번역할 수 있지만, "지지"라는 번역을 통해서 어떤 것에 대해서도 호의적인 입장을 가지지 않는다는 뉘앙스를 담고자 한다. 이에 대한 좀 더 자세한 주석은 냐나난다(Ñāṇananda, 2003, 2004, 2005, 2006, 2007, 2010, and 2012)를 참조할 수 있다.

자비와 공 ○

Ⅷ_경전 번역

1. 「의도에 대한 경전」[1]

– 『중아함경』 15 「사경(思經)」

나는 이와 같이 들었다.

어느 때 부처님께서 사위국을 유행하실 적에 승림급고독원(勝林給孤獨園 : 祇樹給孤獨園)에 계셨다. 그때 세존께서는 여러 비구들에게 말씀하셨다.

"만일 몸으로 의도적으로 지은 업이 있으면, 나는 반드시 '그가 그 과보를 받는다. 현세에 받거나 후세에 받을 것이다'라고 말할 것이다. 만일 의도적으로 지은 업이 아니면, 나는 그가 반드시 그 과보를 받는다고 말하지 않을 것이다. 그중에는 몸으로 의도적으로 짓는 세 가지 업(業)이 있다. 그것은 선하지 않아 괴로움의 결과를 주고 괴로움의 과보를 받게 한다. 말로 의도적으로 짓는 네 가지 업이 있고, 뜻으로 의

---

1   MĀ 15 at TI437b24–438b11(Anālayo 2012c: 494–502).

도적으로 짓는 세 가지 업이 있다. 그것들은 모두 선하지 않아 괴로움의 결과를 주고 괴로움의 과보를 받게 한다.

어떤 것이 몸으로 의도적으로 짓는 세 가지 업으로서, 선하지 않아 괴로움의 결과를 주고 괴로움의 과보를 받게 하는 것인가? 첫 번째는 생명을 죽이는 것[殺生]이다. 지극히 악해 피를 마시고 그것을 해치고자 하며, 중생에서부터 곤충에 이르기까지 자애롭지 않다. 두 번째는 남이 주지 않는 것을 취하는 것[不與取]이다. 남의 재물에 집착하여 도둑질할 마음으로 그것을 취한다. 세 번째는 삿된 음행[邪淫]이다. 저 아버지가 보호하는 대상, 또는 어머니가 보호하는 대상, 또는 부모가 보호하는 대상, 또는 자매가 보호하는 대상, 또는 형제가 보호하는 대상, 또는 아내의 부모가 보호하는 대상, 또는 친족이 보호하는 대상, 또는 같은 성[同姓]이 보호하는 대상, 또는 채찍의 벌을 받을까 두려운 남의 아내, 또는 남의 정혼녀를 범하는 것이다. 이것을 몸으로 의도적으로 짓는 세 가지 업이라고 한다. 그것은 선하지 않아 괴로움의 결과를 주고 괴로움의 과보를 받게 한다.

어떤 것이 말로 의도적으로 짓는 네 가지 업으로서, 선하지 않아 괴로움의 결과를 주고 괴로움의 과보를 받게 하는 것인가? 첫 번째는 거짓말[妄言]을 하는 것이다. 그가 대중 가운데 있거나 권속들 가운데 있거나 또는 왕가(王家)에 있을 때, 만일 그를 불러 '네가 아는 것을 정직하게 말하라'고 하면, 그는 모르면서 안다고 하고, 알면서 모른다고 하며, 보지 않은 것을 보았다고 하고, 본 것을 보지 않았다 하며, 자기 자신을 위해서, 남을 위해서, 또는 재물을 위해서 알면서도 거짓말을 하는 것이다. 두 번째는 이간질하는 말[兩舌]이다. 남을 갈라서게 하려고 여기서 들은 말을 저기에 가서 말하여 이쪽을 부수고자 하고, 저기에서 들은 말을 여기에 와서 말하여 저쪽을 부수고자 한다. 단합되어 있는 것을 이간시키고 이간된 사이를 더욱더 이간질하여, 파당을 만들고 파당을 즐기며 파당을 찬양해 말하는 것이다. 세 번째는 거친 말[麤言]이다. 그가 만일 말을 하면, 말씨가 거칠고 사나우며, 나쁜 소리는 귀에 거슬려 사람들이 기뻐하지 않는 말만 하고, 사람들이 좋아하지 않는 말만 하여 남을 괴롭게 하고, 안정을 얻지 못하게 하는 그러한 말을 하는 것이다. 네 번째는 꾸며대는 말[綺語]이다. 그는 시기에 적절하지 않은 말을 하고 진실이 아닌 것을 말하며, 이치에 맞지 않는 말을 하고 법이 아닌 것을 말하며, 그쳐 쉬지 못하게 하는 말을 한다. 또 그쳐 쉬지 않는 것을 찬양하고, 때를 어기고 잘 가르치지 않으며, 또한 좋게 꾸짖지 않는다. 이것을 일러 말로 의도적으로 짓는 네 가지 업이라고 한다. 그것은 선하지 않아 괴로움의 결과를 주고 괴로움의 과보를 받게 한다.

어떤 것이 뜻[意]으로 의도적으로 짓는 세 가지 업으로서, 선하지 않아 괴로움의 결과를 주고 괴로움의 과보를 받게 하는 것인가? 첫 번째는 탐욕[貪伺]이다. 남의 재물이나 모든 생활에 필요한 도구를 엿보고 항상 살피면서 구하고 희망하여 나의 소득으로 만들고자 하는 것이다. 두 번째는 미워하고 성내는 것[嫉恚]이다. 마음속에 미움을 품어 생각하기를 '저 중생은 꼭 죽여야 하고 꼭 속박해야 하며, 꼭 재물을 거두어야 하고 반드시 파면시켜야 하며, 꼭 배척해 쫓아내야 한다'고 하는 것이다. 그리하여 그로 하여금 무한한 괴로움을 받도록 하는 것이다. 세 번째는 삿된 견해[邪見]이다. 소견(所見)이 거꾸로 되어 이

자비와 공 ○

와 같이 보고 이와 같이 말하는 것이다. 즉 '보시도 없고 재(齋)도 없으며, 주설(呪說)도 없고, 선업도 악업도 없으며, 선업과 악업의 과보도 없고, 이 세상[比世]도 저 세상[彼世]도 없고, 아비도 없고 어미도 없다. 세상에서는 진인(眞人)이 사는 좋은 곳에 가거나, 이 세상과 저 세상에 잘 가고 잘 향하거나, 스스로 알고 스스로 깨닫거나, 스스로 증득하고 성취하여 자재롭게 노니는 일도 없다'고 하는 것이다. 이것을 뜻으로 의도적으로 짓는 세 가지 업이라고 한다. 그것은 선하지 않아 괴로움의 결과를 주고 괴로움의 과보를 받게 한다.

많이 들은 성스러운 제자[多聞聖弟子]가 몸으로 짓는 선하지 않은 업을 버리고 몸으로 짓는 선한 업을 닦으며, 말과 뜻으로 짓는 선하지 않은 업을 버리고 말과 뜻으로 짓는 선한 업을 닦는다. 저 많이 들은 성스러운 제자가 이와 같이 정진(精進)과 계(戒)와 덕(德)을 갖추어 몸으로 짓는 선한 업을 성취하고, 말과 뜻으로 짓는 선한 업을 성취하여, 성냄을 여의고 다툼을 여의며 잠을 없앤다. 교만한 마음도 없애고 의심을 끊으며, 거만함을 버리고 바른 생각과 바른 지혜로써 어리석음도 없앤다. 저들의 마음은 자애로움을 구족하여 한 방향[方]에 두루 차서 성취하여 노닌다. 이와 같이 두 번째 방향, 세 번째 방향, 네 번째 방향과 네 가지 중간 방향과 위·아래 어느 곳이나 모두 가득하다. 그 마음은 자애로움[慈]을 구족하여 맺힘[結]이 없고, 원한이 없으며, 성냄이 없고, 다툼이 없다. 지극히 넓고 매우 크며, 한량없이 잘 닦아 일체 세간에 두루 차서 성취하여 노닌다. 저들은 '나는 본래 마음이 좁고 잘 닦지도 못했으나, 지금 나의 이 마음은 한량없고 잘 닦는다'고 생각한다. 많이 들은 성스러운 제자는 그 마음으로 이처럼 한량없이 잘 닦는다.

만일 본래부터 악한 스승으로 인하여 방일한 행동을 하고 선하지 않은 업을 지었다면, 그는 함께 갈 수 없고, 더러움을 씻을 수 없으며, 또 서로 따를 수도 없다. 만일 어린 남자아이와 여자아이가 세상에 나자마자 자심해탈(慈心解脫)을 하였다면, 그래도 그가 훗날 그 몸과 말과 뜻으로 다시 선하지 않은 업을 짓겠는가?"

비구들이 대답하였다.

"아닙니다. 세존이시여, 왜냐하면 스스로 악한 업을 짓지 않았는데 악한 업이 무엇을 말미암아 생기겠습니까?"

"그러므로 남자나 여자는 속가에 있거나 출가하였거나, 항상 자심해탈을 부지런히 닦아야 한다. 만일 저 남자나 여자가 속가에 있거나 출가하였거나 간에, 자심해탈을 닦는다면, 그는 이 몸을 가지고 저 세상에 가는 것이 아니고, 다만 마음을 따라 이 세상을 떠난다. 비구는 마땅히 '나는 본래 방일하여 선하지 않은 업을 지었다. 이 일체는 금생[今]에서 그 과보를 받는 것이다. 죽은 뒤 다음 생에서는 그 과보를 받지 않을 것이다'라고 생각하라. 만일 이와 같이 자심해탈을 수행하여 한량없이 잘 닦는 자가 있으면, 그는 반드시 아나함(阿那含)을 증득하거나, 또는 다시 그 이상의 경지를 증득하게 될 것이다. 이와 같이 연민하는 마음[悲心]과 함께 기뻐하는 마음[喜心]과 평정한 마음[捨心]을 함께 갖추면, 맺힘[結]도 없고 원한[怨]도 없으며, 성냄[恚]도 없고 다툼[諍]도 없으며, 지극히 넓고 매우 크며 한량없이 잘 닦아 일체 세상에 두루 차서 성취하여 노닌다. 그는 '나는 본래 마음이 좁고 잘 닦지도 않았지만, 지금 나는 이 마음을 한량없이 잘 닦는다'라고 생각한다. 그리하여 많이 들은 성스러운 제자는 그 마음을 이와 같이 한량없이 잘 닦는다.

만일 본래부터 악한 스승으로 인하여 방일한 행동을 하고 선하지 않은 업을 지었다면, 그는 함께 갈 수 없고, 더러움을 씻을 수 없으며, 다시 서로 따를 수 없다. 만일 어린 남자아이와 여자아이가 세상에 나자마자 사심해탈(捨心解脫)을 하였다면, 그래도 그가 훗날 그 몸과 말과 뜻으로 다시 선하지 않은 업을 짓겠는가?”

“아닙니다. 세존이시여, 왜냐하면 스스로 악한 업을 짓지 않았는데 악한 업이 무엇으로 말미암아 생기겠습니까?”

“그러므로 남자나 여자는 속가에 있거나 출가하였거나, 항상 사심해탈을 부지런히 닦아야 한다. 만일 저 남자나 여자가 속가에 있거나 출가하였거나 간에, 사심해탈을 닦는다면, 그는 이 몸을 가지고 저 세상에 가는 것이 아니고, 다만 마음을 따라 이 세상을 떠난다. 비구는 마땅히 ‘나는 본래 방일하여 선하지 않은 업을 지었다. 이 일체는 금생에서 그 과보를 받는 것이다. 죽은 뒤 다음 생에서는 그 과보를 받지 않을 것이다’라고 생각하라. 만일 이와 같이 사심해탈을 수행하여 한량없이 잘 닦는 자가 있으면, 그는 반드시 아나함을 증득하거나, 또는 다시 그 이상의 경지를 증득하게 될 것이다.” 부처님께서 이렇게 말씀하시자, 모든 비구들은 부처님 말씀을 듣고 기뻐하며 받들어 행하였다.

2. 「공에 대한 짧은 경」²에 대응하는 『중아함경』의 해당 경전

— 「중아함경」 190 「소공경(小空經)」

나는 이와 같이 들었다.

어느 때 부처님께서 사위국을 유행하실 적에 동원(東園) 녹자모(鹿子母)강당에 계셨다. 그때 존자 아난이 해질 무렵이 되어 자리에서 일어나 부처님께 나아가 그 발에 머리를 조아려 예배하고 물러나 한쪽에 앉아 여쭈었다.

"세존께서는 언젠가 석도읍(釋都邑)이라고 하는 석가족의 성을 유행하셨습니다. 저는 그때 세존에게서 이러한 이치에 대한 설명을 들었습니다.

'아난아, 나는 공(空)을 많이 수행한다.'

세존께서 설하신 말씀을 제가 잘 이해하였고 잘 받아 지녔다고 하겠습니까?"

세존께서 말씀하셨다.

"아난아, 너는 그때 내 말을 진실로 잘 알고 잘 받아 지녔다. 왜냐하면 나는 그때부터 지금까지 공을 많이 수행하였다. 아난아, 이 녹자모 강당은 텅 비어 코끼리, 말, 소, 염소, 재물, 미곡, 종들이 없다. 공하지 않은 것이 있다면 오직 비구들뿐이다. 아난아, 만일 이 가운데 그것이 없다면 그 때문에 나는 그것을 공하다고 본다. 그러나 만일 여기에 다

---

2   MĀ 190 at T I 736c27-738a1(Anālayo 2012: 326-333).

른 것이 있다면 그 때문에 나는 참으로 있다고 볼 것이다. 아난아, 이것을 참으로 공을 수행하여 거꾸로 되지 않았다고 한다.

아난아, 비구가 만일 공을 많이 수행하려고 한다면 그 비구는 마을에 대한 생각[村想]을 하지 말고, 사람에 대한 생각[人想]을 하지 말며, 오로지 일이 없는 것에 대한 생각[無事想]만을 계속하라. 그는 이렇게 알아 마을에 대한 생각을 비우고, 사람에 대한 생각을 비운다. 그러나 오직 할 일이 없는 것에 대한 생각만은 비우지 않는다.

'마을에 대한 생각 때문에 어떤 피로가 있다지만 나에게는 그것이 없다. 또는 사람에 대한 생각 때문에 어떤 피로가 있다고 할지라도 나에게는 그것이 없다. 피로가 있다면 오직 일이 없는 것에 대한 생각 때문에 있다.'

만일 거기에 그것이 없다면 그는 그것을 공하다고 볼 것이다. 그러나 만일 거기에 다른 어떤 것이 있다면 그는 참으로 있다고 볼 것이다. 아난아, 이것을 참으로 공을 수행하여 거꾸로 되지 않았다고 한다.

다시 아난아, 비구가 만일 공을 많이 수행하려고 한다면 그 비구는 사람에 대한 생각도 하지 말고, 일이 없는 것에 대한 생각도 하지 말며, 오로지 땅에 대한 생각[地想]만 계속하라. 그 비구는 혹 그 땅에 높고 낮음이 있고 뱀 떼가 있으며, 가시덤불이 있고, 모래가 있으며, 돌산이 험하고 깊은 물이 있는 것을 보더라도 그것을 생각하지 말라. 만일 그 땅이 평편하기가 손바닥 같고 경관이 좋은 곳을 보거든 마땅히 그것을 자꾸 생각하라.

아난아, 마치 소가죽을 백 개의 못으로 팽팽하게 펴면 주름도 없고 오그라들지도 않는 것과 같다. 만일 그 땅에 높고 낮음이 있고 뱀 떼가 있으며, 가시덤불이 있고 모래가 있으며, 돌산이 험하고 깊은 물이 있는 것을 보더라도 그것을 생각하지 말라. 만일 그 땅이 평편하기가 손바닥 같고 경관이 좋은 곳을 보거든 마땅히 그것을 자꾸 생각하라. 그는 이렇게 알아 사람에 대한 생각을 비우고 일이 없는 것에 대한 생각도 비운다. 그러나 오직 땅에 대한 생각만은 비우지 않는다.

'사람에 대한 생각 때문에 어떤 피로가 있다지만 나에게는 그것이 없다. 또는 일이 없는 것에 대한 생각 때문에 어떤 피로가 있다지만 나에게는 그것이 없다. 피로가 있다면 오직 땅에 대한 생각 때문에 있다.'

만일 그것에 그것이 없다면 그는 그것을 공하다고 볼 것이다. 그러나 만일 거기에 다른 어떤 것이 있다면 그는 참으로 있다고 볼 것이다. 아난아, 이것을 참으로 공을 수행하여 거꾸로 되지 않았다고 한다.

다시 아난아, 비구가 만일 공을 많이 수행하려고 한다면 그 비구는 일이 없는 것에 대한 생각을 하지 말고, 땅에 대한 생각도 하지 말며, 오로지 한량없는 허공에 대한 생각[無量空處想]만을 계속하라. 그는 이렇게 알아 일이 없는 것에 대한 생각도 비우고 땅에 대한 생각도 비운다. 그러나 오직 한량없는 허공에 대한 생각만은 비우지 않는다.

'일이 없는 것에 대한 생각 때문에 어떤 피로가 있다지만 나에게는 그것이 없다. 또는 땅에 대한 생각 때문에 어떤 피로가 있다지만 나에게는 그것이 없다. 피로가 있다면 오직 한량없는 허공에 대한 생각 때문에 있다.'

만일 그것에 그것이 없으면 그는 그것을 공하다고 볼 것이다. 그러나 만일 거기에 다른 어떤 것이 있다면 그는 참으로 있다고 볼 것이다. 아난아, 이것을 참으로 공을 수행하여 거꾸로 되지 않았다고 한다.

자비와 공 ○

다시 아난아, 비구가 만일 공을 많이 수행하려고 한다면 그 비구는 땅에 대한 생각도 하지 말고, 한량이 없는 허공에 대한 생각도 하지 말며, 오로지 한량없는 식이 있는 곳에 대한 생각[無量識處想]만을 계속하라. 그는 이렇게 알아 땅에 대한 생각도 비우고, 한량없는 허공에 대한 생각도 비운다. 그러나 오직 한량없는 식이 있는 곳에 대한 생각만은 비우지 않는다.

'땅에 대한 생각 때문에 어떤 피로가 있다지만 나에게는 그것이 없다. 또는 한량없는 허공에 대한 생각 때문에 어떤 피로가 있다지만 나에게는 그것이 없다. 피로가 있다면 오직 한량없는 식이 있는 곳에 대한 생각 때문에 있다.'

만일 그것에 그것이 없으면 그는 그것을 공하다고 볼 것이다. 그러나 만일 거기에 다른 어떤 것이 있다면 그는 참으로 있다고 볼 것이다. 아난아, 이것을 참으로 공을 수행하여 거꾸로 되지 않았다고 한다.

다시 아난아, 비구가 만일 공을 많이 수행하려고 한다면 그 비구는 한량없는 허공에 대한 생각도 하지 말고, 한량없는 식이 있는 곳에 대한 생각도 하지 말며, 오로지 아무것도 가지지 않는 곳에 대한 생각[無所有處想]만을 자꾸 생각하라. 그는 이렇게 알아 한량없는 허공에 대한 생각도 비우고, 한량없는 식이 있는 곳에 대한 생각도 비운다. 그러나 오직 아무것도 가지지 않는 곳에 대한 생각만은 비우지 않는다.

'한량없는 허공에 대한 생각 때문에 어떤 피로가 있다지만 나에게는 그것이 없다. 또는 한량없는 식이 있는 곳에 대한 생각 때문에 어떤 피로가 있다지만 나에게는 그것도 없다. 피로가 있다면 오직 아무것도 가지지 않는 곳에 대한 생각 때문에 있다.'

만일 그것에 그것이 없으면 그는 그것을 공하다고 볼 것이다. 그러나 만일 거기에 다른 어떤 것이 있다면 그는 참으로 있다고 볼 것이다. 아난아, 이것을 참으로 공을 수행하여 거꾸로 되지 않았다고 한다.

다시 아난아, 비구가 만일 공을 많이 수행하려고 한다면 그 비구는 한량없는 식이 있는 곳에 대한 생각을 하지 말고, 아무것도 가지지 않는 곳에 대한 생각도 하지 말며, 오로지 무상심정(無想心定)만을 계속 생각하라. 그는 이렇게 알아 한량없는 식이 있는 곳에 대한 생각을 비우고, 아무것도 없는 곳에 대한 생각도 비운다. 그러나 오직 무상심정만은 비우지 않는다.[3]

'한량없는 식이 있는 곳에 대한 생각 때문에 어떤 피로가 있다지만 나에게는 그것이 없다. 또는 아무것도 가지지 않는 곳에 대한 생각 때문에 어떤 피로가 있다지만 나에게는 그것이 없다. 피로가 있다면 오직 무상심정 때문에 있다.'

만일 그것에 그것이 없으면 그 때문에 그는 그것을 공하다고 볼 것이다. 그러나 만일 거기에 다른 어떤 것이 있으면 그는 참으로 있다고 볼 것이다. 아난아, 이것을 참으로 공을 수행하여 거꾸로 되지 않았다고 한다.

그는 이렇게 생각한다. '나는 무상심정(無想心定)을 이미 행하였고, 이미 생각하였다. 이미 행하고 이미 생각한 것이라면, 나는 그것을 즐기지도 않고 그것을 구하지도 않으며, 거기에 머무르지도 않는다.'

---

3 나의 번역은 무상심정을 마음이 무의식적으로 집중하는 것을 말한다. 6장 5절을 참조할 수 있다.

그는 이렇게 알고 이렇게 보아 탐욕의 번뇌[欲漏]에서 마음이 해탈하고, 존재의 번뇌[有漏]에서 마음이 해탈하며, 무명의 번뇌[無明漏]에서 마음이 해탈한다. 해탈한 뒤에는 곧 해탈한 줄을 알아, 생은 이미 다하고 범행은 이미 섰고, 할 일은 이미 마쳐 다시는 후세의 몸을 받지 않는다는 것을 사실 그대로 안다.

　그는 이렇게 알아 탐욕의 번뇌를 비우고 존재의 번뇌를 비우고 무명의 번뇌를 비운다. 그러나 오직 생명이 있는 자기 몸의 육처(六處)만은 비우지 않는다.

　'탐욕의 번뇌 때문에 어떤 피로가 있다지만 나에게는 그것이 없다. 또는 존재의 번뇌 때문에 어떤 피로가 있다지만 나에게는 그것이 없다. 피로가 있다면 오직 생명이 있는 내 몸의 육처 때문에 있다.'

　만일 그것에 그것이 없으면 그는 그것을 공하다고 볼 것이다. 만일 거기에 다른 어떤 것이 있다면 그는 참으로 있다고 볼 것이다. 아난아, 이것을 참으로 공을 수행하여 거꾸로 되지 않았다고 하는 것이다. 왜냐하면 번뇌가 다하여 번뇌가 없어지고 함이 없는 마음으로 해탈하였기 때문이다.

　아난아, 과거의 모든 여래·무소착·등정각도 모두 참으로 공을 수행하여 거꾸로 되지 않았다. 왜냐하면 번뇌가 다하여 번뇌가 없어지고, 함이 없는 마음으로 해탈하였기 때문이다. 아난아, 미래의 모든 여래·무소착·등정각도 모두 참으로 공을 수행하여 거꾸로 되지 않을 것이다. 왜냐하면 번뇌가 다하여 번뇌가 없어지고, 함이 없는 마음으로 해탈할 것이기 때문이다. 아난아, 지금 현재의 나 여래·무소착·등정각도 또한 참으로 공을 수행하여 거꾸로 되지 않는다. 왜냐하면 번뇌가 다하여 번뇌가 없어지고, 함이 없는 마음으로 해탈하였기 때문이다.

아난아, 너는 마땅히 이렇게 배워야 한다. 나도 또한 참으로 공을 수행하여 거꾸로 되지 않는다. 왜냐하면 번뇌가 다하여 번뇌가 없어지고, 함이 없는 마음으로 해탈하기 때문이다. 그러므로 아난아, 너도 마땅히 이렇게 배워야 한다."

부처님께서 이렇게 말씀하시자 존자 아난과 모든 비구들은 부처님 말씀을 듣고 기뻐하며 받들어 행하였다.

3. 「공에 대한 긴 경」[4]에 대응하는 『중아함경』의 해당 경전
- 『중아함경』 191 「대공경(大空經)」

나는 이와 같이 들었다.

어느 때 부처님께서는 석가족이 사는 가유라위(迦維羅衛)에 유행하실 적에 니구류(尼拘類) 동산에 계셨다. 그때 세존께서는 밤이 지나고 이른 아침이 되자 가사를 수하시고, 발우를 가지고 가유라위에 들어가 걸식하셨다. 걸식을 마치시고 오후가 되어 가라차마석정사(加羅差摩釋精舍)로 가셨다. 그때 가라차마석정사에는 많은 비구들이 많은 자

---

4   MĀ 191 at T I 738 a5-739 b21(Anālayo 2012c: 349-360); 『중아함경』 191경에서 해당 부분을 번역한 것이다.

자비와 공 ○

리를 펴고 그곳에 머물고 있었다. 그때 세존께서는 가라차마석정사에서 나와 다시 가라석정사(加羅釋精舍)로 가셨다. 그때 존자 아난은 많은 비구들과 함께 가라석정사에 있으면서 가사를 만들고 있었다. 존자 아난은 멀리 부처님께서 오시는 것을 보고 마중을 나가 부처님의 가사와 발우를 받아 들고 돌아와 자리를 펴고, 물을 길어다 부처님 발을 씻어 드렸다. 부처님께서는 발을 씻으시고 가라석정사에서 존자 아난이 펴 놓은 자리에 앉아 말씀하셨다.

"아난아, 가라차마석정사에는 많은 비구들이 많은 자리를 펴고 그곳에 머물고 있었다."

존자 아난이 아뢰었다.

"그렇습니다. 세존이시여, 가라차마석정사에는 많은 비구들이 많은 자리를 펴고 그곳에 머물고 있습니다. 왜냐하면 저희들이 지금 가사를 만들고 있기 때문입니다."

세존께서 다시 아난에게 말씀하셨다.

"비구는 떠들기를 좋아하거나 떠들기를 즐겨하거나 떠드는 자리에 모이지 않아야 하고, 무리 짓기를 좋아하거나 무리 짓기를 즐겨하거나 무리 짓는 자리에 모이지 않아야 하며, 무리를 떠나려고 하지 않거나 멀리 떠난 곳에서 혼자 있기를 즐겨하지 않으면 안 된다. 만일 어떤 비구가 떠들기를 좋아하며 떠들기를 즐겨하고 떠드는 자리에 모이며, 무리 짓기를 좋아하고 무리 짓기를 즐겨하며 무리 짓는 자리에 모이며, 무리를 떠나려 하지 않고 멀리 떠나 혼자 지내는 것을 즐겨하지 않는다면, 그는 이른바 생명의 즐거움, 성스러운 즐거움, 욕심이 없는 즐거움, 떠나는 즐거움, 쉬는 즐거움, 바르게 깨닫는 즐거움, 먹음이 없는 즐거움, 나고 죽지 않는 즐거움 등 이러한 즐거움을 쉽게 얻으려 하더라도 끝내 그리 될 수 없을 것이다.

아난아, 만일 어떤 비구가 떠들기를 좋아하지 않으며 떠들기를 즐겨하지 않고 떠드는 자리에 모이지 않으며, 무리 짓기를 좋아하지 않고 무리 짓기를 즐겨하지 않으며 무리 짓는 자리에 모이지 않고, 무리를 떠나기를 좋아하고 항상 멀리 떠난 곳에서 혼자 있기를 즐겨한다면, 그는 이른바 생명의 즐거움, 성스러운 즐거움, 욕심이 없는 즐거움, 떠나는 즐거움, 쉬는 즐거움, 바르게 깨닫는 즐거움, 먹음이 없는 즐거움, 나고 죽지 않는 즐거움 등 이러한 즐거움을 쉽게 얻으려 한다면 반드시 그리 될 수 있을 것이다.

아난아, 비구는 떠들기를 좋아하거나 떠들기를 즐겨하거나 떠드는 자리에 모이지 않아야 하고, 무리 짓기를 좋아하거나 무리 짓기를 즐겨하거나 무리 짓는 자리에 모이지 않아야 하며, 무리를 떠나기를 좋아하고, 멀리 떠난 곳에서 혼자 있기를 즐겨하지 않으면 안 된다. 만일 어떤 비구가 떠들기를 좋아하고 떠들기를 즐겨하며 떠드는 자리에 모이고, 무리 짓기를 좋아하고 무리 짓기를 즐겨하며 무리 짓는 자리에 모이며, 무리를 떠나려 하지 않고 멀리 떠나 혼자 지내는 것을 즐겨하지 않는다면, 그는 잠깐 동안의 즐거운 마음의 해탈이나, 오랫동안 움직이지 않는 마음의 해탈을 얻으려 하더라도 끝내 그리 될 수 없을 것이다.

아난아, 만일 어떤 비구가 떠들기를 좋아하지 않고 떠들기를 즐겨하지 않으며 떠드는 자리에 모이지 않고, 무리 짓기를 좋아하지 않고 무리 짓기를 즐겨하지 않으며 무리 짓는 자리에 모이지 않으며, 무리를

자비와 공 ○

떠나기를 좋아하고 항상 멀리 떠난 곳에서 혼자 있기를 즐겨한다면, 그는 잠깐 동안의 즐거운 마음의 해탈이나, 오랫동안 움직이지 않는 마음의 해탈을 얻으려 하면 반드시 그리 될 수 있다.

왜냐하면 나는 나를 즐겁게 하는 어떠한 색(色)도 보지 못하였다. 그 색은 무너지고 변하여 시간이 지나면 반드시 슬픔, 울음, 근심, 괴로움을 가져온다. 그러므로 나는 이곳이나 다른 곳에 머무르면서 바르게 깨닫고 모두 깨달았나니, 이른바 색에 대한 모든 생각을 넘어서서 밖의 공[外空]을 관찰하였다.

아난아, 나는 그곳에 머무른 뒤에 기쁨이 생겼다. 나는 이 기쁨을 모두 몸으로 깨닫고 바른 생각과 바른 지혜로써 기쁨이 생기고 고요함이 생기고 즐거움이 생기고 선정[定]이 생겼다. 그래서 나는 이 선정을 전부 몸으로 깨닫고 바른 생각과 바른 지혜가 되었다. 아난아, 어떤 비구, 비구니, 우바새, 우바이들이 함께 나를 찾아오면, 나는 곧 그들을 위하여 멀리 떠나 욕심이 없음을 즐기는 이런 마음을 쓰고, 다시 그들에게 이 법을 설명하여 그들에게 권하고 그들을 돕는다.

아난아, 만일 비구가 공(空)을 많이 수행하려 한다면 그 비구는 마땅히 마음을 꼭 붙잡아 거기에 머물러 일정하게 하여야 한다. 그는 마음을 붙잡아 거기에 머물러 일정하게 한 뒤에 반드시 마음의 공을 생각하여야 한다. 아난아, 만일 비구가 '나는 마음을 꼭 붙잡아 거기에 머무르지 않고 일정하게 하지 않고도 마음의 공을 생각한다'라고 말한다면, 그 비구는 스스로 크게 피로하기만 할 것이다.

아난아, 비구는 어떻게 마음을 꼭 붙잡고 거기에 머물러 일정하게 하는가? 비구는 여의는 데서 생기는 기쁨과 즐거움에 그 몸을 모두 담그고 적시면 두루 충만해져 여의는 데서 생기는 기쁨과 즐거움이 두루하지 않는 곳이 없게 된다. 아난아, 마치 사람이 목욕하는 그릇에 가루비누를 담고 거기에 물을 섞어 환을 만들고 그 몸을 담그고 적시면 두루 충만해져 안팎에 골고루 빠진 곳이 없게 되는 것과 같다. 비구도 여의는 데서 생기는 기쁨과 즐거움에 그 몸을 모두 담그고 적시면 두루 충만해져 여의는 데서 생기는 기쁨과 즐거움이 두루하지 않은 곳이 없게 된다.

아난아, 비구는 이와 같이 마음을 꼭 붙잡아 거기에 머물러 일정하게 한다. 그는 마음을 꼭 붙잡아 거기에 머물러 일정하게 한 뒤에는 마땅히 안의 공[內空]을 생각하여야 한다. 그러나 안의 공을 생각한 뒤에 그 마음이 움직이고, 가까운 곳으로 나아가지 않으며 청정하지도 않고 안의 공에 머무르지 않고, 이해하지 못한다고 하면, 아난아, 만일 비구가 관찰할 때, 안의 공을 생각하지만 그 마음이 움직이고 가까운 곳으로 나아가지 않으며 청정하지도 않고 안의 공에 머무르지도 않고 이해하지 못한다는 것을 알았다면, 그 비구는 마땅히 밖의 공[外空]을 생각하여야 한다.

그러나 그가 밖의 공을 생각한 뒤에도 그 마음이 움직이고 가까운 곳으로 나아가지 않으며 청정하지도 않고 밖의 공에 머무르지 않고, 이해하지 못한다고 하면, 아난아, 만일 비구가 관찰할 때, 밖의 공을 생각하지만 그 마음이 움직이고 가까운 곳으로 나아가지 않으며 청정하지도 않고 밖의 공에 머무르지도 않고 이해하지 못한다는 것을 알았다면, 그 비구는 마땅히 안의 공과 밖의 공을 함께 생각하여야 한다.

자비와 공 ○

그러나 그가 안팎의 공을 생각한 뒤에도 그 마음이 움직이고 가까운 곳으로 나아가지 않으며 청정하지도 않고 안팎의 공에 머무르지도 않고 이해하지 못한다면, 아난아, 만일 비구가 관찰할 때, 안팎의 공을 생각하지만 그 마음이 움직이고 가까운 곳으로 나아가지 않으며 청정하지도 않고 안팎의 공에 머무르지도 않고 이해하지 못한다는 것을 알았다면, 그 비구는 마땅히 움직이지 않는 것을 생각하여야 한다.

그러나 그가 움직이지 않는 것을 생각한 뒤에도 그 마음이 움직이고 가까운 곳으로 나아가지 않으며 청정하지도 않고 움직이지 않는 것에 머무르지도 않고 이해하지 못한다면, 아난아, 만일 비구가 관찰할 때, 움직이지 않는 것을 생각하지만 그 마음이 움직이고 가까운 곳으로 나아가지 않으며 청정하지도 않고 움직이지 않는 것에 머무르지도 않고 이해하지 못한다는 것을 알았다면, 그 비구는 이런 저런 마음을 정(定)으로 다루고 또 다루고,[5] 익히고 또 익히며, 부드럽게 또 부드럽게 하여 좋고 유쾌하고 온화하게 하고 멀리 떠난 즐거움을 누리게 해야 한다.

만일 이런 저런 마음을 이런 저런 정으로 다루고 또 다루고, 익히고 또 익히며, 부드럽게 또 부드럽게 하여, 좋고 유쾌하고 온화하게 하고 멀리 떠난 즐거움을 누리게 되었다면, 마땅히 안의 공을 성취하여 노닐어야 한다. 그는 안의 공을 성취하여 노닌 뒤에는 마음이 움직이지 않고 가까운 곳으로 나아가며 청정하게 안의 공에 머물고 이해하

---

5 이 번역은 한역 텍스트에서 밑의 두 줄에서 구절이 반복되는 것과 맞추어서 지금의 구절을 교정하여 번역한 것이다.

게 된다. 아난아, 이와 같이 비구가 관찰할 때, 안의 공을 성취하여 노 닌 뒤에는 마음이 움직이지 않고 가까운 곳으로 나아가며 청정하게 안의 공에 머무르게 되어 이해하게 되었다는 것을 안다면, 이것을 바 른 앎이라 한다.

아난아, 비구는 마땅히 밖의 공을 성취하여 노닐어야 한다. 그는 밖 의 공을 성취하여 노닌 뒤에는 마음이 움직이지 않고 가까운 곳으로 나아가며 청정하게 밖의 공에 머무르고 이해하게 된다. 아난아, 이와 같이 비구가 관찰할 때, 밖의 공을 성취하여 노닌 뒤에는 마음이 움직 이지 않고 가까운 곳으로 나아가며 청정하게 밖의 공에 머무르고 이 해하게 되었다는 것을 안다면, 이것을 바른 앎이라 한다.

아난아, 비구는 마땅히 안팎의 공을 성취하여 노닐어야 한다. 그는 안팎의 공을 성취하여 노닌 뒤에는 마음이 움직이지 않고 가까운 곳 으로 나아가며, 청정하게 안팎의 공에 머무르고 이해하게 된다. 아난 아, 이와 같이 비구가 관찰할 때, 안팎의 공을 성취하여 노닌 뒤에는 마음이 움직이지 않고 가까운 곳으로 나아가며 청정하게 안팎의 공 에 머무르고 이해하게 되었다는 것을 안다면, 이것을 바른 앎이라 한 다.

아난아, 비구는 마땅히 움직이지 않음을 성취하여 노닐어야 한다. 그는 움직이지 않음을 성취하여 노닌 뒤에는 마음이 움직이지 않고 가까운 곳으로 나아가며 청정하게 움직이지 않는 것에 머무르고 이해 하게 된다. 아난아, 이와 같이 비구가 관찰할 때, 움직이지 않음을 성 취하여 노닌 뒤에는 마음이 움직이지 않고 가까운 곳으로 나아가며 청정하게 움직이지 않음에 머무르고 이해하게 되었다는 것을 안다면,

이것을 바른 앎이라 한다.

아난아, 그 비구가 마음이 머무는 곳에 머물면서 거닐고자 하면, 그 비구는 선실(禪室)에서 나와 밖의 선실 그늘을 거닐며, 모든 근(根)을 안에 머물게 하고 마음이 밖으로 향하지 않게 하며, 뒤에도 앞의 생각을 계속해야 한다. 이와 같이 거닌 뒤 마음속에 탐욕과 슬픔과 선하지 않은 악법이 생기지 않으면, 이것을 바른 앎이라고 한다.

아난아, 그 비구가 마음이 머무는 곳에 머물면서 앉아서 선정에 들려고 하면, 그 비구는 거닐기를 그만두고 거니는 길머리로 가서 니사단을 펴고 가부좌를 하고 앉아야 한다. 이와 같이 앉아서 선정에 든 뒤 탐욕과 슬픔과 선하지 않은 악법이 생기지 않으면, 이것을 바른 앎이라 한다.

아난아, 그 비구가 마음이 머무는 곳에 머물면서 무엇을 생각하고자 하면, 그 비구는 만일 그것이 욕심, 성냄, 해침의 세 가지 선하지 않은 악한 생각이면 그 세 가지 선하지 않은 악한 생각을 생각하지 말고, 만일 그것이 욕심 없음, 성냄 없음, 해침 없음의 세 가지 선한 생각이면 그 세 가지 선한 생각을 마땅히 생각하여야 한다. 이렇게 생각한 뒤 마음속에 탐욕과 슬픔과 선하지 않은 악법이 생기지 않으면, 이것을 바른 앎이라 한다.

아난아, 그 비구가 마음이 머무는 곳에 머물면서 무엇을 말하고자 하면, 그 비구는 만일 그 이야기가 성스럽지 않은 이야기로서 이치와 서로 걸맞지 않은 이른바 왕론(王論)·적론(賊論)·투쟁론(鬪爭論)·음식론(飮食論)·의복론(衣服論)·부인론(婦人論)·동녀론(童女論)·음녀론(淫女論)·세간론(世間論)·사도론(邪道論)·해중론(海中論)·여러 가지 축생론(畜生論)을 논하지 말라. 만일 그 이야기가 성스러운 이야기로서 이치와 서로 걸맞아 마음을 부드럽게 하고, 모든 장애가 없는 이른바 시론(施論)·계론(戒論)·정론(定論)·혜론(慧論)·해탈론(解脫論)·해탈지견론(解脫知見論)·점손론(漸損論)·불회론(不會論)·소욕론(少欲論)·지족론(知足論)·무욕론(無欲論)·단론(斷論)·멸론(滅論)·연좌론(燕坐論)·연기론(緣起論)과 같은 사문의 이야기이면 논하여야 한다. 이렇게 논한 뒤 마음속에 탐욕과 슬픔과 선하지 않은 악법이 생기지 않으면, 이것을 바른 앎이라고 한다.

또 아난아, 즐거워할 만하고 마음으로 생각할 만하며 애욕과 서로 걸맞은 오욕[欲]의 공덕(功德)이 있다.[6] 그것은 눈으로 색을 지각하고 귀로 소리를 지각하며, 코로 냄새를 지각하고, 혀로 맛을 지각하며, 몸으로 촉감을 지각하는 것이다. 만일 비구의 마음이 거기에 이르면 그는 '이 다섯 가지 욕의 공덕은 욕의 공덕에 따라 내 마음에서 활동하는 것이다' 하고 관찰하여야 한다. 왜냐하면 이 다섯 가지 욕의 공덕은 앞도 없고 뒤도 없이 그 욕의 공덕을 따라 마음에서 활동하는 것이기 때문이다.

아난아, 만일 비구가 관찰할 때, 이 다섯 가지 욕의 공덕은 그 다섯 가지 욕의 공덕을 따라 마음에서 활동하는 것임을 안다면, 그 비구는 이런 저런 욕의 공덕을 영원하지 않다고 관찰하고, 쇠해서 없어지는 것이라고 관찰하며, 욕심낼 것이 없다고 관찰하고, 끊어 없애야 할 것이라고 관찰하며, 끊어 버리고 떠나야 할 것이라고 관찰할 것이다.

---

6   이 번역은 형태에 대한 언급을 삭제하는 교정을 거쳐 번역한 것이다.

자비와 공 ○

그리하여 만일 이 다섯 가지 욕의 공덕에 욕심이 생기고 물듦이 있으면, 그는 곧 그것을 없애 버릴 것이다. 아난아, 만일 비구가 이렇게 관찰할 때, 이 다섯 가지 욕의 공덕에 탐욕이 있고 물듦이 있는 줄 알아 그것을 이미 끊었다면, 이것을 바른 앎이라고 한다.

다시 아난아, 다섯 가지 성음(盛陰)이 있으니 색성음(色盛陰)과 각(覺)·상(想)·행(行)·식(識)의 성음(盛陰)이다. 이른바 비구는 '이것은 색(色)이요, 이것은 색의 원인[色集]이요, 이것은 색의 멸[色滅]이다. 각·상·행도 또한 그러하며,[7] 이것은 식(識)이요, 이것은 식의 원인[識集]이요, 이것은 식의 멸[識滅]이다'라고 이와 같이 흥하고 쇠함을 관찰한다. 만일 이 다섯 가지 성음에 아만(我慢)이 있으면 그는 곧 그것을 없앤다. 아난아, 만일 어떤 비구가 이와 같이 관찰할 때, 오음(五陰)에 아만이 이미 없어진 줄을 알면 이것을 바른 앎이라 한다.

아난아, 이 법은 한결같이 옳고 한결같이 즐거우며 한결같이 생각해야 할 것으로서, 번뇌도 없고 집착도 없으며, 악마도 이르지 못하고, 악도 이르지 못하며, 모든 선하지 않은 악법과 더러움과 미래 생의 근본과 번거롭고 극심한 괴로움의 과보와 나고 늙고 병들고 죽는 원인이 되는 것도 또한 거기에 이르지 못한다. 이것이 이른바 방일하지 않음을 성취한 것이다. 왜냐하면 이 방일하지 않음으로 인하여 모든 여래·무소착·등정각은 깨달음을 얻었고, 방일하지 않은 근(根)으로 인하여 한량없는 선한 법이 나고, 또는 도품(道品)을 따르기 때문이다.

---

7 이 번역은 의식에 대해서 추가적으로 언급하는 것을 지우는 교정을 기반으로 번역한 것이다.

그러므로 아난아, 너는 마땅히 이렇게 배워야 한다. '나도 또한 방일하지 않음을 성취하리라'고 그렇게 배워야 한다.

【 원문에는 없는 「대공경」 나머지 부분 】

"아난아, 믿음이 있는 제자가 무슨 까닭으로 목숨이 다하도록 세존을 따라 행하고 받들어 섬기느냐?"

존자 아난이 세존께 아뢰었다.

"세존께서는 법의 근본이시고 법의 주인이시며, 법은 세존으로부터 나옵니다. 원하옵건대 말씀하여 주십시오. 저희들이 그것을 들으면 그 뜻을 자세히 알 수 있을 것입니다."

부처님께서는 곧 말씀하셨다.

"아난아, 자세히 듣고 그것을 잘 기억하라. 내가 너를 위해 자세히 분별해 말하리라."

존자 아난은 분부를 받고 경청하였다.

"아난아, 그 정경(正經)과 가영(歌詠)과 기설(記說) 때문에 믿음이 있는 제자가 목숨이 다하도록 세존을 따라 행하고 받들어 섬기는 것이 아니다. 아난아, 그런 법은 다만 저들이 오랫동안 자주 듣고 천 번이나 외워 익히며 마음으로 관찰하고 밝은 지혜로 깊이 통달한 것일 뿐이다. 그러나 만일 그 논(論)이 이치와 상응하는 성인의 논으로서, 마음을 부드럽고 연하게 하며 모든 음개(陰蓋)를 없애는 이른바 시론·계론·정론·혜론·해탈론·해탈지견론·점손론·불회론·소욕론·지족론·무욕론·단론·멸론·연좌론·연기론이면 이것은 바로 사문들이 논해

자비와 공 ○

야 할 것이다. 이것 때문에 믿음이 있는 제자가 목숨이 다하도록 세존을 따라 행하고 받들어 섬기는 것이다.

아난아, 다음과 같이 하면 번잡한 스승이 되고, 번잡한 제자가 되며, 번잡한 범행이 된다. 아난아, 어떤 자를 번잡한 스승이라 하는가? 혹 어떤 스승은 세상에 나와 꾀하고 생각하는 일이 있어 꾀하고 생각하는 땅에 머물며, 생각하고 관찰하는 것이 잡되고, 범인이지만 말재주는 있다. 그는 일 없는 곳[無事處 : 阿蘭若]이나 숲이나 나무 밑에 살며, 또는 고요하여 소리가 없고 멀리 떠나 악이 없으며 사람들이 없는 높은 바위에 살면서 이치를 따라 편안히 앉는다. 또는 그런 곳에 살면서 악을 멀리 여의기를 배우고 꾸준히 힘써 기운이 왕성한 마음을 얻어 현재에서 즐겁게 산다. 그가 악을 멀리 여의기를 배우고 꾸준히 힘써 안온하고 쾌락하게 노닌 뒤에 제자를 데리고 돌아오면 범지 거사 마을의 백성들이 따른다. 그는 제자를 데리고 돌아와 범지 거사 마을의 백성들이 따른 뒤에는 곧 교만한 마음을 가지고 집으로 돌아온다. 이와 같은 자를 번잡한 스승이라 하는데, 이것은 착하지 않은 악법이요, 더러운 것으로서 미래에 존재하는 근본이 되고, 번거롭고 뜨거운 괴로움의 과보가 되며, 생·노·병·사의 원인이 되는 재앙이니, 이런 자를 번잡한 스승이라 한다.

아난아, 어떤 자를 번잡한 제자라고 하는가? 그 스승의 제자들은 멀리 떠나기를 배운다. 그들은 일 없는 곳이나 숲이나 나무 밑에서 살며, 또는 고요하여 소리가 없고 멀리 떠나 악이 없으며 사람들이 없는 높은 바위에 살면서 이치를 따라 편안히 앉는다. 또는 그런 곳에 살면서 멀리 떠나기를 배우고, 꾸준히 힘써 기운이 왕성한 마음을 얻어 현재 세상에서 즐겁게 산다. 그가 멀리 떠나기를 배우고 꾸준히 힘써 안온하고 쾌락하게 노닌 뒤에 제자를 데리고 돌아오면 바라문 거사 마을의 백성들이 따른다. 그는 제자를 데리고 돌아와 바라문 거사 마을의 백성들이 따른 뒤에는 곧 교만한 마음을 가지고 집으로 돌아온다. 이와 같은 자를 번잡한 제자라고 하는데 이것은 착하지 않은 악법이 되고, 더러운 것으로서 미래 생명의 근본이 되며, 번거롭고 뜨거운 괴로움의 과보가 되고, 생·노·병·사의 원인이 되는 재앙이니, 이런 자를 번잡한 제자라 한다.

아난아, 어떤 것을 번잡한 범행이라 하는가? 만일 여래가 세상에 출현하면 그는 무소착(無所著)·등정각(等正覺)·명행성위(明行成爲)·선서(善逝)·세간해(世間解)·무상사(無上士)·도법어(道法御)·천인사(天人師)·불중우(佛衆祐)라 불린다. 그는 일 없는 곳이나 숲이나 나무 밑에 살고, 또는 고요하여 소리가 없고 멀리 떠나 악이 없으며 사람들이 없는 높은 바위에 살면서 이치를 따라 편안히 앉는다. 아난아, 여래는 무엇 때문에 일 없는 곳이나 숲이나 나무 밑에 살고, 또는 고요하여 소리가 없고 멀리 떠나 악이 없으며 사람들이 없는 높은 바위에 살면서 이치를 따라 편안히 앉는가?"

존자 아난이 세존께 아뢰었다.

"세존이시여, 세존께서는 법의 근본이시고, 법의 주인이시며, 법은 세존으로부터 나옵니다. 오직 원하옵건대 설하여 주십시오. 들으면 그 뜻을 자세히 알 수 있을 것입니다."

부처님께서 곧 말씀하셨다.

"아난아, 자세히 듣고 잘 기억하라. 내가 너를 위해 두루 분별해 말

자비와 공 ○

하리라."

존자 아난은 분부를 받고 경청하였다.

"아난아, 여래는 아직 얻지 못한 것을 얻고자 하고, 아직 거두지 못한 것을 거두고자 하며, 아직 깨닫지 못한 것을 깨닫고자 하기 때문에 일 없는 곳이나 숲이나 나무 밑에 살고, 또는 고요하여 소리가 없고 멀리 떠나 악이 없으며 사람들이 없는 높은 바위에 살면서 이치를 따라 편안히 앉는 것이 아니다. 아난아, 여래는 다만 두 가지 뜻이 있기 때문에 일 없는 곳이나 숲이나 나무 밑에 살고, 또는 고요하여 소리가 없고 멀리 떠나 악이 없으며 사람들이 없는 높은 바위에 살면서 이치를 따라 편안히 앉는 것이다. 첫째는 현재 스스로 즐겁게 살고자 함이요, 둘째는 후세의 사람들을 사랑하고 가엾게 여기기 때문이다.

혹 후세에 태어나는 어떤 사람은 여래를 본받아 일 없는 곳이나 숲이나 나무 밑에 살고, 또는 고요하여 소리가 없고 멀리 떠나 악이 없으며 사람들이 없는 높은 바위에 살면서 이치를 따라 편안히 앉을 것이다. 아난아, 여래는 이 때문에 일 없는 곳이나 숲이나 나무 밑에 살고, 또는 고요하여 소리가 없고 멀리 떠나 악이 없으며 사람들이 없는 높은 바위에 살면서 이치를 따라 편안히 앉는 것이다.

또는 그는 그런 곳에 살면서 악을 멀리 여의기를 배우고 꾸준히 힘써 기운이 왕성한 마음을 얻어 현재에 즐겁게 산다. 그가 악을 멀리 여의기를 배우고 꾸준히 힘써 안온하고 쾌락하게 노닌 뒤에 범행을 지니고 돌아오면 비구·비구니·우바새·우바이들이 따른다. 그는 범행을 지니고 돌아와 비구·비구니·우바새·우바이들이 따르더라도 교만하지도 않고 집으로 돌아가지도 않는다. 아난아, 그는 움직이지 않고,

마음이 해탈하여 징험을 얻었다. 나는 그에게 장애가 있으리라고 생각하지 않는다. 만일 그가 4증상심(增上心)을 얻어 현재 즐겁게 산다면 그것은 본래 꾸준히 힘써 방일함이 없이 노닐었기 때문이요, 거기에 혹 실수가 있더라도 그것은 제자가 많이 모였기 때문이다.

또 아난아, 그 스승의 제자들도 일 없는 곳이나 숲이나 나무 밑에 살고, 또는 고요하여 소리가 없고 멀리 떠나 악이 없으며 사람들이 없는 높은 바위에 살면서 이치를 따라 편안히 앉는 것을 본받는다. 또는 그런 곳에 살면서 멀리 떠나 정근(精勤)을 배우고 4증상심을 얻어 현재 즐겁게 산다. 그들이 멀리 떠나 꾸준히 힘써 안온하고 쾌락하게 노닌 뒤에는 범행을 지니고 돌아오면 비구·비구니·우바새·우바이가 따른다. 그러나 그들은 범행을 지니고 돌아와 비구·비구니·우바새·우바이가 따르면 곧 교만한 마음을 가지고 집으로 돌아온다. 이와 같은 것을 번잡한 범행이라고 하는데, 이것은 착하지 않은 악법이고, 더러운 것으로서 미래 존재의 근본이 되며, 번거롭고 뜨거운 괴로움의 과보가 되고, 생·노·병·사의 원인이 되는 재앙이니, 이것을 번잡한 범행이라 한다.

아난아, 번잡한 스승과 번잡한 제자보다도 이 번잡한 범행이 더 옳지 못하고 좋아할 만한 것이 아니며, 사랑할 만한 것이 아니요, 마음으로 생각할 것이 못 된다.

아난아, 그러므로 너희들은 나에게 사랑하는 마음을 품고 원망하는 마음을 품지 말라. 아난아, 어떤 것이 제자가 스승에게 원망하는 마음을 품고 사랑하는 마음을 품지 않는 것인가? 만일 스승이 제자들을 위해 설법하고, 가엾이 여겨 불쌍하게 생각하며, 진리를 구하고 요익(饒益)을 구하며, 안온과 쾌락을 구하여 자비심을 낸다면, 이것은 요익을 위하고 쾌락을 위하며 요익의 즐거움을 위해서이다. 그런데 만일 그 제자가 공경하지 않고 순종하지 않으며 지혜를 세우지 않고 그 마음이 법과 그 다음 법으로 향해 가지 않으며, 바른 법을 받지 않고 스승의 가르침을 어기며 능히 선정[定]을 얻지 못하면, 이러한 제자는 스승에 대해서 원망하는 마음을 품고 사랑하는 마음을 품지 않는 것이다.

아난아, 어떤 것이 제자가 스승에게 사랑하는 마음을 품고 원망하는 마음을 품지 않는 것인가? 만일 스승이 제자를 위해 설법하고, 가엾이 여기고 불쌍하게 생각하며, 진리를 구하고 요익을 구하며, 안온과 쾌락을 구하여 자비심을 낸다면, 이것은 요익을 위하고 쾌락을 위하며 요익의 즐거움을 위해서이다. 그러므로 만일 그 제자가 공경하고 순종하여 지혜를 세우고, 그 마음이 법과 그 다음 법으로 향해 가며, 바른 법을 받아 가지고 스승의 가르침을 어기지 않으며 능히 선정을 얻으면, 이러한 제자는 스승에 대해서 사랑하는 마음을 품고 원망하는 마음이 없는 것이다.

그러므로 아난아, 너희들은 나에게 사랑하는 마음을 품고, 원망하는 마음을 품지 말라. 왜냐하면 나는 도공(陶工)이 기와를 만들듯이 그렇게 말하지 않기 때문이다. 아난아, 내가 말하는 것은 지극히 엄하고 급하며, 지극히 괴로운 것이다. 만일 진실히 가지는 자라면 반드시 거기에 머무르게 될 것이다."

부처님께서 이렇게 말씀하시자 존자 아난과 비구들은 부처님 말씀을 듣고 기뻐하며 받들어 행하였다.

참고문헌

Anālayo(2003), *Satipaṭṭhāna, The Direct Path to Realization*, Birmingham: Windhorse Publications.

Anālayo(2008), "The Conversion of Aṅgulimāla in the Saṃyukta-āgama", *Buddhist Studies Review*, 25/2, pp.135–48.

Anālayo(2011a), *A Comparative Study of the Majjhima-nikāya*, Taipei: Dharma Drum Publishing Corporation.

Anālayo(2011b), "Living in Seclusion and Facing Fear – The Ekottarika-āgama Counterpart to the Bhayabherava-sutta", in *Buddhism as a Stronghold of Free Thinking? Social, Ethical and Philosophical Dimensions of Buddhism*, S.C.A. Fay and I.M. Bruckner (ed.), Nuesttal: Edition Unbuntu, pp.203–31.

Anālayo(2011c), "Right View and the Scheme of the Four Truths in Early Buddhism, The Saṃyukta-āgama Parallel to the Sammādiṭṭhi-sutta and the Simile of the Four Skills of a Physician", *Canadian Journal of Buddhist Studies*, 7, pp.11–44.

Anālayo(2012a), "The Chinese Parallels to the Dhammacakkappavattana-sutta (1)", *Journal of the Oxford Centre for Buddhist Studies*, 3, pp.12–46.

Anālayo(2012b), *Excursions into the Thought-world of the Pāli Discourses*, Onalaska, WA: Pariyatti.

Anālayo(2012c), *Madhyama-āgama Studies*, Taipei: Dharma Drum Publishing Corporation.

Anālayo(2013a), "The Chinese Parallels to the Dhammacakkappavattana-sutta (2)", *Journal of the Oxford Centre for Buddhist Studies*, 5, pp.9–41.

Anālayo(2013b), "On the Five Aggregates (2) – A Translation of Saṃyukta-āgama Discourses 256 to 272", *Dharma Drum Journal of Buddhist Studies*, 12, pp.1–69.

Anālayo(2013c), *Perspectives on Satipaṭṭhāna*, Cambridge: Windhorse Publications.

Anālayo(2014a), "The Buddha's Last Meditation in the Dīrgha-āgama", *Indian International Journal of Buddhist Studies*, 15, pp.1–43.

Anālayo(2014b), "Discourse Merger in the Ekottarika-āgama (1)", *Singaporean Journal of Buddhist Studies*, 2, pp.5–35.

Anālayo(2014c), "The First Absorption (Dhyāna) in Early Indian Buddhism – A Study of Source Material from the Madhyama-āgama", in *Cultural Histories of Meditation*, H. Eifring (ed.), Oslo: Hermes Academic Publishing, pp.69–90.

Anālayo(2014d), "The Hīnayāna Fallacy", *Journal of the Oxford Centre for Buddhist Studies*, 6, pp.9–31.

Anālayo(2014e), "On the Five Aggregates (4) – A Translation of Saṃyukta-āgama Discourses 33 to 58", *Dharma Drum Journal of Buddhist Studies*, 14, pp.1–72.

Anālayo(2014f), "On the Five Aggregates (5) – A Translation of Saṃyukta-āgama Discourses 103 to 110", *Dharma Drum Journal of Buddhist Studies*, 15, pp.1–64.

Anālayo(2015a), "Brahmavihāra and Awakening, The Dīrgha-āgama parallel to the Tevijja-sutta", *Asian Literature and Translation*, 3.4, pp.1–27.

Anālayo(2015b), "Compassion in the Āgamas and Nikāyas", *Dharma Drum Journal of Buddhist Studies*, 16, pp.1–31.

Anālayo(2015c), "Nāma-rūpa", in *Encyclopedia of Indian Religions*, A. Sharma (ed.), Dordrecht: Springer (forthcoming).

Anālayo(2015d), "The Second Absorption in Early Buddhist Discourse", in *Buddhist Meditation Traditions: An International Symposium*, Kuopin Chuang (ed.), Taiwan: Dharma Drum Publishing Corporation (forthcoming).

Ariyaratne, Iromi(2010), "Early Buddhist Environmental Philosophy and Ethics in Cūlagosiṅga Sutta", *Sri Lanka International Journal of Buddhist Studies*, 1, pp.239–49.

Aronson, Harvey B(1979a), "Equanimity (Upekkhā) in Theravāda Buddhism", in *Studies in Pali and Buddhism, A Memorial Volume in Honor of Bhikkhu Jagdish Kashyap*, A.K. Narain (ed.), Delhi: B.R. Publishing Corporation, pp.1–18.

Aronson, Harvey B(1979b), "The Relationship of the Karmic to the Nirvanic in Theravāda Buddhism", *Journal of Religious Ethics*, 7/1, pp.28–36.

Aronson, Harvey B(1980/1986), *Love and Sympathy in Theravāda Buddhism*, Delhi: Motilal Banarsidass.

Aronson, Harvey B(1984), "Buddhist and Non-buddhist Approaches to the Sublime Attitudes (Brahma-vihāra)", in *Buddhist Studies in Honor of Hammalava Saddhatissa*, Dhammapāla et al. (ed.), Sri Lanka: University of Jayewardenepura, pp.16–24.

Bechert, Heinz and K. Wille(2004), *Sanskrithandschriften aus den Turfanfunden*, Teil 9, Wiesbaden: Franz Steiner.

Bendall, Cecil(1902/1970), *Çikshāsamuccaya: A Compendium of Buddhist Teaching Compiled by Çāntideva, Chiefly from Earlier Mahāyāna-Sūtras*, Osnabrück: Biblio Verlag.

Bendall, Cecil and W.H.D. Rouse(1922/1990), *Śikṣā Samuccaya, A Compendium of Buddhist Doctrine*, Delhi: Motilal Banarsidass.

Bernhard, Franz(1965), *Udānavarga*, vol. 1, Göttingen: Vandenhoeck & Ruprecht.

Bingenheimer, Marcus et al. (ed.)(2013), *The Madhyama Āgama (Middle Length Discourses)*, Volume I, Berkeley: Numata Center for Buddhist Translation and Research.

Bodhi, Bhikkhu(2000), *The Connected Discourses of the Buddha, A New Translation of the Saṃyutta Nikāya*, Boston: Wisdom Publications.

Bodhi, Bhikkhu(2012), *The Numerical Discourses of the Buddha, A Translation of the Aṅguttara Nikāya*, Boston: Wisdom Publications.

Bodhi, Bhikkhu(2013), "Arahants, Buddhas and Bodhisattvas", in *The Bodhisattva Ideal, Essays on the Emergence of Mahāyāna*, Bhikkhu Ñāṇatusita (ed.), Kandy: Buddhist Publication Society, pp.1-30.

Brahm, Ajahn(2006), *Mindfulness, Bliss, and Beyond, A Meditator's Handbook*, Boston: Wisdom Publications.

Bronkhorst, Johannes(1993/2000), *The Two Traditions of Meditation in Ancient India*, Delhi: Motilal Banarsidass.

Brough, John(1962/2001), *The Gāndhārī Dharmapada, Dharmapada, Edited with an Introduction and Commentary*, Delhi: Motilal Banarsidass.

Burbea, Rob(2014), *Seeing that Frees, Meditations on Emptiness and Dependent Arising*, West Ogwell: Hermes Amāra Publications.

Catherine, Shaila(2008), *Focused and Fearless, A Meditator's Guide to States of Deep Joy, Calm, and Clarity*, Boston: Wisdom Publications.

Choong, Mun-keat(2004/2010), *Annotated Translations of Sutras from the Chinese Saṃyuktāgama Relevant to the Early Buddhist Teachings on Emptiness and the Middle Way*, Songkhla and Nakhon Ratchasima: International Buddhist College.

Cleary, Thomas(1984/1993), *The Flower Ornament Scripture*, Boston: Shambala.

Collett, Alice and Anālayo(2014), "Bhikkhave and Bhikkhu as Gender-inclusive Terminology in Early Buddhist Texts", *Journal of Buddhist Ethics*, 21, pp.760-97.

Collins, Steven(1987), "Kalyāṇamitta and Kalyāṇamittatā", *Journal of the Pali Text Society*, 11, pp.51–72.

Cone, Margaret(1989), "Patna Dharmapada", *Journal of the Pali Text Society*, 13, pp.101–217.

Conze, Edward(1973/1994), *The Perfection of Wisdom in Eight Thousand Lines & Its Verse Summary*, Delhi: Sri Satguru.

Cowell, E.B. and R.A. Neil(1886), *The Divyāvadāna, A Collection of Early Buddhist Legends, Now First Edited from the Nepalese Sanskrit Mss. in Cambridge and Paris*, Cambridge: Cambridge University Press.

Cowell, E.B. and W.H.D. Rouse(1907), *The Jātaka or Stories of the Buddha's Former Births*, vol. 6, Translated from the Pāli by Various Hands, Cambridge: Cambridge University Press.

de La Vallée Poussin, L.(1911), "Documents sanscrits de la seconde collection M.A. Stein", *Journal of the Royal Asiatic Society*, pp.759–77 and pp.1063–79.

Delhey, Martin(2009), "Samāhitā Bhūmiḥ", *Das Kapitel über die meditative Versenkung im Grundteil der Yogācārabhūmi*, Vienna: Arbeitskreis für tibetische und buddhistische Studien, Universität Wien.

Dhammadinnā, Sāmaṇerī(2013), "A Translation of the Quotation in Śamathadeva's Abhidharmakośopāyikā-ṭīkā, Parallel to the Chinese Saṃyukta-āgama Discourse 265", *Dharma Drum Journal of Buddhist Studies*, 12, pp.71–84.

Dhammadinnā, Sāmaṇerī(2014a), "Semantics of Wholesomeness: Purification of Intention and the Soteriological Function of the Immeasurables (appamāṇas) in Early Buddhist Thought", in *Buddhist Meditative Traditions: Their Origin and Development*, Kuo-pin Chuang (ed.), Taipei: Shin Wen Feng Print, pp.51–129.

Dhammadinnā, Sāmaṇerī(2014b), "A Translation of a Discourse Quotation in the Tibetan Translation of the Mūlasarvāstivāda Vinaya Parallel to Chinese Saṃyukta-āgama Discourse 36 and of the Discourse Quotations in Śamathadeva's Abhidharmakośopāyikā-ṭīkā Parallel to Chinese Saṃyukta-āgama Discourses 39, 42, 45, 46, 55, 56, 57 and 58", *Dharma Drum Journal of Buddhist Studies*, 14, pp.73-127.

Dhammajothi Thero, Medawachchiye(2008), *The Concept of Emptiness in Pāli Literature*, Taipei: The Corporate Body of the Buddha Educational Foundation.

Engelmajer, Pascale (2003), "Perfect or Perfecting? Reflections on the Arahant in the Nikāyas", *Contemporary Buddhism*, 4/1, pp.33-54.

Gethin, Rupert(1992), *The Buddhist Path to Awakening: A Study of the Bodhi-Pakkhiyā Dhammā*, Leiden: E.J. Brill.

Gnoli, Raniero(1978), *The Gilgit Manuscript of the Saṅghabhedavastu, Being the 17th and Last Section of the Vinaya of the Mūlasarvāstivādin*, part 2, Rome: Istituto Italiano per il Medio ed Estremo Oriente.

Gombrich, Richard F.(1988), *Theravāda Buddhism, A Social History from Ancient Benares to Modern Colombo*, London: Routledge & Kegan Paul.

Gonda, Jan(1973), "Mitra and Mitra: The Idea of 'Friendship' in Ancient India", *Indologica Taurinensia*, 1, pp.71-107.

Harrison, Paul(1997), "The Ekottarikāgama Translations of An Shigao", in *Bauddhavidyāsudhākaraḥ: Studies in Honour of Heinz Bechert on the Occasion of his 65th birthday*, P. Kieffer-Pülz and J.-U. Hartmann (ed.), Swisstal-Odendorf: Indica et Tibetica, pp.261-84.

Hartmann, Jens-Uwe(1989), "Fragmente aus dem Dīrghāgama der Sarvāstivādins", in *Sanskrit-Texte aus dem Buddhistischen Kanon: Neuentdeckungen und Neueditionen*, Göttingen: Vandenhoeck & Ruprecht, pp.37-67.

Harvey, Peter(1986), "'Signless' Meditations in Pāli Buddhism", *Journal of the International Association of Buddhist Studies*, 9/1, pp.25-52.

Hirabayashi, Jiro(2009), "The Sanskrit Fragments Or. 15009/91–100 in the Hoernle Collection", in *Buddhist Manuscripts from Central Asia, The British Library Sanskrit Fragments*, 2, S. Karashima and K. Wille (ed.), Tokyo: International Research Institute for Advanced Buddhology, Soka University, pp.160–8.

Hoernle, A.F. Rudolf(1897), *The Bower Manuscript, Facsimile Leaves, Nagari Transcript, Romanised Transliteration and English Translation with Notes, Parts III to VII*, Calcutta: Office of the Superintendent of Government Printing.

Hoernle, A.F. Rudolf(1916), *Manuscript Remains of Buddhist Literature Found in Eastern Turkestan, Facsimiles of Manuscripts in Sanskrit, Khotanese, Kuchean, Tibetan and Chinese with Transcripts, Translations and Notes, Edited in Conjunction with Other Scholars, with Critical Introduction and Vocabularies*, Amsterdam: St. Leonards Ad Orientem.

Horner, I.B.(1952/1975), *The Book of the Discipline (Vinaya-Piṭaka), Volume V (Cullavagga)*, London: Pali Text Society.

Indaka, Sayadaw U(2004), *Metta, The Practice of Loving-Kindness as the Foundation for Insight Meditation Practice*, Ariya Ñani (trsl.), Myanmar: Chanmyay Yeiktha Meditation Centre.

Ireland, John D.(1990), *The Udāna, Inspired Utterances of the Buddha, Translated from the Pali*, Kandy: Buddhist Publication Society.

Ireland, John D.(1991), *The Itivuttaka, The Buddha's Sayings, Translated from the Pali*, Kandy: Buddhist Publication Society.

Jenkins, Stephen Lynn(1999), *The Circle of Compassion: An Interpretative Study of Karuṇā in Indian Buddhist Literature*, PhD thesis, Cambridge, MA: Harvard University.

Khenpo Tsultrim Gyamtso Rimpoche(1986/1988), *Progressive Stages of Meditation on Emptiness*, S. Hookham (trsl.), Oxford: Longchen Foundation.

King, Winston L.(1980/1992), *Theravāda Meditation: The Buddhist Transformation of Yoga*, Delhi: Motilal Banarsidass.

Kudara K gi and P. Zieme(1995), "Uigurische Āgama-Fragmente (3)", *Bulletin of [the] Institute of Buddhist Cultural Studies, Ryukoku University*, 34, pp.23-84.

Lévi, Sylvain(1907), *Mahāyāna-sūtrālaṃkāra, exposé de la doctrine du grand véhicule selon le système Yogācāra, édité et traduit d'après un manuscrit rapporté du Népal*, Paris: Librairie Honoré Champion Éditeur.

Lévi, Sylvain(1932), *Mahākarmavibhaṅga (La grande classification des actes) et Karmavibhaṅgopadeśa (Discussion sur le Mahā Karmavibhaṅga), textes sanscrits rapportés du Népal, édités et traduits avec les textes parallèles en sanscrit, en pali, en tibétain, en chinois et en koutchéen*, Paris: Ernest Leroux.

Liu, Zhen(2010), *Dhyānāni tapaś ca*, Shanghai: Guji chubanshe.

Longchenpa(2007), *Now That I Come to Die, Intimate Guidance from One of Tibet's Greatest Masters*, H.V. Guenther (trsl.), California: Dharma Press.

Mahāsi Sayādaw(1981/2006), *A Discourse on Sallekha Sutta*, U Aye Maung (trsl.), Malaysia: Selangor Buddhist Vipassanā Meditation Society.

Maithrimurthi, Mudagamuwe(1999), *Wohlwollen, Mitleid, Freude und Gleichmut, Eine ideengeschichtliche Untersuchung der vier apramāṇas in der buddhistischen Ethik und Spiritualität von den Anfängen bis hin zum frühen Yogācāra*, Stuttgart: Franz Steiner.

Martini, Giuliana(2011), "Meditative Dynamics of the Early Buddhist Appamāṇas", *Canadian Journal of Buddhist Studies*, 7, pp.137-80.

Matics, Marion L.(1971), *Entering the Path of Enlightenment, The Bodhicaryāvatāra of the Buddhist Poet Śāntideva*, London: George Allen & Unwin Ltd.

Mitra, Rajendralāla(1888), *Ashṭasáhasriká, A Collection of Discourses on the Metaphysics of the Mahāyána School of the Buddhists, Now First Edited from Nepalese Sanskrit Mss.*, Calcutta: Asiatic Society.

Mittal, Kusum(1957), *Dogmatische Begriffsreihen im älteren Buddhismus, I, Fragmente des Daśottarasūtra aus zentralasiatischen Sanskrit-Handschriften*, Berlin: Akademie Verlag.

Nagashima, Jundo(2009), "The Sanskrit Fragments Or. 15009/251–290 in the Hoernle Collection", in *Buddhist Manuscripts from Central Asia, The British Library Sanskrit Fragments*, 2, S. Karashima and K. Wille (ed.), Tokyo: International Research Institute for Advanced Buddhology, Soka University, pp.258–86.

Namdol, Gyaltsen(1997), *Bhāvanākramaḥ of Ācārya Kamalaśīla*, Sarnath: Central Institute of Higher Tibetan Studies.

Ñāṇamoli, Bhikkhu(1956/1991), *The Path of Purification (Visuddhimagga) by Bhadantācariya Buddhaghosa*, Kandy: Buddhist Publication Society.

Ñāṇamoli, Bhikkhu(1982), *The Path of Discrimination (Paṭisambhidāmagga)*, *Translated from the Pāli*, London: Pali Text Society.

Ñāṇamoli, Bhikkhu(1995), *The Middle Length Discourses of the Buddha, A Translation of the Majjhima Nikāya*, Bhikkhu Bodhi (ed.), Boston: Wisdom Publications.

Ñāṇananda, Bhikkhu(2003(vol. 1), 2004(vol. 2), 2005(vol. 3), 2006(vol. 4), 2007(vol. 5), 2010(vol. 6), 2012(vol. 7)), *Nibbāna – The Mind Stilled*, Sri Lanka: Dharma Grantha Mudrana Bhāraya.

Ñāṇaponika Thera(1966/1981), *The Greater Discourse on the Elephant-Footprint Simile, from the Majjhima Nikāya*, Kandy: Buddhist Publication Society.

Nattier, Jan(2003), *A Few Good Men, The Bodhisattva Path according to The Inquiry of Ugra (Ugraparipṛcchā)*, Honolulu: University of Hawai'i Press.

Norman, K.R.(1969), *The Elders' Verses I, Theragāthā, Translated with an Introduction and Notes*, Oxford: Pali Text Society.

Norman, K.R.(1991/1993), "Theravāda Buddhism and Brahmanical Hinduism", in *Collected Papers*, 4, K.R. Norman (ed.), Oxford: Pali Text Society, pp.271–80.

Norman, K.R.(1992), *The Group of Discourses (Sutta-nipāta), Revised Translation with Introduction and Notes*, Oxford: Pali Text Society.

Norman, K.R.(1997/2004), *The Word of the Doctrine (Dhammapada)*, Oxford: Pali Text Society.

Ohnuma, Reiko(2012), *Ties that Bind, Maternal Imagery and Discourse in Indian Buddhism*, Oxford: Oxford University Press.

Pradhan, Pralhad(1950), *Abhidharma Samuccaya of Asaṅga, Critically Edited and Studied*, Santiniketan: Visva-Bharati.

Pradhan, Pralhad(1967), *Abhidharmakośabhāṣya of Vasubandhu*, Patna: K.P. Jayaswal Research Institute.

Ricard, Matthieu and Trinh Xuan Thuan(2001), *The Quantum and the Lotus, A Journey to the Frontiers Where Science and Buddhism Meet*, New York: Three Rivers Press.

Salzberg, Sharon(2002), *Loving-kindness, The Revolutionary Art of Happiness*, Boston: Shambala.

Samtani, N.H.(1971), *The Arthaviniścaya-Sūtra & Its Commentary (Nibandhana) (Written by Bhikṣu Vīryaśrīdatta of Śrī-Nālandāvihāra), Critically Edited and Annotated for the First Time with Introduction and Several Indices*, Patna: K.P. Jayaswal Research Institute.

Sander, Lore and E. Waldschmidt(1985), *Sanskrithandschriften aus den Turfanfunden, Teil 5*, Stuttgart: Franz Steiner.

Schlingloff, Dieter(1967), Review [of *Sanskrithandschriften aus den Turfanfunden, Teil I*], *Zeitschrift der Deutschen Morgenländischen Gesellschaft*, 116, pp.419–25.

Schmidt, Erik Hein(1990), *Crystal Cave, A Compendium of Teachings by Masters of the Practice Lineage*, Kathmandu: Rangjung Yeshe.

Schmithausen, Lambert(1981), "On Some Aspects of Descriptions or

Theories of 'Liberating Insight' and 'Enlightenment' in Early Buddhism",
in *Studien zum Jainismus und Buddhismus, Gedenkschrift für Ludwig
Alsdorf*, K. Bruhn and A. Wezler. (ed.), Wiesbaden: Franz Steiner,
pp.199−250.

Schmithausen, Lambert(1997), *Maitrī and Magic: Aspects of the Buddhist
Attitude towards the Dangerous in Nature*, Vienna: Verlag der
Österreichischen Akademie der Wissenschaft.

Schmithausen, Lambert(2000), "Mitleid und Leerheit, zu Spiritualität und
Heilsziel des Mahāyāna", in *Der Buddhismus als Anfrage an christliche
Theologie und Philosophie*, A. Bsteh (ed.), Mödling: St. Gabriel, pp.437−
55.

Schmithausen, Lambert(2004), "Benefiting Oneself and Benefiting Others:
A Note on Aṅguttaranikāya 7.64", in *Gedenkschrift J.W. de Jong*, H.W.
Bodewitz and M. Hara (ed.), Tokyo: International Institute for Buddhist
Studies, pp.149−60.

Senart, Émile(1897), *Le Mahāvastu, texte sanscrit publié pour la première
fois et accompagné d'introductions et d'un commentaire*, vol. 3, Paris:
Imprimerie Nationale.

Sharma, Parmananda(1997/2004), *Bhāvanākrama of Kamalaśila*, Delhi: Aditya
Prakashan.

Sheng Yen(2008), *The Method of No-Method, The Chan Practice of Silent
Illumination*, Boston: Shambala.

Shì Hùifeng(2013), "'Dependent Origination = Emptiness' − Nāgārjuna's
Innovation? An Examination of the Early and Mainstream Sectarian
Textual Sources", *Journal of the Centre for Buddhist Studies, Sri Lanka*,
11, pp.175−227.

Skilling, Peter(1994)(vol. 1), *Mahāsūtras: Great Discourses of the Buddha*,
Oxford: Pali Text Society.

Skilling, Peter(2007), "Mṛgāra's Mother's Mansion: Emptiness and the Śūnyatā

Sūtras", *Journal of Indian and Tibetan Studies*, 11, pp.225-47.

Stoler Miller, Barbara(1979), "On Cultivating the Immeasurable Change of Heart: The Buddhist Brahma-vihāra Formula", *Journal of Indian Philosophy*, 7, pp.209-21.

Thiṭṭila, P.A.(1969), *The Book of Analysis (Vibhaṅga), The Second Book of the Abhidhammapiṭaka, Translated from the Pāḷi of the Burmese Chaṭṭasaṅgīti Edition*, London: Pali Text Society.

Trenckner, V. et al.(1924), *A Critical Pāli Dictionary*, vol. 1, Copenhagen: Royal Danish Academy of Science.

Tripāṭhī, Chandrabhāl(1962), *Fünfundzwanzig Sūtras des Nidānasaṃyukta*, Berlin: Akademie Verlag.

Tripāṭhī, Sridhar(1988), *Bodhicaryāvatāra of Śāntideva with the Commentary Pañjikā of Prajñākaramati*, Darbhanga: Mithila Institute.

Vimalaraṃsi Mahāthera(2012), *The Breath of Love, A Simple Guide for Mindfulness of Breathing Meditation with Support Information for Loving-kindness Meditation, Forgiveness Meditation, and Walking Meditation*, Annapolis, MO: Dhamma Sukha Meditation Center.

Waldschmidt, Ernst(1951), *Das MahāpariNirvāṇasūtra, Text in Sanskrit und Tibetisch, verglichen mit dem Pāli nebst einer Übersetzung der chinesischen Entsprechung im Vinaya der Mūlasarvāstivādins, auf Grund von Turfan-Handschriften herausgegeben und bearbeitet*, vol. 2, Berlin: Akademie Verlag.

Waldschmidt, Ernst(1957), "Das Upasenasūtra, ein Zauber gegen Schlangenbiss aus dem Saṃyuktāgama", *Nachrichten der Akademie der Wissenschaften in Göttingen*, 2, pp.27-46.

Waldschmidt, Ernst(1958), "Ein Zweites Daśabalasūtra", *Mitteilungen des Institutes für Orientforschung*, 6, pp.382-405.

Waldschmidt, Ernst(1979), "The Varṇaśatam, An Eulogy of One Hundred Epitheta of Lord Buddha Spoken by the Gṛhapati Upāli", *Nachrichten der Akademie der Wissenschaften in Göttingen, Philologisch-Historische Klasse, Jahrgang* 1979 Nr. 1, pp.3–19.

Waldschmidt, Ernst et al.(1965), *Sanskrithandschriften aus den Turfanfunden, Teil I*, Wiesbaden: Franz Steiner.

Walshe, Maurice(1987), *Thus Have I Heard: The Long Discourses of the Buddha*, London: Wisdom Publications.

Weller, Friedrich(1934), *Brahmajālasūtra, Tibetischer und Mongolischer Text*, Leipzig: Otto Harrassowitz.

Wille, Klaus(2008), *Sanskrithandschriften aus den Turfanfunden Teil 10*, Stuttgart: Franz Steiner.

Wogihara, Unrai(1930/1936), *Bodhisattvabhūmi, A Statement of Whole Course of the Bodhisattva (Being Fifteenth Section of Yogācārabhūmi)*, Tokyo: Sankibo.

Wogihara, Unrai(1936), *Sphuṭârthā Abhidharmakośavyākhyā by Yaśomitra, Part II*, Tokyo: The Publishing Association of Abhidharmakośavyākhyā.

Woodward, F.L.(1936/1955), *The Book of the Gradual Sayings (Aṅguttara-Nikāya) or More-numbered Suttas*, vol. 5, London: Pali Text Society.

Woolner, Alfred C.(1924/1993), *Asoka Text and Glossary (Panjab University Oriental Publications)*, Delhi: Low Price Publications.

자비와 공 ○

자비와 공 ○

자비와 공 ○

자비와 공 ○

자비와 공 ○

자비와 공 ○

자비와 공 ○

자비와 공 ○

지은이

아날라요 스님(Prof. Dr. Bhikkhu Anālayo)

1962년 독일에서 태어났고, 1995년 스리랑카에서 비구계를 받았다. 2000년 스리랑카의 페라데니야 대학에서 『염처경(Satipaṭṭhānasutta)』을 주제로 박사 학위를 받았다. 박사학위논문은 2003년 영국의 윈드 호스 출판사(Windhorse Publications)에서 『염처경: 열반에 이르는 길(Satipaṭṭhāna: the Direct Path to Realization)』이라는 이름으로 출간되었다. 2007년에는 마르부르그 대학에서 교수자격시험(habilitation)을 통과하였다.

현재 함부르크 대학의 누마타 불교연구센터(Numata Center for Buddhist Studies)의 교수이자, 대만의 다르마 드럼 인문과학 연구소(Dharma Drum Institute of Liberal Arts)의 연구원으로 재직 중이다. 주된 연구 분야는 초기불교이며, 특히 한문 아함경, 명상, 불교의 여성이라는 주제를 연구하고 있다. 학문 연구와 함께 시간의 반을 안거수행으로 보내고 있으며, 아시아와 서구에서 정기적으로 명상을 지도하고 있다. 현재까지 19권의 저서를 출판하였고, 다양한 서적에서 36편의 챕터를 썼으며, 116편의 논문과 8편의 번역논문을 저널에 싣고 있다. 스님의 구체적인 논저는 다음의 웹 사이트에서 확인할 수 있다.
https://www.buddhismuskunde.uni-hamburg.de/en/personen/analayo.html

옮긴이

이성동

정신과 전문의로서, 현재 서울 명일동 소재 M의원 원장으로 있다. 옮긴 책으로는 『선과 뇌의 향연』, 『선과 뇌』, 『트라우마 사용설명서』, 『붓다와 아인슈타인』, 『불교와 과학, 진리를 논하다』, 『달라이라마-마음이 뇌에게 묻다』, 『스타벅스로 간 은둔형 외톨이』, 『정신분열병의 인지-행동 치료』, 『정신분열병을 어떻게 극복할 것인가』, 『정신분석가-카렌 호나이의 생애』, 『육체의 문화사』, 『호흡이 주는 선물』, 『공감하는 뇌-거울뉴런과 철학』, 『마인드풀니스』(공역), 『각성, 꿈 그리고 존재』(공역) 등이 있다.

윤희조

서울대학교 철학과 학부와 대학원 석사과정을 졸업하고, 서울불교대학원대학교 불교학과 대학원에서 석·박사학위를 취득했다. 현재 서울불교대학원대학교 불교학과 교수로 재직 중이며, 불교와심리연구원 원장, 한국불교상담학회 편집위원장을 맡고 있다. 주요 논저와 번역서로 『불교의 언어관』, 『불교심리학사전』, 『불교상담학개론』, 『심리치료와 행복추구』, 『붓다와 프로이트』, 「연속과 불연속의 관점에서 본 아비담마의 마음과 프로이드의 무의식」, 「성냄을 원인으로 하는 마음에서 보는 아비담마의 정서심리학」 등 다수가 있다.

자비와 공空
- 아날라요 스님의 초기불교 명상 수업 -

초판 1쇄 인쇄 | 2018년 11월 20일
초판 1쇄 발행 | 2018년 11월 25일

지은이 | 아날라요
옮긴이 | 이성동, 윤희조
펴낸이 | 윤재승
펴낸곳 | 민족사

주간 | 사기순
기획편집팀 | 사기순, 최윤영
영업관리팀 | 김세정

출판등록 | 1980년 5월 9일 제1-149호
주소 | 서울 종로구 삼봉로 81 두산위브파빌리온 1131호
전화 | 02)732-2403, 2404 **팩스** | 02)739-7565
홈페이지 | www.minjoksa.org
페이스북 | www.facebook.com/minjoksa
이메일 | minjoksabook@naver.com

ISBN 979-11-89269-03-6 (03220)